커피인문학

Coffee
Humanities

커피 인문학

커피는 세상을 어떻게 유혹했는가?

박영순 지음 · 유사랑 그림

인물과
사상사

● 일러두기

1. 외래어 인명과 지명 등은 국립국어원 외래어표기법에 따라 표기했다.
2. 단행본·신문·잡지는 『　』, 시·소설은 「　」, 영화·그림·노래·뮤지컬은 〈　〉로 표기했다.
3. 도서명은 국내에 번역된 도서는 번역된 제목과 원서명을 병기했으며, 번역되지 않은 도서는 저자가 번역한
   제목과 원서명을 병기했다.
4. 이 책에 수록된 이미지의 출처를 찾기 위해 최선을 다했습니다. 누락된 것이 있다면 출처가 확인되는 대로
   게재 허락을 받고 통상의 기준에 따라 사용료를 지불하겠습니다.

2012년 5월 7일 경희대학교 청운관 무대에 세계적인 커피 석학 케네스 데이비스Kenneth Davids가 올랐다. 강연 제목은 "무엇이 커피의 맛을 다르게 하는가?What Makes Coffee Taste Different?"였다. 당시 와인을 취재하며 공부하던 나에게 낯선 주제는 아니었지만, 그 대상이 커피라는 점에서 신선했다. 그는 그러나 한걸음 더 나아가 "커피마다 차이가 나는 맛을 어떻게 묘사할 수 있는가?How Do We Describe Those Differences?"라는 질문을 던지며 강연을 더욱 심도 있게 이끌어갔다.

케네스 데이비스의 존재를 알게 된 것은 2011년 10월 미국 하와이 코나로 '커피 테이스터Coffee Taster' 교육 과정을 공부하러 갔을 때였다. 그가 커피의 향미를 표현한 자료를 보고 놀랐다. 그 순간 와인평론가 로버트 파커Robert M. Parker Jr.가 떠올랐다. 나는 2009년 3월 이탈리아 베로나에서 열린 와인박람회 빈이탈리Vinitaly에 한국 대표 심사위원으로 참여할 만큼 와인에 깊이 빠져 살았다. 국제공인 사케 소믈리에KIKISAKE-SHI 자격증도 취득해 쌀로 빚는 술의 향미에 대해서도 어느 정도 가늠할 수 있을 정도는 된 터였다.

케네스 데이비스의 향미 표현을 탐독하면서 맛에 관한 이야기, 그 이상의 무엇이 있다는 생각이 들었다. 견딜 수 없었다. 미국 오리건주 북서부 포틀랜드에 있는 그의 연구실을 찾아갔다. 그리고 노하우를 가르쳐줄 것을 간곡히 부탁했다. 커피의 향미를 올바로 평가하고 묘사하는 새로운 커피전문가군인 '커피 테이스터 양성 교육'에 대한 아이디어는 그렇게 시작되었다. 한국으로 초청해 그가 지닌 커피 테이스터의 면모를 국내에서 펼쳐 보이고 싶었다. 그는 기꺼이 한국을 방문해 그가 알고 있는 모든 것을 전수하고자 애를 썼다. 참으로 격조 있고 배려심이 많은 분이었다. 하지만 당시 70세를 훌쩍 넘은 분으로서는 내 제안에 선뜻 응할 수 없었다는 점을 그때도 지금도 충분히 이해하고 있다.

커피 향미를 탐구하면 할수록 와인, 사케, 맥주 등과 비슷하다는 생각이 짙어졌다. 나는 전문 코스는 아니지만 스코틀랜드에 가서 위스키 제조와 블렌딩 과정을, 중국 지린성 룽징龍井에서는 녹차 가공과 추출을, 타이완에서는 우롱차를 즐겨 마시는 태극권 고수들의 차 문화를 경험하는 시간을 가질 수 있었다. 또 인도에서는 후추 수확과 건조, 콜롬비아에서는 카카오와 사탕수수를 가공해 초콜릿을 만드는 과정에 참여하기도 했다. 베트남에서 과일과 향신료를 섞어 잼을 만들고, 프랑스와 영국에서는 각각 올리브오일을 숙성하고 홉hop을 넣은 수제맥주를 양조하는 작업에 참여했다.

향미를 지닌 것이라면 모두 관심을 가지면서 이 모든 것이 하나처럼 연결된다는 사실을 알게 되었다. 커피에서 나는 단맛과 와인에서 느껴지는 부드러움, 위스키에서 감지되는 농밀함이 나의 관능에는 결국 같은 것이었다. 커피의 산미나 올리브오일의 가벼운 면모, 초콜릿의 경쾌한 구석이 또한 다른 게 아니었다. 그릴에서 익힌 고기의 맛이 커피에서도 스쳤으며 해초를 먹었을 때의 시원함이 수제맥주와 케냐 커피에서도 같은 뉘앙스로 나의 관능을 일깨웠다. 오감으로 느껴지는 것을 묘사하는 방식이나 표현에 사용되는 단어도 커피나 와인이나 초콜릿이나 향신료나 매한가지였다. 칠레의 남쪽 끝 파타고니아의 빙하지대에서 얼음을 맛보았을 때, 뜨거운 여름 브라질 이과수폭포 아래서 포말로 부서지는 폭포수가 뺨에 닿았을 때가 떠올랐다.

나의 향미에 대한 탐구는 계속되었다. 2012년과 2013년 두 차례에 걸쳐 이탈리아의 커피칵테일 전문가인 다비데 코벨리Davide Cobelli를 초청해 40여 가지 카페 베리에이션 메뉴를 만들며 온갖 향미의 향연을 체험했다.

그 결과는 커피 테이스터 교육 과정에 담겨 있다. 2013년 10월부터는 매년 한두 차례 세계적인 커피 석학인 숀 스테이먼Shawn Steiman 박사를 초청해 커피 테이스터 교육 과정을 진행하고 있다. 숀 스테이먼 박사는 대학에서 생물학을 전공한 뒤 하와이 코나에서 커피를 재배하면서 그늘 재배와 향미 화학으로 각각 석사학위와 박사학위를 취득했다.

2015년 커피비평가협회Coffee Critics Association, CCA와 교육협약을 맺어 매년 한두 차례 향미전문가Flavor Master 교육 과정을 진행하고 있는 미국 뉴욕의 명문요리대학인 CIACulinary Institute of America에서는 그야말로 모든 향미를 탐구하는 기회가 주어진다. 특히 데이비드 케이멘David Kamen 교수의 이른바 '향미인문학'은 많은 영감을 준다. 커피나 와인이 향미를 통해 불러일으켜주는 관능적 행복을 음악과 비교해 설명하는 대목은 매우 인상적이다. 향미를 수십 년간 연구해온 대학과 전문기관은 이미 향미 자체를 넘어서 향미가 주는 관능적 행복과 이를 음미하는 인문학적 소양과 내면화를 위한 콘텐츠를 구축하는 데 혼신의 힘을 쏟고 있다.

왜 우리는 여러 가지 음료에서 같은 기쁨을 맛보는 것일까? 전혀 다른 음식들이 어떻게 같은 행복을 선사하는 것일까? 그러고 보니 음식이 아니라 영화를 보거나 독서를 하거나 아무튼 기분을 좋게 하는 경험을 할 때 느껴지는 행복감도 나의 관능에는 모두 같게 느껴진다. 우리 인체가 오로지 내 안의 주체(현재로서는 뇌라고 할 수밖에 없지만)를 행복하게 만들기 위해 진화해온 덕분이 아닐까? 이를 풀기 위해, 실마리나마 잡기 위해서는 되도록 초창기로 시간 여행을 가야 한다.

왜 커피인문학인가? 내가 여기서 말하는 인문학의 목적은 첫째는 커피에 대한 교양과 상식의 전달이고, 둘째는 커피를 이야기할 때 달아오르는 기쁨을 더욱 배가시키기 위한 이야기 소재의 제공이며, 셋째는 감히 독자로 하여금 매사 자신의 삶을 비추어보는 습관을 갖도록 하기 위함이다. 이 책은 커피를 이야기하지만, 구절구절 우리 인간의 삶이 비춰지도록 노력했다. 커피는 단지 도구일 뿐이다. 우리가 누구인지를 말해주는 거울일 뿐이다.

　　커피인문학은 커피에 대한 또 하나의 발견이자 행복이다. 우리는 커피를 통해 에덴동산에서 있었던 일을 추억한다. 커피를 통해 솔로몬 왕과 시바 여왕의 첫날밤을 엿본다. 커피를 통해 수피가 알라를 접신接神하려는 몸부림을 목격한다. 미래의 어디쯤엔가 있을 것이라 믿는 행복에 다가가기 위해 혼신을 다하는 것이, 과거의 어디쯤에서 그냥 지나쳤을지 모를 행복을 찾아내려 애쓰는 것보다 진정 값진 일일까?

나는 커피를 통해 새벽길 상궁 복장을 하고 가마에 오르는 고종의 눈물을 본다. 커피를 통해 1937년 4월 도쿄의 교도소에서 피를 토하며 스러진 시인 이상의 영혼을 만난다. 커피를 통해 해방에서 현재까지 온갖 불화不和를 거쳐온 겨레의 궤적을 훑는다. 커피인문학이 커피를 사랑하는 사람끼리, 커피를 즐기는 행복한 시간에, 서로를 채워주는 값진 양식이 되기를 바란다.

이 책은 4장으로 구성되었다. 제1장에서는 커피가 에덴동산에서 시작되어 예멘, 에티오피아, 이집트, 사우디아라비아, 시리아, 이라크, 터키, 이탈리아, 프랑스, 영국, 오스트리아, 네덜란드, 미국을 거치면서 일으켰던 풍파를 추적했다. 카페인을 통해 인류를 각성시키면서 벌어진 에덴동산 추방을 비롯해 미국독립혁명, 프랑스혁명, 오스트리아 빈 전투 등이 그것이다. 제2장에서는 한국의 커피 역사를 살펴보았다. 누군가의 뇌리에는 진하게 박혀 있을 일제 식민사관을 뒤집으려 애썼다. 제3장은 커피에 취미를 붙이고자 하는 분들이나 장章마다 독립된 단편 드라마를 감상하고픈 마음에서 책을 펴신 독자들이라면 이 부분부터 읽어도 좋겠다. 제4장은 커피 애호가라면 진정 관심을 가져야 할 커피 산지에 대한 이야기다. 재배자들과 함께 현지에서 커피를 수확한 분이라면, 좋은 커피를 골라 제값을 치르려 애쓴다. 재배자들의 고단한 삶을 격려하는 것은 어렵지 않다. 그들이 혼신을 다해 생산한 커피의 가치를 알아주는 것이라고 나는 믿는다.

에스프레소로 그리는 '커피 그림'이라는 장르를 개척한 유사랑 화백님의 일러스트는 인문학적 상상력을 더욱더 불러일으킨다. 선뜻 손을 잡아주신 유사랑 화백님에게 고마운 마음을 전한다. 최우성 목사님은 바리스타를 통해 하나님을 느끼게 해준다. 커피인문학 너머에는 커피종교학이 우리를 기다리고 있다는 생각이 든다. 사고의 폭을 넓혀준 목사님께 감사의 말씀을 드린다. 그토록 소망하던 '커피인문학'을 내면서 동지 2명을 떠올리지 않을 수 없다. 2013년 2월 7일 저녁 커피 추출 도구를 담은 종이박스를 품에 안고 살을 에는 듯한 바람을 등으로 밀며 "오늘 첫 커피인문학 출장 강의를 영원히 잊지 말자!"고 외쳤던 그 순간을 나는 잊어서는 안 된다. 박사학위 논문 마무리에 여념이 없을 '딸깍발이' 김정욱 교수, 'CCA 살림꾼' 박성민 커피 테이스터. 두 동지는 영원한 나의 카페인이다.

2017년 9월
서울 가산동 CCA 트레이닝센터 연구실에서

씨앗에서 커피가 되기까지

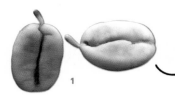

2

3

1 커피 씨앗이 수분을 머금으면 장차 어린 뿌리로 자라나 땅속을 파고 들어갈 '배뿌리 radicle(유근)'가 나온다. 잠에서 깨어난 씨앗의 생명력이 움트고 있다.

2 씨앗에서 어린 뿌리가 나와 땅을 딛고 자라난 모습이 성냥개비와 비슷하다고 해서 '매치스틱 스테이지Matchstick Stage'라고 불리는 성장 단계다. 병정들이 서 있는 것처럼 보여서 '솔저 스테이지Soldier Stage'라고 부르기도 한다.

3 병충해에 강하면서도 향미가 좋은 열매를 얻기 위한 재배자들의 노력은 끝이 없다. 카페인이 많아 강건한 로부스타 품종의 뿌리에 향미가 풍성한 아라비카종을 접붙이고 있다.

4 씨앗을 땅에 심어 떡잎cotyledon이 나올 때까지는 50~60일이 걸린다. 이때부터 생명은 씨앗에 들어 있던 영양분에 의존하지 않고 광합성을 통해 빠르게 성장하게 된다.

5 커피나무가 싹이 텄다고 해서 바로 밭으로 나갈 수 없다. 재배자는 묘판에서 잎이 6~8장이 나올 때까지 키우며 건강 상태를 관찰한다. 씨앗에서 여기까지 자라는 데 9~11개월이 걸린다.

6 커피가 묘판이 좁을 정도로 자라면 화분으로 옮겨진다. 이때 장차 밭으로 나갈 수 있는 묘목이 가려진다. 뿌리가 곧게 자라고 실뿌리가 많은 것이 건강하게 자랄 가능성이 높기 때문이다.

7 커피밭에서는 새로 싹튼 묘목들만 자라는 것이 아니다. 수령이 6~7년이 된 나무는 가지치기|pruning를 통해 활력을 불어넣을 수 있다. 가지치기는 열매 수확과 관리가 용이하도록 나무의 형태를 잘 유지해주고, 공기와 햇빛이 잘 통하게 함으로써 병충해를 줄이는 데 유익하다.

8 씨앗이 싹이 터 2~3년이 지나면 꽃눈이 생긴다. 꽃눈이 나왔다고 해서 바로 개화하는 것은 아니다. 2~3개월 휴면기를 지나 기온이 떨어지거나 비가 오는 것이 자극이 되어 개화가 진행된다. 통상 비가 그친 뒤 5~12일이 지나면 꽃이 핀다. 사진은 언뜻 바나나처럼 보이지만 마디에 몰려서 피어나는 커피 꽃봉오리다.

9 품종에 따라 다르지만 가지마다 10~12개 마디가 있고, 마디마다 많게는 48개의 꽃이 핀다. 꽃이 핀 자리에서는 8개월쯤 뒤 열매가 붉게 익어간다.

7

8

9

10

11

12

10 꽃을 통해 수정이 이루어진 뒤 3개월이 지나면서 알알이 열매가 보이기 시작한다. 이후 3개월이 지나면 열매는 완전한 크기로 성숙된다. 초록빛을 띨 때는 내부의 씨앗이 완전하게 여물지 않은 상태다. 이때 과육은 쓰거나 떫은맛을 냄으로써 벌레나 동물이 침입하거나 건드리지 못하게 한다.

11 커피는 사계절의 구분이 없는 열대와 아열대 지역에서 자라기 때문에 같은 나무라도 열매가 익는 속도가 다르다. 열매가 붉은빛을 지나 검은색이 날 정도로 방치하면 생두의 향미가 줄어들거나 자극적으로 바뀔 수 있다. 재배자들은 모든 열매가 동시에 익도록 애를 쓴다.

12 고지대에서 수확한 커피일수록 향미가 좋다는 평가를 받는다. 평균기온이 낮아 나무가 서서히 자라면서 단맛과 기분 좋은 산미를 품기 때문이다. 고지대에는 장비가 닿기 어렵기 때문에 대부분 잘 익은 것만을 손으로 수확한다. 이렇게 하면 한 잔에 담기는 커피의 품질이 더 좋아진다.

13

13 수확한 커피 열매는 과육을 벗기는 가공 과정을 거치게 된다. 커피 열매는 과육이 얇아 거의 씨앗으로 구성되어 있다고 해도 과언이 아니다. 열매의 90퍼센트 이상이 씨앗 2개를 품고 있다.

15

14

16

14 과육을 벗겨낸 씨앗을 파치먼트라고 한다. 막 껍질을 벗기기 전 파치먼트의 겉면에는 끈적거리는 점액질이 있다. 점액질은 당분으로 인해 쉽게 발효되기 때문에 제거하지 않은 채 너무 오래 두면 자극적인 신맛으로 인해 향미가 떨어진다.

15 커피 열매의 과육을 벗겨낸 뒤 점액질을 물로 닦아 만든 파치먼트를 햇볕에 말리고 있다. 이처럼 파치먼트를 건조하는 방식을 '워시드 가공법Washed Process' 또는 '웨트 드라이 프로세스Wet Dry Process'라고 한다. 열매를 통째로 말리는 '내추럴 드라이 프로세스Natural Dry Process'에 비해 맛이 깨끗하고 산미가 경쾌하다.

16 파치먼트는 수분율이 10~12퍼센트일 때까지 말려야 포대에 담아도 썩지 않는다. 수분측정기가 없던 시절에는 재배자가 손바닥으로 힘을 주고 비벼 파치먼트가 벗겨지는 정도를 살핌으로써 적정 수분율을 맞추었다.

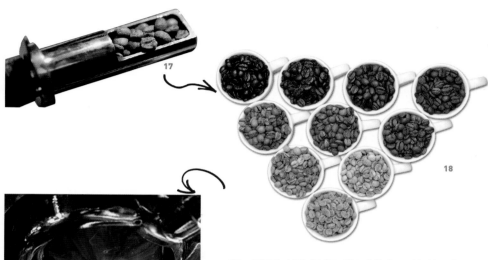

17

18

19

20

17 생두를 섭씨 200도 정도에서 8~14분 볶으면 1,000여 가지의 향미 성분이 새로 생겨난다. 커피는 로스팅을 거치면서 특유의 향기를 갖게 된다.

18 커피 생두를 어느 정도로 볶느냐에 따라 향미가 달라진다. 하지만 색깔만으로는 향미를 단정할 수 없다. 같은 밝기를 띤다고 해도 그렇게 색이 바뀔 때까지 걸린 시간에 따라 맛이 달라지기 때문이다. 따라서 커피를 볶는 사람의 경험이 커피 맛을 내는 데 적잖은 영향을 미치게 마련이다.

19 에스프레소 머신을 통해 농축된 커피액이 추출되고 있다. 이 방식은 9기압 이상의 압력이 가해지기 때문에 물에 녹지 않는 오일 성분도 빠져 나와 향미가 풍성하고 입안에서는 짜릿할 정도로 강하면서도 기름진 느낌을 주는 커피를 만들어낸다.

20 커피가 씨앗에서 떡잎이 나와 한 잔의 커피로 담기기까지 거의 4년이 걸린다. 실로 오랜 여정이다. 이런 사실을 아는 커피 애호가들은 커피콩 한 알이라도 허투루 대하지 않는다.

차
례

제1장

🔹

커피,
역사를
만들다

태초에 커피나무가 있었다

커피의 시원지는 어디일까?

커피, 카페를 창조하다

제1장 _____

───────────────────커피, 역사를 만들다

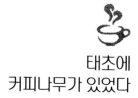

태초에
커피나무가 있었다

커피, 어디서 왔다가 어디로 갔을까?

인류는 커피를 정말 사랑한다. '세상에서 원유 다음으로 물동량이 많은 원자재'라는 말이 '커피의 위세'를 실감나게 한다. 사실 커피의 교역량은 구리, 알루미늄, 밀, 설탕, 면 등보다 적다. 미국의 작가 마크 펜더그라스트 Mark Pendergrast가 1999년 펴낸 『매혹과 잔혹의 커피사 Uncommon Grounds』에서 "커피가 합법적으로 거래되는 원자재로서는 지구에서 오일 다음으로 두 번째로 가장 가치가 있다"라고 한 것이 와전된 듯하다. 적지 않은 사람들이 '세상에서 원유 다음으로 많이 거래되는 커피'라고 말하면서 커피에 대한 애정과 놀라움을 표현하는데, 이제는 바로잡는 게 좋겠다.

한국인에게도 커피는 물처럼 많이 마시는 음료다. 조사기관에 따라 다

커피는 '세상에서 원유 다음으로 물동량이 많은 원자재'라는 말이 나올 정도로 인류는 커피를 사랑한다.

소 차이가 있지만 농림축산식품부의 집계를 보면, 성인 1인당 1년에 마시는 커피의 양이 아메리카노 1잔(10그램)을 기준으로 2012년 288잔에서 매년 평균 7퍼센트씩 증가해 2016년에는 377잔에 달했다. 매일 한 잔 이상을, 어떤 사람들은 물보다 자주 찾는 커피에 대해 우리는 얼마나 알고 있을까? 커피가 주는 행복은 맛과 향뿐만이 아니다. 커피는 그 뛰어난 향미만큼이나 풍성한 이야기를 피워내는 묘한 마력을 지녔다.

　　커피는 누가 언제부터 마시기 시작했을까? 이를 두고 에티오피아와 예멘은 오래도록 경쟁을 벌였다. 아프리카(에티오피아)냐 아라비아반도(예멘)냐, 그리스도 국가(에티오피아)냐, 이슬람 국가(예멘)냐의 자존심이 걸린 논쟁이기도 했다. 공방 끝에 '커피는 에티오피아에서 유래했지만, 최초로 재배한 곳은 예멘'이라는 쪽으로 절충안이 나왔지만, 모를 일이다. 에티오피아와 예멘이 먼 옛날에는 같은 나라였다는 등 언제 어떤 이야기들이 튀어나올지……. 기록된 역사가 반드시 진실이라고 할 수는 없다. 어떤 역사는 누군가가 꾸며낸 이야기에 지나지 않을 수 있다. 더욱이 기록하는 자가 사건의 당사자라면 자신에게 유리한 상황으로 기록을 남기려는 유혹에 빠지리라.

우리가 가장 먼저 접하는 재미난 이야기는 '염소지기 칼디Kaldi의 전설'일 것이다. 그 내용인즉 이렇다.

"아주 먼 옛날, 에티오피아의 계곡에 칼디라는 목동이 살았다. 염소를 계곡에 풀어놓았는데, 어느 날 늙은 염소가 힘이 솟구치는 듯 활발히 움직이며 젊은 염소들을 제압하는 게 아닌가. 가만히 살펴보니, 빨간 열매가 에너지의 원천이었다. 늙은 염소는 빨간 열매를 먹으면 기운차게 움직였다. 칼디는 그 이유가 궁금해 열매가 많이 달린 가지를 꺾어 마을의 지혜로운 사람(대체로 '수도승'으로 기록한다)에게 가져다주었다. 칼디는 '어르신! 염소

계곡에 풀어놓은 염소들은 커피 열매를 먹으면 기운차게 움직이며 날뛰었다.

"염소가 붉은 열매만 먹었다 하면 날뜁니다. 그 이유를 알려주세요."

가 이 열매만 먹었다 하면 날뜁니다. 그 이유를 알려주세요'라고 청했다. 지혜로운 자는 대수롭지 않게 여기고 '거기에 두고 가라'고 했다. 며칠이 지나 칼디가 지혜로운 자를 다시 찾았다. 그는 칼디를 보자마자 버선발로 뛰어나와 칼디의 바짓가랑이를 부여잡고는 '열매를 더 갖다달라'고 애원했다. 그 열매를 먹고는 밤새 졸지 않고 기도를 잘 올렸다면서 열매에 중독된 듯한 표정을 지었다."

칼디의 전설은 '떡 하나 주면 안 잡아먹지' 하는 우리네 구전동화 같은 이야기인데, 커피의 기원을 설명하는 정설처럼 굳어졌다. '칼디'라는 이름을 내건 카페나 원두 상표를 세계 곳곳에서 어렵지 않게 만날 수 있다.

칼디가 어느 시대 사람이고, 언제부터 커피씨를 볶는 법을 깨우쳤는지는 알 수 없다. 분명한 것은 커피가 에티오피아에서 예멘으로 전해진 6세기보다 앞서고, 어쩌면 기원전으로 거슬러 올라갈 수 있다는 것이다. 그렇기에 커피의 기원과 관련해 칼디나 에티오피아가 언급되면, 그 시기를 구체적으로 적지 않고 '아주 먼 옛날'이라고만 한다.

칼디에 대해 말한 누군가의 이야기가 기록으로 전해지면서 역사적 사실처럼 커피 애호가들을 매료시켰다. 비록 칼디가 우리를 관능적으로 행복하게 만드는 커피의 향미와 직접적인 관련은 없지만, 칼디의 존재 덕분에 커피 마시는 자리의 이야깃거리는 더욱 풍성해진다. '이야기의 힘The power of the story'이란 바로 이런 것이다.

하지만 여러 버전으로 전해지는 칼디 이야기의 허점을 파고들면 한두 가지가 아니다. 칼디를 양치기라고 해놓고는 커피 체리를 먹고 춤추는 염소를 보았다고 말하는 모순, 2~3세기의 일이라면서 칼디가 이슬람 수도승에게 커피를 전했다는 역사적 착각. 마호메트Mahomet가 이슬람교를 창시한 것

칼디의 전설은 커피의 기원을 설명하는 정설처럼 굳어졌다. '이야기의 힘'이란 바로 이런 것이다.

이 610년이니, 7세기 초 이전에는 이슬람 수도승이 있을 수 없지 않은가?

에티오피아 기원설은 왜 파급력이 떨어졌을까?

우리도 이런 실수를 저지른다. 1896년 아관파천 때라면서 고종 황제에게 융드립한 커피를 제공하는 어느 영화 속 한 장면은 커피 애호가들을 허탈하게 만든다. 커피를 필터링해 마시는 것은 그로부터 12년 뒤인 1908년 독일의 멜리타 벤츠Melitta Bentz가 도구를 만듦으로써 가능해졌다. 어쨌든 아랍의 적지 않은 역사학자가 자신들의 논문이나 저서에 칼디를 예멘의 목동이라고 기록하고 있다. 세계인을 열광시키는 커피가 '자랑스러운 이슬람의 문화'라는 논리를 완성하려면 커피의 기원 역시 이슬람 국가 어느 곳이 필요했을 것이다.

그러나 진실은 세월이 드러내주는 법이다. DNA 분석을 통해 커피나무의 기원이 아랍인들이 주장하듯, 인류사에서 커피를 처음 경작한 자신들의 땅 예멘이 아니라 에티오피아 고원이라는 사실이 밝혀지면서 그들의 이야기는 힘을 잃고 말았다. 지금 이 순간에도 에티오피아 고원에서는 재래종 커피나무가 속속 발견된다. 커피의 기원지라고 말하려면 이처럼 원종native variety이 있어야 설득력을 지닌다.

에티오피아는 약 3,000년 전 이스라엘의 솔로몬 왕과 시바의 여왕 사이에서 태어난 아들 메넬리크 1세Menelik I가 초대 황제가 되었다는 건국신화를 가진 그리스도 국가다. 지금도 크리스마스에 염소를 잡아 가족과 함께 나누며 축하하는 풍습이 있다. 에티오피아가 외세의 지배를 받은 것은 16세기 이슬람교도에게 14년, 20세기 이탈리아에 5년뿐이다. 앞서 6세기쯤에는 당시 아비시니아Abyssinia(현재의 에티오피아)가 예멘을 포함한 아라비아반도 남부 지역을 공격했다. 아마도 이때 예멘으로 커피가 전파되었을 것이란 게 에티오피아의 시각에서 본 커피의 역사다.

그렇다면 에티오피아인들은 왜 커피의 기원에 대한 자신들의 이야기를 만들어내지 못한 걸까? 결론적으로 말하면, 이야기를 만들기는 했지만 퍼트리지 못했다고 보는 게 옳을 것 같다. 4대 커피 기원설 중 칼디, 셰이크 오마르Sheik Omar, 마호메트의 전설은 '커피의 각성 효과'를 토대로 이슬람에서 만든 이야기라고 본다. 나머지 하나인 에티오피아 기원설은 각성 효과가 아니라 '에너지 원천으로서의 커피'에 초점을 맞춘 이야기로 흐른다. 그런데 에티오피아 유래설은 기록이 아니라 구전인 탓에 생명력을 지니기에는 부족했다.

커피의 기원에 대한 인류의 첫 기록은 이탈리아 로마대학 언어학 교수인 안토니 파우스투스 나이론Antoine Faustus Nairon이 1671년에 쓴 『잠들지 않는 수도원』이다. 이 책에 "이슬람 수도승이 칼디가 준 커피 열매의 쓰임새를 몰라 불에 내던졌는데, 기분 좋은 향이 나자 볶은 콩을 갈아 따뜻한 물에 타서 먹었다"라고 적혀 있다. 이때 이미 커피씨를 볶아 먹는 단계를 깨우쳤다는 말인데, 비약이 이 정도면 대단한 이야기꾼임이 분명하다. 이 이야기는 1922년 커피의 기원을 심도 있게 추적한 윌리엄 우커스William Ukers의 『올 어바웃 커피All About Coffee』에 인용되면서 정설처럼 되었다.

반면 에티오피아 기원설은 "커피나무 열매를 다른 곡류와 함께 갈아 식량으로 먹었다"는 기록 말고는 별 재미가 없다. 그렇다 보니 칼디나 셰이크 오마르, 심지어 지극히 종교적인 마호메트 기원설보다도 파급력이 떨어

타지키스탄의 20소모니 지폐에 그려진 이븐 시나의 초상화와 『의학 전범』. 페르시아 제국의 철학자이자 의학자인 그는 당시 의학 정보를 집대성한 『의학 전범』을 집필했는데, 17세기까지 유럽 의학의 기본서로 사용되었다.

졌다. 하지만 에티오피아 기원설은 뿌리가 더 깊고 이야깃거리도 풍성하다.

커피 그 자체에 대한 첫 기록은 안토니 파우스투스 나이론보다 770년 이상 앞선 기원후 900년쯤 페르시아 의사 라제스Rhazes가 남겼다. 그는 커피를 '분첨Bunchum'이라고 적었는데, '따뜻하면서도 독한, 그러나 위장에 유익한 음료'라고 표현했다. 이어 1000년쯤 무슬림 의사이자 철학자인 이븐 시나Ibn Sina는 커피나무와 생두를 '분Bunn', 그 음료를 '분첨'이라고 구별해 적으면서 약리 효과도 기술했다.

두 사람의 기록은 커피의 기원지가 에티오피아임을 강력히 뒷받침한다. 지구상 어디를 뒤져도 커피를 '분나Bunna', '부나Buna', '분', '분첨'이라고 부르는 곳은 에티오피아밖에 없다. 커피 원산지로 꼽히는 에티오피아의 카파Kaffa에서는 지금도 커피를 지칭할 때 'c'나 'k'는 발음조차 하지 않는다. 에티오피아인들이 스토리텔링을 잘했다면 커피는 오늘날 분첨으로 불렸을지 모른다. 그런데 에티오피아인들 사이에서 전해지는 커피 기원설도 꽤 흥미롭다.

승리의 상징, '커피 당구공'

에티오피아에 소를 키우며 사는 오로모Oromo족이 있었다. 오로모는 '힘이 있는 자'를 의미하는데, 에티오피아 인구의 35퍼센트가량을 차지하는 최다 민족이다. 갈라Galla족이라고도 불렸는데, 갈라는 '미지의 사람들'이라는 부정적인 느낌을 주는 바람에 점차 그 말이 사라졌다. 에티오피아의 수도인 아디스아바바Addis Ababa가 오로미아Oromiya주의 법률상 주도州都다.

유목민인 이들은 자주 이동해야 했기에 간편하게 지니고 다니며 먹을 수 있는 것을 잘 만들었다. 그러던 중 체리처럼 빨간 열매를 씹으면 힘이 난다는 사실을 알게 되었다. 열매를 통째로 먹다가 그것의 에너지가 씨앗에 농축되어 있음을 깨닫고, 오랜 세월을 거쳐 열매를 동물성 기름과 섞어 볶아 당구공 또는 골프공만 하게 뭉쳐 갖고 다니며 힘을 써야 할 때 꺼내 먹었다.

이 방법은 여러 면에서 유용했다. 사냥을 하거나 새 주거지를 찾으려고 산속을 헤맬 때 '커피 당구공'은 비상식량으로 제격이었다. 입에 쏙 넣으면 곧 에너지가 불끈 솟아오르고 집중력도 바짝 높아지는 커피의 놀라운 능력은 다른 부족과의 전투를 앞두었을 때 더욱 요긴했다. 그 당시 에티오피

에티오피아 인구의 35퍼센트가량을 차지하는 최다 민족 오로모족. 오로모는 '힘 있는 자'를 뜻한다. 갈라족이라고 불린 적이 있으나 '미지의 사람들'이라는 부정적인 의미를 담고 있어 점차 불리지 않았다.

아 부족들은 대부분 유목민이었다. 먹을 것이 떨어지면 주거지를 옮겨야 했기에 부족 간 마찰이 일었고 크고 작은 전투는 부족의 생존을 위해 불가피했다.

목숨을 건 전투를 앞두고 각 부족은 커피의 각성 효과를 높이는 방법을 찾기에 골몰했다. 전투에 앞서 커피를 마시는 성스러운 의식도 생겨났다. 의식은 커피 마시는 방법을 더욱 발전시켰다. 그들은 그 효과가 씨앗에 농축되어 있음을 깨닫고 씨앗만 골라내 볶기 시작했다. 그 과정에서 피어나는 기분 좋은 향기는 승리에 대한 자신감을 키웠고, '톡톡' 터지는 커피 파핑popping 소리는 그들에게 승리를 약속하는 신의 응답이었다.

당시 '커피 당구공 식문화'는 넓게 퍼졌는데 고지대에 살던 오로모족에게 커피가 전해지면서 새로운 전기를 맞는다. 커피나무는 해발고도가 높을수록 향미가 좋아진다. 오로모족이 더 좋은 커피 열매를 구하게 되면서 커피를 즐기는 문화는 급속히 퍼져나갔다.

지금도 오로모족의 주거지에서는 말린 커피 열매를 버터처럼 보이는 동물성 기름을 녹인 그릇에 넣어 함께 끓이다시피 해서 내놓는 커피가 관광 상품으로 주목을 끌고 있다. 이 방식은 커피 열매의 과육을 벗기지 않거나 로스팅을 거치지 않고 말린 채로 동물성 기름과 볶아낸다(사실 동물성 기름을 많이 넣어 부글부글 끓어오르는 것처럼 보인다)는 점에서, 흔히 에티오피아의 전통 추출법이라고 말하는 '에티오피아 커피 세리머니Ethiopian Coffee Ceremony'와는 다르다. 에티오피아 커피 세리머니는 '분나 마프라트Bunna Maffrate' 또는 '카리오몬Kariomon'이라고 불리는데, 커피의 씨앗만을 골라내 볶은 뒤 물에 끓이면서 카르다몸Cardamom이나 정향clove 등 향신료를 넣는다.

오로모족의 커피 세리머니는 '부나 칼라Buna Qalaa'라는 용어로 부른다. 이 말은 '커피를 살육한다Slaughtering Coffee'는 뜻이다. 이들에게는 사육제Carnival인 셈이다. 의식은 오로모족의 여인들이 맡는데, 부나 칼라를 하면서 읊조리듯 계속 주문을 왼다. "커피의 향기를 신에게 드리니 부족 모두에게 건강과 행복을 내려달라"는 간곡한 기도다. 오로모족은 전통적으로 커피나무는 신의 눈물에서 생겨났기 때문에 다른 나무와 달리 특별하다고 믿는다.

에티오피아를 '커피의 고향'이라고 일컫는 것은 인류의 기원을 아프리카로 보는 관점과 비슷하다. 유전학적 측면에서 모계母系 유전하는 미토콘드리아 DNA를 역추적해 가계도를 거슬러 올라가보니 아프리카 대륙의 한 여성이 현 인류의 기원이란 사실이 드러났다. '미토콘드리아 이브Mitochondria

Eve'라고 명명된 이 여성은 약 20만 년 전에 살았던 것으로 추정된다.

이보다 오래된 물증은 화석인데, 에티오피아의 하다르Hadar 계곡에서 발견된 320만 년 된 오스트랄로피테쿠스 아파렌시스Australopithecus Afarensis 뼈 화석이 그것이다. 발굴단이 당시 비틀스의 노래 〈Lucy in the sky with diamond(다이아몬드를 지닌 하늘의 루시)〉를 듣고 있다가 발견한 것이 인연이 되어 '루시Lucy'라는 이름을 얻은 이 화석의 주인공은 여성이었다. 현재까지 인류의 기원으로 대접받는다. 루시가 발굴된 곳에서 그리 멀지 않은 곳에 커피가 처음 발견된 지역으로 알려진 카파가 있다. 오늘날에는 짐마Djimmah라고 불리기도 하지만, 두 곳은 인접해 있을 뿐 같은 곳이 아니다.

경기도 전곡선사박물관에 전시된 약 320만 년 전 인류의 조상인 루시의 모형이다. 루시의 유골은 1974년 에티오피아 북부 하다르 계곡에서 발견되었다. 키 약 107센티미터, 몸무게 약 28킬로그램의 여성인 것으로 밝혀졌다.

생명의 고향, 에티오피아

45억 년인 지구 나이를 24시간으로 가정하면 루시를 선두로 인류가 등장하기 시작한 것은 오후 11시 58분이다. 지구 역사 24시에서 인류가 등장한 것은 불과 2분 전의 일이다. 하물며 커피가 발견(6세기쯤)된 지는 눈 깜짝할 사이보다 짧은 100분의 4초를 지나고 있을 뿐이다.

커피나무는 아마도 인류보다 훨씬 먼저 생명력을 얻어 자라고 있었을 것이다. 에티오피아는 험준한 산악지대로, 지금까지도 인간의 손이 닿지 않은 깊은 계곡이 많다. 식물학자들이 새로운 종자를 찾기 위해 몰려드는 곳이 에티오피아이고, 3,000여 종의 종자가 그 유래를 에티오피아에 두고 있다.

하지만 에티오피아에서 발견된 커피가 세계 각지로 퍼지면서 커피 품종의 다양성은 심각한 수준으로 떨어졌다. 생산성을 높이는 방향으로만 품종개량이 이루어진 탓이다. 품종의 획일화는 종의 보존이라는 측면에서 보면 매우 위험한 일이다. 그렇기에 야생 품종을 발견하려는 노력이 필요한 것이고, 이것이 바로 커피의 기원지 에티오피아가 갖는 진정한 가치다.

셰이크 압달 카디르Sheikh Abdal kadir가 1587년에 쓴 『커피의 합법성 논쟁과 관련한 무죄 주장』이라는 문헌이 있다. 프랑스 국립도서관에 보관된 이 문헌에 칼디와 셰이크 오마르가 처음으로 언급된다. 칼디에 대해서는 시기를 적지 않고 이집트 북부 또는 아비시니아 지방의 염소지기라고 소개하면서, 그에게서 열매를 받은 수도원 원장이 효능을 알게 된 후 수도사들에게 커피 열매 달인 즙을 마셔 밤새 기도하게 했다고 적었다. 이슬람권에서 칼디의 전설은 '불면不眠의 수도원'으로 더 잘 알려져 있다. 셰이크 오마르에 대해서는 1258년이라고 시기를 못 박으면서 병을 치료하기 위해 커피 열매를 달여 마신 사연을 적었다. 마호메트가 대천사 가브리엘을 통해 커피 열매를 알게 되었다는 이른바 '마호메트 기원설'은 그 출처를 알 수 없다. 무슬림들 사이에 구전되어 신화로 굳어진 듯하다.

마호메트와 커피

에티오피아는 커피의 유래에 관한 멋진 스토리텔링을 만들어냈지만, 에티오피아 기원설은 이슬람 문화권의 메카를 방문하는 '하지Hajj'라는 풍습에 무릎을 꿇고 만다. 당시 '커피를 몸속에 넣고 죽는 자는 지옥에 떨어지지 않는다'는 이야기가 만들어져 커피는 순식간에 전 세계 이슬람 국가에 퍼졌고, 결국 커피는 이슬람의 문화가 되었다. 그리스도 국가인 에티오피아가 커피의 원조이면서도 주도권을 잡지 못한 역사적 사실은 '콘텐츠가 아무리 좋아도 유통(전파)이 약하면 말짱 도루묵'이라는 교훈을 준다. 커피가 마호메트에서 유래했다는 이야기는 종교적이어서 커피 관련 교재에서는 언급만 할 뿐 구체적으로 소개되지 않는다.

"마호메트가 동굴에서 수행을 하는데, 거의 죽을 지경이 되었다. 정신이 혼미해지고 기력이 다해가는 상황에서 대천사 가브리엘이 나타나 빨간 열매가 달린 나무로 안내했다. 열매를 따먹은 마호메트는 기력을 회복할 수 있었다. 이때부터 2년간 가브리엘 대천사가 꿈에 나타나 따라 읽으라며 이야기를 해주는데, 살아가는 데 매우 긴요한 것이었다고 한다. 마호메트는 꿈에서 깨면 천사가 해준 말을 잊지 않도록 양피에 적었다. 이것이 『코란』이 되었다."

이슬람 국가에서는 커피의 유래가 마호메트 이전으로 거슬러 올라가지 않는다. 따라서 무슬림에게 커피는 아무리 일찍 잡아도 7세기를 넘지 못한다. 마호메트는 570년 4월 메카에서 이 지역을 지배하던 쿠라이시Quraysh족의 하심Hashim 가문에서 태어났다. 유복자라 삼촌과 할아버지의 손에서 자랐다. 이 부족은 구약성서에 등장하는 아브라함의 아들 이스마일의 자손

카바 신전에서 3.2킬로미터 떨어진 히라산에 있는 작은 동굴. 마호메트가 명상을 하던 곳으로 무슬림들은 그가 이곳에서 대천사 가브리엘을 통해 신의 계시를 받았다고 믿는다.

이라고 주장한다. 아브라함은 에덴동산에서 쫓겨난 아담의 직계로 묘사되며, 따라서 마호메트는 하나님(무슬림에게는 알라)이 창조한 성스러운 아담의 핏줄이 된다.

　아담이 에덴동산에서 쫓겨난 뒤 제단을 짓고 알라신에게 기도를 올렸는데, 노아의 방주를 거치면서 흔적이 사라졌다. 그것을 다시 찾아 신전으로 꾸민 인물이 아브라함이다. 다시 오랜 세월이 흐르면서 위치를 잃어버린 신전을 되찾은 사람이 마호메트의 할아버지다. 마호메트의 아버지는 그가 태어나기 전 사망했기에 신전을 찾은 전설의 주인공은 할아버지가 되었다.

　신전은 찾아냈지만 다신교가 횡행하면서 메카의 신전은 온갖 잡신을 모아둔 공간으로 전락했다. 잡신을 모두 쫓아내고 유일신 알라만을 이곳에 모셨다는 인물이 마호메트다. 이곳이 매년 수백만 명이 찾는 사우디아라비아 메카의 카바Kaaba 신전이다. 5~6세기 아라비아반도의 신앙 형태는 다신교였다. 애니미즘적 성격이 강한 원시종교였다. 이에 앞서 기원후 70년쯤 예루살렘 성전이 파괴된 후 유대교인들도 아라비아반도로 내려와 유일신의 맥락을 이어갔다.

커피나무의 고향은 에덴동산이다

6세기 후반에 접어들면서 비잔틴 제국과 페르시아 사산왕조 간 전쟁으로 말미암아 아프리카와 아시아를 왕래하던 대상隊商들은 아라비아반도를 지나는 것을 선호하게 되었다. 덕분에 메카는 교역의 중심이 되었다. 570년쯤 메카를 지배하던 부족이 마호메트가 속한 가문이었고, 마호메트는 25세 때 부유한 카디자 빈트 쿠와일리드Khadijah bint Khuwaylid에게 고용되어 사업을 크게 성공시켰다.

그는 카디자와 결혼해 경제적 안정을 얻으면서 영향력 있는 지위를 얻었다. 610년 그는 신들린 상태의 종교적 체험을 한다. 꿈에서 가브리엘을 통해 알라 이외에는 신이 없다는 유일신 사상을 갖게 되고, 이 사상을 주변에 전파해 종교적으로도 '성공'했다. 바로 이 대목에 커피 유래설이 끼어 있다. 무슬림들은 마호메트에게 건강을 되찾게 해준 커피를 신성하게 여겼다. '커피를 몸속에 넣고 죽는 자는 지옥에 떨어지지 않는다'는 믿음이 팽배해져 무슬림이라면 모두 마셔야 하는 '이슬람의 음료'처럼 되었다.

에덴동산은 메소포타미아에서부터 아프리카 남부까지를 포함하는 광대한 지역이었을 것이다. 따라서 '커피나무의 고향은 에티오피아다. 에티오피아는 에덴의 강이 흐르던 곳이다. 그러므로 커피나무의 고향은 에덴동산'이다.

커피 수요가 폭발적으로 늘어나자 예멘은 아예 커피를 직접 재배하기에 이른다. 최우성(감리교 태은교회 목사)에 따르면, 이와 관련해서는 2가지 이론이 전해진다. 6세기 고대 에티오피아는 국력이 강해 홍해 건너 아라비아반도 서남부에 있는 시바 왕국(현재의 예멘 지역)을 식민 통치했는데, 그때 자국의 야생 커피나무를 예멘 지역에 옮겨 심었다는 고대 에티오피아 식민지설, 1454년쯤 에티오피아를 여행한 셰이크 게말레딘Sheik Gemaleddin에 의해 커피 관목의 경작법과 음용법이 예멘에 전해졌다는 커피 경작법 유래설이다.

어느 이야기도 예멘을 커피나무의 고향이라고 말하지는 않는다. 다만 예멘의 토질과 기후가 커피 경작에 최적의 조건을 갖추었기에 예멘은 얼마

지나지 않아 최고급 커피를 생산하는 명소로 찬사를 받게 된 것이 사실이다. 이 대목을 종교적 시각으로 살펴보면 더욱 흥미롭다. 기독교, 유대교, 이슬람교의 공통 경전인 구약성서 「창세기」에 따르면 태초에 신이 세상을 만들었다. 신은 세상의 모든 동식물을 만들었고, 땅에는 각종 씨 맺는 채소와 나무가 자라났다. 신은 세상을 창조한 후 에덴이라는 동산을 만들고 인간으로 하여금 그 동산을 다스리게 했다.

에덴동산에는 4개의 강이 흘렀는데 기혼, 비혼, 힛데겔(티그리스), 유브라데다. 유브라데강은 현재 이라크의 유프라테스강이었을 것으로 추정된다. 기혼강은 구스온 땅에 두루 흐르고 있었는데, 그곳은 아프리카 남부인 에티오피아 지역이다. '구스'는 에티오피아의 옛 이름이다. 이로 미루어볼 때 에덴동산은 작은 지역을 의미하지 않고, 메소포타미아에서부터 아프리카 남부까지를 포함하는 광대한 지역이었을 것이라는 주장이 설득력을 갖는다.

여기서 한 가지 가설이 성립된다. '커피나무의 고향은 에티오피아다. 에티오피아는 에덴의 강이 흐르던 곳이다. 그러므로 커피나무의 고향은 에덴동산이다.' 구약성서의 구절을 추적해도 커피나무의 고향이 예멘이라는 주장은 에티오피아만큼 단단한 토대를 지니지 못한다. 이슬람도 구약성서를 믿는다. 더욱이 무슬림은 아담과 아브라함, 이스마일로 내려오는 혈통을 이어받고 있다고 주장한다. 그렇다면 에덴동산에 태초부터 커피나무가 있었다는 믿음은 설령 그곳이 자신들의 텃밭인 아라비아반도가 아니라 그리스도 국가인 에티오피아라고 할지라도 그리 서운하게 받아들일 일은 아닐 성싶다.

커피의
시원지는 어디일까?

예멘인가, 에티오피아인가?

예멘은 아시아의 가장 서쪽 끝에 있는 나라다. 아라비아반도 남단에 있고, 홍해를 사이에 두고 에티오피아와 마주 보고 있다. 커피나무가 에티오피아에서 처음 자라나 예멘으로 전해졌다는 사실은 지금에야 상식으로 통하지만, 1,000년을 훌쩍 넘는 긴 세월 동안 커피의 시원지는 예멘으로 알려졌다. 인류의 역사에서 커피나무를 처음으로 경작한 나라가 예멘이며, 커피나무가 이곳에서 네덜란드와 프랑스를 거쳐 아시아와 아메리카로 퍼져나갔기 때문이다.

에티오피아에서는 커피에 관한 구전이 있을 뿐이지만, 예멘·사우디아라비아·시리아·이란 등 이슬람 권역에서는 9세기쯤부터 커피에 대한 기

예멘은 커피의 역사에서 보석 같은 존재다. 예멘이 없었다면, 아직도 커피는 아프리카의 깊숙한 계곡에 숨겨 있을지 모른다. 커피의 꽃과 열매.

록들을 남겼다. 이에 따라 커피는 에티오피아를 제쳐두고 애초부터 이슬람의 음료인 것으로 오랫동안 받아들여졌다. 그러다가 18세기 커피가 유럽인들을 매료시키며 세계 구석구석으로 퍼질 즈음 진실이 드러나기 시작했다.

칼 폰 린네Carl von Linné가 식물을 분류하고, 찰스 다윈Charles Darwin이 종의 기원을 추적한 데 이어 제임스 왓슨James Watson과 프랜시스 크릭Francis Crick이 1953년 유전자의 구조를 밝히는 등 일련의 과학적 탐구 끝에 커피의 시원지는 예멘이 아니라 에티오피아인 것으로 뒤늦게 밝혀졌다. 하지만 예멘은 커피의 역사에서 보석 같은 존재다. 예멘이 없었다면, 아직도 커피는 아프리카의 깊숙한 계곡에 숨겨 있을지 모른다.

커피의 기원과 관련해 '마호메트의 전설'이 있다. 마호메트가 동굴에서 고행을 했을 때 거의 죽을 지경이 되었는데, 꿈에 대천사 가브리엘이 나타나 빨간 열매를 따먹으라고 알려주었다는 내용이다. 빨간 열매가 바로 커피나무의 열매였으며, 마호메트는 가브리엘의 말대로 열매를 따먹고 건강을 회복했다. 무슬림들은 커피가 '마호메트를 살린 신의 음료'라고 자랑하기를 좋아한다.

마호메트의 전설이 사실이라면, 커피의 기원지는 에티오피아나 예멘이 아닌 사우디아라비아다. 마호메트가 태어난 곳도, 고행을 했던 곳도 메카이기 때문이다. 더욱이 커피의 기원 시점도 7세기 초로 특정된다. 마호메트는 570년에 태어났으며, 610년에 동굴 고행에서 신의 계시를 받고 이슬람교를 창시했다.

이보다도 시기가 앞선 기원설로 '칼디의 전설'이 있다. 칼디가 어느 시기의 인물인지에 대해서는 명확하지 않다. 말을 전하는 사람마다 기원전 2~3세기, 기원후 2~3세기, 6~7세기 등 가지각색이다. 칼디와 염소들이 어우러져 춤을 추는 여러 종류의 상상도에는 칼디가 아랍인 복장을 한 무슬림으로, 때로는 웃통을 벗은 아프리카 원주민으로 묘사된다. 칼디가 예멘 사람인지, 에티오피아 사람인지 구별이 명확하지 않은 탓이다.

유전자 분석 결과, 에티오피아가 커피나무의 시원지로 밝혀졌다고 해서 예멘보다 깊은 역사를 지니고 있는 것은 아니다. 에티오피아의 건국신화를 보면, 그들의 핏줄에는 예멘 조상의 피가 흐른다. 에티오피아의 기원은 지금부터 3,000년 전 솔로몬 왕의 시대까지 거슬러 올라간다. 아프리카에서는 드물게 뼛속 깊숙이 구약성서를 믿는 국가인 것이다. 반면 예멘의 역사는 이보다 앞서면서 종교적 색채가 다신교를 거쳐 이슬람교로 굳어진다. 아랍인의 유래와 그 문화의 시작을 찾을 수 있는 곳이 바로 예멘이다.

이런 점에서 칼디의 정체성을 따지는 것은 곧 예멘과 에티오피아의 기

'마호메트의 전설'이 생길 수 있었던 것은 그가 태어난 곳도, 고행을 했던 곳도 사우디아라비아의 메카이기 때문이다.

1,000년을 훌쩍 넘는 긴 세월 동안 커피의 시원지는 예멘으로 알려져왔다. 커피가 자라고 있는 북예멘 고산지대의 계단형 밭과 작은 규모의 커피 농장.

원은 물론 고대 종교들의 뿌리와 상호 연관성과 변화상을 성찰하는 멋진 실마리가 된다. 유대교와 다신교의 만남이 에티오피아를 잉태했으며, 이 과정에서 다신교는 구약성서에 눈을 떠 훗날 이슬람교를 내면화할 수 있는 경험을 한다. 이스라엘·예멘·에티오피아의 역사가 커피에서 만나 한데 어우러지고, 유대교·다신교·기독교·이슬람교가 구약성서를 토대로 교감을 나눈다는 사실은 커피 애호가로서는 가슴 벅찬 일이다.

　　종교로 인해 인류는 얼마나 많은 고통을 겪어왔는가? 종교는 화합보다 역설적이게도 인류를 적과 동지로 파편화시키는 쐐기로 작용하기도 했음을 부인할 수 없다. 이런 현실에서 커피를 통해 인류가 같은 뿌리에서 나왔음을 이야기하며 동질감을 찾아가는 기회를 갖는 것은 값진 일이다. 이것이야말로 커피가 우리에게 주는 축복이다.

시바 왕국은 어디인가?

　　예멘의 기원을 찾아가다 보면 아랍의 시작을 만난다. 아랍은 페르시아만, 인도양, 아덴만, 홍해에 둘러싸여 있는 아시아 서남부를 일컫는 지명이다. 아라비아반도가 아랍을 의미한다. 고대 페르시아어의 '아라비아Arabya' 역시 메소포타미아의 서쪽과 남쪽 땅을 가리키는 지명에서 나왔다. 4대 문명의 발상지 중 하나인 메소포타미아 지역 사람들은 유프라테스강 너머 서쪽에 거주하는 민족을 아랍인이라고 불렀다. 메소포타미아에서는 기원전 5000년쯤에 문자를 사용한 역사 시대가 열렸으며, 기원전 3500년쯤에는 수메르인들이 도시를 형성했다.

영국 · 캐나다 · 미국의 발굴팀은 시바 여왕의 신전 등을 발굴해서 실존한 역사임을 입증했다. 예멘의 수도인 사나의 전경. (위)
기원전 7~8세기에 건설된 그레이트 마리브댐은 주변 100제곱킬로미터 면적에 사는 수만 명에게 물을 공급했다. 그레이트 마리브댐 유적. (아래)

그러다가 기원전 1000년쯤부터 아라비아반도의 남부(현재의 예멘)에 거대한 무리가 살고 있는 것을 발견하게 된다. 이들은 셈족 언어를 구사했는데, 아라비아반도 중북부 사막지대의 유목민들과 달리 정착 생활을 하며 도시국가 성격의 왕국을 형성했다. 이것이 기원전 955년부터 840여 년간 부유함을 자랑하며 번영하던 시바Sheba 왕국이다. 사바Saba라고도 불리기도 하는 이 왕국은 여왕이 군림하고 있었다.

시바의 여왕Queen of Sheba은 명확한 이름 없이, 그 존재마저도 구약성서 일부와 구전을 통해 전설처럼 전해져왔다. 그러나 2000년에 영국·캐나다·미국의 발굴팀이 예멘 북부 룹알할리Rub' al-Khali 사막의 마리브Marib에서 시바 여왕의 신전 등 왕국의 유적들을 발굴함으로써 실존한 역사임이 입증되었다. 마리브는 현재 예멘의 수도인 사나Sanaa에서 동쪽으로 100킬로미터 떨어져 있으며 해발고도 1,200미터 고지대에 조성된 고대 도시로 시바 왕국의 수도였다.

당시 마리브의 규모는 인근에 있는 '그레이트 마리브댐Great Dam of Marib'을 통해 추정할 수 있다. 기원전 7~8세기에 건설된 이 댐은 길이 580미터에 높이는 4미터에 달했다. 기원전 2세기쯤에는 높이가 14미터로 증축되어 주변 100제곱킬로미터 면적에 사는 수만 명에게 물을 공급하기도 했다.

시바 왕국의 여왕

시바의 여왕이 이끈 아랍인들은 어디서 온 것일까? 이들은 세계에서 가장 오래된 언어인 셈어족Semitic Languages을 사용했다. 셈은 구약성서의

「창세기」에 나오는 노아의 세 아들 중 장남이다. 아랍인은 셈의 후손으로서 셈어족을 구사하는 민족들 중의 하나였다.

아라비아반도에 살던 셈족의 일부가 기원전 3500년쯤 북상해 나일강 인근에 살던 함족Hamite(함은 노아의 아들로 아프리카인의 조상이다)과 어우러지면서 이집트인이 되었다. 기원전 3000년쯤 아라비아사막을 횡단해 메소포타미아로 진출한 셈족의 한 분파가 바빌로니아인의 조상이 되었다. 또 기원전 2500년쯤 팔레스타인에서 북부 메소포타미아를 거쳐 이란 고원에 이르는 '비옥한 초승달 지대Fertile Crescent'에 정착한 셈족은 아무르인, 레바논과 시리아 등 지중해 동부 연안으로 이동한 무리들은 페니키아인이 되었다. 셈족의 이동은 계속되었다. 기원전 1400년쯤에는 시리아 남부 지역에 거처를 정해 아람인이 되었으며, 시리아 남부와 팔레스타인 지역에 정착한 분파는 유대인의 조상이 되었다.

시바의 여왕이 등장하는 시점은 기원전 1000년쯤인데, 구약성서와 『코란』에 행적이 적혀 있다. 구약성서의 「열왕기 상」에 시바의 여왕이 솔로몬 왕의 명성을 듣고 그를 시험해보려고 예루살렘을 찾아간 대목이 나온다. 솔로몬 왕의 재위 기간이 기원전 971~932년이므로 시바의 여왕이 활약하던 시기도 특정된다. 구약성서는 시바의 여왕이 솔로몬 왕의 지혜에 탄복하고 황금과 보석, 몰약, 향유 등 값진 물건을 바쳤다고 기록했다.

이를 둘러싸고 기록은 없지만 흥미를 끄는 이야기가 다수 전해진다. 솔로몬 왕은 시바 여왕의 미모와 현명함에 매료되어 묘책을 쓴다. 성대한 파티를 열어주고 시바의 여왕에게 "나의 허락 없이 음식을 먹는다면 나의 요구에 응해야 한다"고 제안한다. 시바의 여왕은 기꺼이 수용했지만, 그날 밤 잠을 자던 중 너무나 목이 말라 물을 마셨다. 솔로몬 왕이 파티 음식에 향

솔로몬 왕은 시바 여왕의 미모와 현명함에 매료되어 파티 음식에 향신료를 넣도록 책략을 부렸다. 이탈리아 화가 조반니 데민Giovanni Demin이 그린 〈솔로몬과 시바의 여왕Solomon And The Queen of Sheba〉.

신료를 많이 넣도록 책략을 부린 탓이다. 약속을 깨고 허락도 없이 물을 마신 것을 빌미로 솔로몬 왕은 시바 여왕의 몸에 손을 대는 것을 허락 받는다. 이날 밤 둘 사이에 남자아이가 잉태되는데, 그가 훗날 에티오피아의 초대 황제에 임명되는 메넬리크 1세다.

에티오피아의 어머니 나라, 예멘

솔로몬 왕은 유대교를, 시바의 여왕은 다신교를 숭상했지만 두 사람은 모두 셈족이었다. 셈족끼리 낳은 자식은 마땅히 셈족이므로 이스라엘과 시바(예멘), 에티오피아는 같은 핏줄인 것이다. 메넬리크 1세가 황제에 오른 과정을 보면, 에티오피아의 초대 종교는 유대교였다. 22세의 청년으로 성장한 메넬리크 1세가 예루살렘을 찾아가 히브리 율법과 유대신앙을 공부하고 유대교식 세례를 받았다. 에티오피아 사람들은 당시 메넬리크 1세가 왕위를 물려주겠다는 솔로몬 왕의 뜻을 정중히 거절하고 에티오피아의 악숨Aksum으로 돌아와 솔로몬 혈통의 왕국을 이어갔다고 주장한다.

솔로몬 왕은 메넬리크 1세가 시바로 돌아갈 때 성직자와 학자와 기술자 등 1만 2,000명의 유대인을 동행하게 했으며, 모세가 하늘에서 받은 십계명을 보관한 법궤Art of the Covenant를 준 것으로 전해진다. 이 법궤는 수도인 아디스아바바에서 960킬로미터가량 떨어진 악숨의 '성 마리아 시온교회'에 안치되어 현재까지 보관되고 있다고 하는데, 이를 실제로 본 사람은 아무도 없다.

에티오피아는 이처럼 시바 왕국에서 나왔다. 시바와 에티오피아가 같

에티오피아 북쪽 국경 근처에는 고대 악숨 왕국의 오벨리스크가 세워져 있다. 높이가 33미터에 달하는 오벨리스크는 돌을 쌓아 만든 게 아니라 거대한 바위를 통째로 깎아 만든 것이다.

은 나라였다는 주장도 적지 않다. 이탈리아 베네치아의 무라노Murano 수도원에서 1459년에 제작된 세계지도에는 시바의 도시들이 에티오피아에도 있는 것으로 나와 있다. 홍해를 사이에 두고 양편으로 나뉘어져 있는 에티오피아와 예멘 지역 모두 시바 왕국의 영토였다는 견해가 우세하다. 홍해에는 바다의 폭이 8킬로미터 정도인 곳이 있어 오래전부터 양측의 왕래가 잦았으며, 이 과정에서 자연스레 예멘의 시바인들이 에티오피아에 정착한 것으로 추측된다. 에티오피아에서는 시바의 여왕이 악숨에 수도를 정하고 동아프리카 전 지역과 예멘을 다스렸다는 구전도 이어지고 있다.

시바 여왕이 솔로몬 왕에게 커피를 선물했다

에티오피아에서 전해지는 이야기는 시바 여왕의 이야기와 좀 다르다. 건국신화에서 시바의 여왕은 흑인이며 이름은 마케다Makeda인 것으로 묘사된다. 에티오피아 역사학자들은 시바의 여왕이 홍해 건너 예멘보다는 에티오피아에 살았다고 주장한다. 악숨에는 시바의 여왕 궁전이라는 고대 건축물이 발굴되기도 했다.

구약성서를 믿는 에티오피아와 일부 아랍인들은 커피나무는 태초부터 에덴동산에 있었다고 주장한다. 에덴동산의 위치에 대해서는 의견이 분분하다. 페르시아만 깊숙한 쿠웨이트와 이라크 남부 부근이라는 주장이 있으며, 예루살렘의 동쪽에서 사우디아라비아와 에티오피아에 걸쳐 넓은 지역으로 보는 견해도 있다. 이에 근거해 시바의 후손들은 여왕의 시대에도 커피가 있었으며, 그녀가 예루살렘을 방문했을 때 솔로몬 왕에게 선물로 주었

시바의 후손들은 시바의 여왕이 예루살렘을 방문했을 때 솔로몬 왕에게 커피를 선물로 주었다고 믿는다.

을 것으로 믿고 있다. 이런 관점에서는 칼디가 예멘 사람이냐, 에티오피아 사람이냐는 문제는 사소한 시빗거리로 전락한다. 예멘과 에티오피아는 시바의 시대에는 같은 왕국이었기 때문이다.

그러나 오늘날 에티오피아와 예멘은 완전히 다른 나라가 되었다. 시바 왕국 이후 양측은 서로 다른 길을 걷게 된다. 예멘은 지형상 비가 오면 물이 고여 있지 않고 그대로 바다로 흘러나간다. 이 때문에 시바 왕국은 수도였던 마리브에 그레이트 마리브댐을 건설했던 것인데, 이것이 예멘을 부흥으로 이끈 원동력이었지만, 쇠퇴를 부른 원인으로 작용하게 된다. 시바 왕국의 말기에 관리 소홀로 인해 댐이 일부 무너져 내렸고, 사람들은 예멘을 떠나 북부로 이주했다.

이로 인해 힘을 잃은 시바 왕국은 몰락하고 힘야르 왕국(기원전 115년~기원후 522년)이 출현한다. 힘야르Himyar는 예멘 남서부 고산지대에 살던 시바 왕국의 유력한 부족들로 같은 셈족이었다. 이들은 유향나무를 경작하며 정착 생활을 했는데, 바로 이 부근이 오늘날 예멘 커피의 주산지다. 그러나 이들이 커피를 먹거나 재배했는지에 관해서는 물증이 없다.

유대교, 기독교, 이슬람교로 이어진 시바의 운명

당시 다신교를 흠모하던 시바의 여왕은 솔로몬 왕을 만나면서 유대교로 개종한다. 이후 유대교이던 시바인들은 힘야르 왕국 때 기독교를 접하게 된다. 힘야르의 마지막 왕인 두 누와스Dhu Nuwas는 예멘과 에티오피아에 널리 퍼진 기독교를 몰아내기로 작정한다. 예멘 북부 나즈란Najrān의 기독교인들에게 유대교로 개종할 것을 강요하고, 이 말을 듣지 않자 불에 태워 죽이는 만행을 저질렀다.

이즈음 에티오피아는 나자시Najashi 황제가 통치하고 있었는데, 그는 기독교로 개종한 상태였다. 나자시는 기독교의 수호자인 유스티누스Justinus 로마 황제에게 선박 지원을 요청했고, 7만여 에티오피아 병력이 525년 원정을 감행했다. 이 과정에서 두 누와스 왕은 바다에 뛰어들어 자결함으로써 예멘은 에티오피아의 식민지가 된다. 이때 에티오피아의 전사들을 통해 커피가 예멘으로 전해졌다고 보는 시각이 있지만, 개연성만 있을 뿐 기록이나 증언은 전해지지 않는다.

이후 페르시아로 도망간 힘야르 왕국 왕자의 요청에 따라 600년쯤 페르시아 군대가 예멘에서 에티오피아인을 쫓아냈다. 72년간 지속된 에티오피아의 예멘 통치는 이렇게 막을 내렸다. 이후 610년 마호메트의 이슬람교 창시를 거쳐 631년 이슬람이 예멘을 지배했다. 당시 예멘을 통치하던 페르시아 총독인 바단Badhan은 이슬람교를 받아들이고 무슬림이 되었다. 시바의 여왕 시절 하나이던 예멘과 에티오피아는 이렇게 이슬람 국가와 기독교(에티오피아정교) 국가로 갈라서게 되었다. 『코란』에서는 시바의 여왕을 수블림 발키스Sublime Balkis라는 이름으로 기록하고 있다. 그 내용은 유대교의 구약성서와 유사하다.

커피를 처음 발견한 칼디의 고향이 예멘이냐 에티오피아냐를 따지는 것은 부질없는 일이라는 생각이 든다. 커피의 기원을 밝히려는 고단한 여정에서 얻게 되는 소중한 가치는 갈수록 파편화하는 인류로 하여금 동질감을 곱씹게 만드는 명상의 시간이겠다.

커피,
카페를 창조하다

커피, 세계를 흔들어 깨우다

커피는 한 시절 유행으로 그칠 것 같지 않다. 역사 속에서 커피는 후퇴를 모르고 한없이 질주해왔다. 커피를 잔에 담아 판매하는 매장도 형태를 바꾸며 진화했지만 그 공간이 축소된 적은 없다. 커피 전문점의 주인이 바뀔 뿐, 매장 수와 커피를 파는 공간은 계속 늘고 있다. 세계에는 얼마나 많은 카페가 있을까? 카페는 앞으로도 계속 늘어날까? 기세가 꺾여 내리막을 향하게 될까?

미국 최대 커피 프랜차이즈인 스타벅스의 움직임은 그 답을 찾는 지표가 될 만하다. 1971년 원두 소매점으로 개점한 스타벅스는 1987년 현재 회장 하워드 슐츠Howard Schultz가 인수하면서 커피 음료를 파는 전문점(카페)을 열었다. 1996년에는 북미 지역을 벗어나 일본과 싱가포르에도 매장을 개설하면서 전 세계 매장 수가 1,000개를 넘어섰다. 2007년에는 7,834개(미국 6,281개), 2017년에는 2만 3,187개로 늘었다. '카페 거품' 논란 속에서도 기세가 꺾일 줄 모른다.

　　스타벅스는 중국 대륙을 흔들어 깨우며 세계 커피 시장의 빅뱅을 이끌어낼 태세다. 중국에서는 1999년 1월에 스타벅스 1호점을 냈다(한국에도 그해 7월 서울 이화여자대학교 정문 앞에 1호점이 들어섰다). 매장 수는 2017년 상하이에만 600여 개가 몰려 있다. 이는 미국 뉴욕시의 2배에 달하는 것이다. 스타벅스는 2016년 한 해에만 중국에서 500개의 매장을 열었다. 하루에 1.4개의 스타벅스 매장이 생겨난 셈이다. 2017년 8월 현재 스타벅스는 중

미국 워싱턴주 시애틀의 파이크 플레이스 마켓Pike Place Market 1912번지에 있는 스타벅스 1호점은 세계 커피 애호가들의 '순례 행렬'이 끊이지 않는다.

국에 2,800여 매장을 운영하고 있으며, 2021년까지 5,000개로 늘릴 방침이라고 한다. 현재 매장 수는 상하이에만 300개를 비롯해 100개 도시에 2,100개로, 머지않아 중국 내 매장 수가 미국을 뛰어넘을 것이라는 관측이 나온다.

스타벅스는 남아시아 전통차 차이Chai를 즐기는 12억 인도인의 입맛도 바꾸려는 전략을 세웠다. 2012년 타타그룹 지주회사 타타선스와 공동 출자로 합병회사를 설립해 인도 공략에 나선 이후 2015년 말까지 6개 도시에 80개 매장을 만들었다.

한국에서는 5~6년 전부터 '카페가 포화 상태', '지금 카페를 차리면 상투 잡는 격'이라는 등 비관적 전망이 쏟아졌지만, 정작 카페는 지속적으로 세를 불리고 있다. 통계청에 따르면 2014년 기준 프랜차이즈 커피 전문점 가맹점은 1만 2,022개다. 2013년 8,456개에서 1년 만에 42퍼센트나 늘었다. 프랜차이즈 커피 전문점과 개인이 운영하는 매장을 합치면 2015년 말 기준 4만 9,600여 개로 추산된다.

최초의 고대 여성 바리스타

카페의 무엇이 사람들을 매료시키는 걸까? '커피coffee'와 이를 마시는 공간인 '카페cafe'는 어원이 같다. 커피가 처음 발견된 에티오피아의 지명인 '카파Kaffa'에서 따왔다는 설, 기운을 북돋우는 커피의 효능에 주목해 아랍어로 힘을 뜻하는 '카와kahwa'에서 비롯되었다는 설이 있다. 술을 금기시하는 이슬람교도들이 커피를 마시며 대리만족하는 통에 아랍어로 포도주wine를

영국 화가 존 프레더릭 루이스John Frederick Lewis는 이집트 카이로에서 오스만 사람들의 숙소에서 본 모습을 목판의 유채화로 남겼다. 〈커피를 나르는 여인The Coffee Bearer〉(1857년).

의미하는 '카와qahwa'로 불리다가 발음이 변했다는 주장도 있다. 17세기 초 커피를 처음 접한 유럽인들은 '아라비아의 와인The Wine of Arabia'이라며 '카와'라고 불렀다. 그러다가 1650년쯤 영국에 전해졌을 때 헨리 블런트 경Sir Henry Blount이 '커피'라고 칭한 것이 오늘날까지 이어져오고 있다. 카페는 커피를 즐기는 장소로 의미를 굳혀갔다.

커피가 그것을 마시는 공간까지 아우르는 용어가 된 사연은 무엇일까? 이 대목에서는 상상력이 필요하다. 카페를 단지 서로 어울려 커피를 마시는 공간이라 정의한다면, 그 기원을 커피가 발견된 에티오피아까지 거슬러 올라가도 좋다. 에티오피아인들의 주장대로라면 그 시기는 기원전 2~3세기다. 부족 간 전투를 앞두고 전사들의 힘과 정신을 북돋우려고 치러진 '커피 의식'은 시간이 흐르면서 귀한 손님을 대접하는 '분나 마프라트'라는 관습으로 뿌리를 내렸다.

한 여인이 부족을 방문한 사람들을 위해 커피 생두를 물로 씻고 두터운 철제 용기에 담아 화톳불 위에서 볶아낸다. 볶은 원두를 갈아 제베나jebena라는 작은 항아리에 담아 달이면서 경험적으로 적절한 수율收率에 도달했을 때 작은 잔에 따라 한 사람에게 반복해 3잔을 대접한다. 이것이 카페의 모태다. 커피를 대접한 여인은 지금으로 치면 바리스타다. 바리스타 중에서도 커피 생두의 특성을 올바르게 해석해 로스팅으로 향미를 표현해내는, 요즘으로 치면 근사한 스페셜티 커피 전문점의 수석 바리스타이자 로스터인 셈이다.

그러나 카페는 아프리카가 아니라 아라비아반도에서 출현한다. 마호메트가 이슬람교를 창시한 것이 610년이다. 커피의 유래와 관련해 무슬림들 사이에 전해지는 '마호메트의 전설'에 따르면 7세기쯤 서남아시아, 그러

고대 여성 바리스타는 부족을 방문한 사람들을 위해 커피 생두를 물로 씻고 두터운 철제 용기에 담아 화롯불 위에서 볶아냈다.

니까 사우디아라비아반도에는 커피가 제법 널리 퍼져 있었다.

"사지를 튼튼하게 하고 피부를 맑게 한다"

커피는 에티오피아에서 나일강 루트를 통해 이집트로, 또 하나는 홍해를 건너 예멘으로 전해졌다. 900년쯤 페르시아 의사 라제스는 『의학 전범』에 "커피가 사지를 튼튼하게 하고 피부를 맑게 한다. 커피를 마시면 좋은 체취가 난다"고 썼다. 이는 커피에 대한, 현존하는 가장 오랜 기록이다. 그 당시 이미 예멘뿐 아니라 사우디아라비아를 지나 이라크까지 커피 음용 문화가 전해졌다는 방증이다.

사우디아라비아의 메카를 중심으로 이슬람권에 커피를 널리 퍼뜨린 일등공신은 신비주의 수피교Sufism 수도승들이다. 이슬람 성지 메카의 카바 신전을 관장하던 수피들은 8~16세기에 걸쳐 아라비아반도는 물론 동쪽으로 이라크와 페르시아, 서쪽으로는 북아프리카의 모로코, 더 멀리 동남아시아의 인도네시아까지 세력을 확장했다.

이슬람교는 종교의식에서 음악을 거의 쓰지 않는다. 굳이 종교음악이라고 한다면, 기도할 때를 알리는 소리인 '아잔azan'과 『코란』을 읽는 소리 정도다. 그러나 이슬람 시아Shiah파의 한 분파인 수피Sufi는 적극적으로 노래하고 춤추면서 신을 만나려는 독특한 행태를 보였다. 이들은 격렬하게 빙글빙글 도는 '수피 댄스sufi whirling'를 하면서 무아경에 빠져들었다. 수피는 '양의 털'을 뜻하는데, 초기 수도승들이 양모를 입고 금욕과 청빈의 생활을 했기 때문이다. 이들은 내면적 각성을 강조하면서 깨달음을 얻기 위해서는

'지성'보다 '체험'이 중요하다고 여겼다.

수피교도들 가운데 마울라위야Mawlawiyah 종단은 종교의식에 커피를 사용한 것으로 유명하다. 수피들은 '수피 댄스'를 추기 전에 빙 둘러 앉아 빨간색 커피잔에 따른 커피를 돌려 마셨다. 빨간색 커피잔은 마울라위야 종단 수피들에게 '신과의 합일에 다다르는 관문'을 의미했다. 커피를 돌려 마시는 의식을 통해 영적 황홀감을 맛보고 그들의 최종 목표인 '신과의 합일'에 도달하기 위한 첫걸음을 내딛는 것이다.

수피 댄스는 피리를 불며 시작한다. 의식이 시작되면서 검은색 겉옷(무덤을 상징한다)을 벗는데, 자신의 무덤에서 나와 신과 합일을 이루기 위한 것을 상징한다. 한 손은 하늘을 가리키고, 한 손은 땅을 가리킨 채 천천히 돌기 시작한다. 양손의 위치가 다른 것은 알라에게서 받은 축복을 땅에 있는 사람들에게 전해준다는 의미를 지닌다. 느리게 시작한 춤은 갈수록 빨라지며 무아경에 빠지게 된다. 이 과정에서는 많은 육체적·정신적 고통을 수반하는데, 이러한 고통을 극복하고 신과의 합일을 이루기 위해 커피를 마시는 것이다.

수피교에서 '에고ego'는 소멸되어야 할 대상이다. 수피들은 수피 댄스를 추면서 에고의 소멸, 즉 자아의 죽음을 표현하는데, 상징물로 의상을 이용한다. 이런 과정은 더 적극적인 명상을 유도하기 위한 것이다. 모자와 조끼, 겉옷과 망토, 구두 등은 에고의 소멸을 나타내는 의상이다. 특히 낙타털로 만든 긴 원통형의 모자인 '시케sikke'는 자아를 상징한다. 치마처럼 폭이 넓은 흰색 겉옷은 '텐두레tennure'인데, 회전할 때 원형으로 퍼져 아름다운 모양을 만들어낸다.

겉옷 위에 입는 하얀색 조끼는 에고가 죽었다는 것을 상징하는 수의

커피 전파에는 이슬람교의 신비주의 분파인 수피교의 역할이 컸다. 이들은 빙글빙글 돌며 춤을 추는 세마 의식을 치렀다. 수피 댄스로 불리는 춤을 구경하기 위해 많은 사람이 몰렸는데, 이들이 즐겨 마시던 커피도 자연스레 퍼져나갔다.

다. 하얀 겉옷과 조끼 위에는 검은색 망토인 '퀘베cubbee'를 걸친다. 본격적인 수행에 들어가면 에고의 무덤을 상징하는 퀘베를 벗는다. 에고의 무덤에서 벗어나 영적인 진리의 세계로 나아감을 뜻하는 행위다. 종교의식에 몰입하면 수피들은 무아경에 도달하기도 하는데, 이 상태에 도달하기 위해서는 육체적 인내와 맑은 정신이 요구된다.

　이러한 인내와 맑은 정신, 고통 극복을 위해 수피들은 커피를 마시는 것이다. 이 의식의 정식 명칭은 '세마 의식Sema Ceremony'인데, 이슬람권에서

800년간 이어지고 있다. 이 점을 평가받아 2005년 유네스코 세계무형문화유산에 등재되었다. 현재 세마 의식이 치러지는 유명한 곳으로는 터키의 콘야Konya가 꼽힌다.

수피들이 알라와 소통하는 매개체로 이처럼 춤과 커피를 애용하면서 커피는 이슬람의 음료로 굳건히 뿌리를 내렸다. 이런 과정에서 커피가 동굴에서 죽어가는 마호메트를 살렸다는 스토리텔링이 만들어지면서 무슬림들은 기꺼이 커피를 만끽했다.

아랍에미리트 두바이에서는 12세기 것으로 추정되는 커피 원두가 발굴되었다. 13세기 몽골이 바그다드를 침략하자 피난길에 오른 수피들을 따라 커피는 이라크, 시리아, 레바논, 오스만제국(터키)까지 퍼져나갔다. 페르시아에서는 지배세력이 예멘을 점령하면서 15세기 중엽에 커피 문화가 형성되었고, 1501년 사파비Safavid 왕조의 시작과 함께 커피하우스까지 등장한 것으로 전해진다.

"커피를 마시며 음탕한 짓을 한다"

커피 역사에서 14~15세기의 주인공은 예멘이다. 에티오피아에서 발견된 커피가 홍해를 건너고 아라비아반도를 거슬러 마침내 지중해를 넘고 오스만제국으로 전해지는 일련의 과정에서 예멘은 스토리를 잇는 가교 구실을 한다. 커피가 수피들을 통해 이슬람 권역으로 퍼지자 수요를 댈 수 없을 지경에 이르렀다. 그러자 예멘은 직접 커피를 재배하기 시작한다. 수확한 커피는 당시 아라비아반도 중심지인 메카로 보내졌다. 예멘은 커피의 유일한 공급원으로 시장을 독점한다.

아라비아반도가 사막과 험준한 계곡투성이인 탓에 물류는 홍해에 접한 항구도시 모카Mocha를 통해 퍼져나갔다. 1600년대 중반 모카를 통해 수출된 커피 생두는 연간 8만 포대(1포대=60킬로그램)에 달했다. 모카항은 그야말로 커피의 대명사가 되었다. 지금도 모카는 커피를 지칭하는 말로 통한다.

커피가 큰 부富를 안겨주자 예멘은 커피가 타국으로 유출되지 않게 철저히 관리했다. 예멘을 벗어나는 커피 생두에는 열을 가해 번식력이 없도록 만들었는데, 이 과정에서 커피를 볶아 먹는 법을 깨우치게 되었다는 설이 있다. 바그다드와 메소포타미아에서는 1500년대에 사용된 것으로 보이는 커피 생두 로스팅용 철제 국자가 발굴되기도 했다. 이는 당시 커피를 전문적으로 볶아내는 커피하우스가 존재했음을 뒷받침하는 물증이다.

1511년에는 메카의 통치자가 "사람들이 모여 커피를 마시며 음탕한 짓을 한다"는 이유로 커피 음용을 금지했다가 되레 이집트 카이로의 군주에게서 파면당하는 일이 벌어졌다. 이는 카페가 그만큼 널리 확산되었음을 강하게 뒷받침하는 '정황 증거'다. 그러나 딱 꼬집어 카페 이름을 댈 자료는 아직 발견되지 않았다. 15세기 후반쯤 메카에 '카베 카네스Kaveh kanes'라 불리는 커피하우스가 생겨났다고 전하는 정도다. 카베 카네스가 간판에 적힌 고유명사인지, 커피를 마시는 공간을 지칭하는 보통명사인지는 분명치 않다.

'이슬람의 음료'에서 '기독교의 음료'로

커피 역사에서 16세기 오스만제국이 등장하고 17세기 초 이탈리아 베

네치아를 통해 커피가 유럽에 상륙한 이후의 사연은 많은 기록물 덕분에 비교적 상세히 서술된다. 그러나 여기에도 앞뒤가 맞지 않는 대목이 적지 않다. 예를 들면, 교황 클레멘스 8세 Clemens VIII가 이슬람의 음료인 커피에 축복을 내리고 기독교인들에게도 음용을 허용했다는 부분이다. 적잖은 커피 관련 서적이 "당시 로마 사제들이 교황에게 진정을 넣어 기독교인들이 사탄의 음료인 커피를 마시는 것을 금해 달라고 간청했다. 하지만 교황은 커피를 맛보고는 '이렇게 좋은 음료를 이슬람교도만 먹게 할 수 없다'며 커피에 세례를 주어 기독교인의 음료로 만들었다"고 전한다. 클레멘스 8세의 재위 기간은 1592년부터 선종한 1605년까지다. 그러면서도 커피가 유럽 땅을 처음 밟은 것은 1615년 이탈리아 베네치아의 항구라고 소개하는 책이 많다.

고증을 거쳐야겠지만, 커피가 유럽의 기독교 사회에 전해진 건 16세기 초 오스만제국

이탈리아 로마의 에스킬리노 언덕에 있는 산타 마리아 마조레Santa Maria Maggiore 대성당에는 커피에 세례를 준 교황 클레멘스 8세의 동상이 세워져 있다. (위)
커피가 오스만제국에 본격 소개된 것은 1519년 셀림 1세가 이집트를 정복하고 돌아온 시점이다. (아래)

에 의한 것으로 의견이 모아진다. 일각에서는 이보다 훨씬 앞서 1096년에 시작되어 1291년까지 약 200년 동안 지속된 십자군전쟁 와중에 커피가 유럽으로 흘러들어갔다고 주장한다. 오스만제국이 지정학적으로 유럽과 아시아를 연결하는 교류가 왕성한 곳이자 당시 모든 문화의 유행을 이끈 곳이라는 점에서 나온 이야기인 듯하다.

그러나 오스만제국에 커피가 전파된 것은 십자군전쟁이 끝나고도 약 230년이 지난 16세기 초이므로 이런 시각은 교정이 필요하다. 십자군전쟁 시기에 베네치아인들이 한때나마 오스만제국의 수도 콘스탄티노플(이스탄불)을 점령했기에, 이를 토대로 베네치아 상인들이 오스만제국에서 커피를 가져와 유럽에 전파했다는 소문이 훗날 퍼지게 된 것으로 추정된다.

커피가 오스만제국에 본격 소개된 것은 1519년 셀림 1세Selim I가 이집트를 정복하고 돌아온 시점으로 전해진다. 이어 1536년 오스만제국이 예멘을 점령한 후 커피 생두가 터키의 중요한 수출품으로 부상했다는 기록도 있다. 어쨌든 이슬람교가 등장해 무슬림 사이로 커피가 퍼지기 시작한 지 거의 900년 만에 오스만제국에 커피가 입성한 것이다. 사정이 이러한데, 세계 최초의 카페를 오스만제국에서 찾는 게 온당할까?

커피로 부를 쌓다

오스만제국뿐 아니라 국경을 접한 시리아에서도 1530년 커피 문화가 꽃을 피웠다고 윌리엄 우커스는 『올 어바웃 커피』에 기록했다. 더욱이 1554년 이스탄불에 처음 개점한 커피하우스는 시리아인 2명이 만든 것이다. 전일본커피상공조합연합회JCQA는 이를 '세계 최초의 본격적인 커피하우스'라고 평가한다.

몇몇 서적에 '카페 키바 한Cafe Kiva Han'이란 용어가 이 커피하우스를 지칭하는 말로 등장하는데, 이것이 간판 이름인지 당시 카페들을 총칭하는 건지는 확실치 않다. 다만 1475년 이스탄불에 문을 연 '카페 키바 한'이 세계 최초의 커피하우스라고 하는 것은 적절치 않다. 1544년 이스탄불에 문을 연 '차이하네Cayhane'가 세계 최초의 카페라고 하는 것도 옳지 않다. 이 말은 일본 책에서 가끔 발견되는데, 어떤 경로를 거쳐 국내 일부 서적에 세계 최초의 카페 이름인 것처럼 소개되었다.

커피가 이슬람권에서 유럽 기독교권으로 전파된 경로를 추정할 때 또 하나의 큰 축을 이루는 것이 '오스만제국의 베오그라드 점령'이다. 오스만제국에 커피를 처음 들여온 셀림 1세가 1520년에 죽자 그의 아들 술레이만 1세Süleyman I가 제10대 술탄이 된다. 26세에 재위에 오른 그는 46년간 통치하면서 13차례의 대외 원정을 통해 오스만제국 최고 전성기를 이룩했다. 지중해 해상권도 거머쥐었다. 이 시기에 커피가 유럽에 전해졌을 가능성이 크다. 그렇다면 교황 클레멘스 8세가 1615년 이탈리아 베네치아를 통해 커피가 유럽 땅을 밟기도 전에 커피에 세례를 주어 기독교인들도 마음껏 마시게 했다는 부분에 대한 궁금증이 풀린다.

정확한 연도는 확인되지 않지만, 1600년대 들어 커피는 거의 1,000년 동안 갇혀 있던 아라비아반도를 벗어난다. 그 주역은 17세기 이슬람 학자이자 수피로 추앙받는 인도의 바바 부단Baba Budan이다. 그는 사우디아라비아 메카를 순례하고 예멘을 거쳐 귀국하면서 커피 씨앗 7개를 몸에 숨겨갔다. 바바 부단은 커피 씨앗을 카르나타카Karnataka의 마이소르Mysore 근처에 있는

바바 부단은 메카를 순례하고 귀국하면서 커피 씨앗 7개를 몸에 숨겨왔는데, 그로 인해 인도는 커피를 대량 생산하면서 커피 수출국으로 부상했다.

찬드라기리 언덕Chandragiri Hill에 심었다. 그에 의해 아랍의 커피 독점은 막을 내리고, 커피는 더 넓은 지역에서 경작되었다. 인도를 식민 지배하던 영국과 네덜란드 상인들이 커피를 대량 본국으로 보내면서 인도는 거대한 커피 수출국으로 부상했다.

서구 열강이 커피 재배에 뛰어든 것을 통해 당시 유럽에서 얼마나 많은 커피가 소비되었는지 짐작할 수 있다. 네덜란드는 1616년 예멘의 아덴에서 커피나무를 빼돌려 인도와 실론Ceylon(현재의 스리랑카), 인도네시아에서 대대적으로 재배한다. 여러 나라가 커피 재배에 혈안이 된 건 바야흐로 유럽 시장이 열리면서 커피가 큰 부를 안겨주는 아이템으로 부상했기 때문이다.

'커피'에서 만납시다

유럽 최초의 커피하우스는 1645년 이탈리아 베네치아에서 문을 연 것으로 알려졌다. 이어 1650년 영국 옥스퍼드대학에 야곱Jacob이라는 유대인이 커피하우스를 연다. 얼마나 많은 사람이 모여들었는지, 급한 사람은 바리스타에게 급전을 치르고 커피를 받아갔다. 바리스타도 너무 바쁜 나머지 돈을 손으로 받을 여유가 없어 상자를 놔두고 넣게 했는데, 이것이 팁tip의 유래다. 옥스퍼드대학의 커피하우스는 최초의 레스토랑으로도 기록된다. 1652년에는 런던 최초의 카페 '파스카 로제Pasqua Rosee'가 문을 연다.

프랑스는 귀족층에서 먼저 커피 열풍이 일었다. 궁정에 머물던 오스만 제국의 대사 술레이만이 고국에서 커피를 가져가 '터키식'으로 추출해 대접했다. 프랑스 최초의 카페는 1686년 이탈리아 출신이 만든 '카페 르 프로코

터키 이스탄불의 카페 거리에서 커피와 차를 배달해주는 '거리의 바리스타'가 즐거운 표정으로 음료를 나르고 있다.

프Cafe le Procope'다. 미국에서 커피를 마셨다는 첫 기록은 1668년의 것이다. 보스턴에 살던 도로시 존스Dorothy Jones라는 인물이 최초의 커피 판매 허가를 받은 것은 1689년이며, 이는 미국 최초의 커피하우스로 알려졌다. 뉴욕 최초의 커피하우스는 1696년의 '더 킹스 암스The King's Arms'다.

시간이 흐르면서, 사람들이 모여 커피를 마시는 곳에는 비나 바람을 피하는 시설이 만들어졌고, 이곳에서 모임이 점차 정례화하면서 카페 공간의 편의시설물도 하나둘 늘어났다. 당시에는 간판도 없었기에 사람들은 '커피'라는 말로 그 장소를 특정했다. 카페를 만든 뒤 하나의 메뉴로 커피를 판매한 게 아니라 커피가 카페라는 공간을 만들어낸 것이다. 이것이 커피를 뜻하는 카페가 마시는 공간까지 아우르는 용어가 된 사연이다.

터키 이스탄불의 전통 시장에는 골동품처럼 보이는 옛 도구들이 가득하다. 이 도구들은 관광객들만을 위한 상품이 아니다. 실제로 터키 사람들은 지금도 전통 방식으로 커피를 추출해 마시는 것을 즐긴다.

세계 최초의 카페에 대해서는 명확한 스토리텔링이 완성되지 못했다. 이는 카페가 글로벌 문화에서 주류를 이루는 기독교 국가에서 탄생하지 않은 탓도 작용했을 것이다. 8~15세기 아라비아반도에서는 커피 음용과 관련해 어떤 일이 벌어졌을까? 이 문제를 풀면 언제부터 커피 열매의 과육을 벗기고 씨앗만 골라내 볶아 먹었는지에 대한 드라마틱한 사연도 드러날 것이다. 카페의 기원에 대한 궁금증은 아직 명쾌하게 풀리지 않았다.

커피의
향미에 빠지다

음료가 아닌 음식이었다

인류는 커피를 마시기 시작한 지 1,000여 년 만에 '달이기decoction'의 한계를 벗어나 '우려내기infusion'에 눈을 떴다. 커피의 향미에 몰입하면서 다양한 추출법이 등장했다. 20여 년 전만 해도 "커피는 식물의 어떤 부분을 먹는 것일까?"라고 질문하면 머뭇거리는 사람이 적지 않았다. "콩처럼 털어 먹는다"는 답변과 함께 "줄기나 잎의 즙을 짜 마신다"는 말도 나왔다. 커피는 앵두나 체리처럼 빨간 열매 속의 씨앗만 골라내 겉에 묻은 점액질을 물로 씻거나 햇볕에 잘 말린 뒤 볶아 먹는 것이다. 더욱이 볶은 것을 그냥 먹는 게 아니라 설탕이나 소금 입자 굵기로 갈아 뜨거운 물이나 찬물로 그 속의 성분을 추출해야 한다.

잘 익은 커피 열매는 크기와 모양이 크랜베리나 체리와 비슷하다. 그러나 커피는 과육을 먹는 것이 아니라 열매에 들어 있는 씨앗을 말린 뒤 불에 볶아 성분을 추출해 마시는 것이다. 하와이 코나에서 자란 최고 등급의 커피 열매.

커피나무의 기원지인 에티오피아는 기원전부터 커피를 마셨다고 주장하는데, 어떻게 그 먼 옛날에 이토록 복잡한 방법을 깨우친 걸까? 한참을 양보해서 예멘이나 사우디아라비아 등 이슬람권 국가들의 주장을 따라 커피를 마시기 시작한 시점을 6~7세기로 잡더라도 디테일한 커피 음용법을 그때부터 알아냈다고 보기에는 무리가 따른다.

커피를 처음 먹은 것으로 알려진 에티오피아 카파 지역 원주민들은 커피 열매를 음료가 아니라 음식으로 대했다. 이때가 언제인지는 명확히 알려진 게 없다. 에티오피아가 525년에 예멘을 침공함으로써 아라비아반도에 커피를 전하는 결과를 낳았다는 관점에서 보면 이보다는 앞선 시기일 것으로 추정할 뿐이다.

지금도 에티오피아 고지대에서 유목생활을 하는 오로모족에게는 커피 열매를 음식으로 먹는 관습이 일부 전해진다. 커피 열매를 동물성 기름과 섞어 볶은 뒤 당구공만 하게 만들어 갖고 다니며 먹는다. 늙은 염소가 빨간 커피 열매를 먹고 활동이 왕성해지는 것을 보고 인류도 열매를 따 먹게 되었다는 '칼디의 전설'을 보아도 커피는 초기에는 과일처럼 열매를 먹는 것이었다.

이슬람권 국가에서 전해지는 유래설에도 커피는 열매를 그냥 먹거나 끓여 마시는 것으로 묘사된다. 커피가 문헌에 처음 언급된 시기는 10세기 초반이다. 커피는 이 시기에 이미 소아시아 접경에 이르기까지 아라비아반도 전역에 퍼져 그 효능을 인정받고 있었음을 알 수 있다. 커피의 기원설에 등장하는 셰이크 오마르는 이슬람 학자로 커피 열매를 달여 마시게 해 병을 치료한 인물로 묘사된다. 13세기 이슬람 신비주의 수피교도인 알 샤드힐리 Al-Shadhili는 커피 마시기를 수행 방법으로 삼았다고 하는데, 그는 커피 열매가 아니라 잎이나 줄기를 끓여 먹은 것으로 전해진다. 이런 이야기들을 종합해보면, 적어도 13세기 중반까지는 커피 열매를 그대로 먹거나 달여 마시는 방법에 별다른 변화가 없었음을 알 수 있다.

언제부터 커피를 로스팅했을까?

커피 열매에서 씨앗만 골라내 볶아 먹은 것이 언제부터인지에 대해서는 명확한 기록이 없으니 약간의 상상력이 필요하다. 예멘의 율법학자 셰이크 게말레딘이 1454년 에티오피아에 여행 갔다가 커피를 예멘으로 가져가 전파했다는 기록도 있는데, 여기서도 음용법은 열매를 달여 마시는 것이었다. 커피는 예멘을 통해 이슬람권에 발을 들여놓으면서 급속히 확산된다. 졸지 않고 밤새 기도하게 만드는 커피의 효능은 무슬림들로서는 '신의 음료'로 받아들일 만했다.

무슬림들이 얼마나 커피를 마셨던지, 예멘은 아예 커피를 경작하기에 이른다. 메카, 메디나Medina, 이집트, 터키 등지에서 커피 주문량이 쇄도했다. 커피를 멀리 떨어진 이란, 이집트, 시리아, 터키 등지로 대량 운송하는 과정에서 무슬림 상인들은 커피의 씨앗만 있어도 효능을 볼 수 있으며, 오히려 향미가 더 좋다는 것을 깨우친 듯하다. 윌리엄 우커스는 『올 어바웃 커피』에서 16세기 예멘에서 커피가 대중화하고 메카, 메디나, 이집트, 이스탄불을 거쳐 17세기 초에는 이탈리아를 통해 유럽으로 퍼졌다고 적었다. 이 시기쯤에 비로소 커피 로스팅에 대한 이야기들이 나온다.

18세기 유럽 여러 국가의 학자들이 쓴 문헌에는 변용된 '칼디설'과 '오마르설'이 등장했다. 이전의 문헌과 달리 "칼디에게서 열매를 받은 수도승이 불결하다며 불 속으로 던졌더니 멋진 향기가 났다"거나 "오마르가 산속을 헤매다 열매가 달린 마른 가지를 땔감으로 쓰다가 향기 나는 커피 열매를 발견했다"는 식이다. 씨를 로스팅해 마시는 커피 음용법이 자리 잡으면서 로스팅을 포함한 이야기가 필요했던 것으로 보인다.

이라크 바그다드와 시리아에서는 제작 시기가 15~16세기로 추정되는 커피 로스팅 도구들이 발견되었다. 손잡이가 긴 팬pan과 커피 생두가 타지 않도록 저어주는 긴 손잡이의 숟가락이 한 짝을 이룬 형태다. 그물 국자 형태의 다공성 질그릇이나 철제 그릇 등 커피 볶는 도구와 분쇄기들이 속속 발견되면서, 1500년대를 전후해 커피를 로스팅하기 시작한 것으로 의견이 모아졌다. 초기의 로스팅 도구들은 화덕이나 모닥불 위에 올려놓고 생두의 색이 변하는 것을 육안으로 확인하며 볶는 방식이었다.

그러다가 터키와 시리아의 장인들이 손잡이가 달린 냄비형 로스터나 긴 실린더형 로스터를 만들어냈다. 이집트 카이로에서 손잡이가 달린 실린더형 로스터가 처음 발견되었는데, 1650년쯤 제작된 것으로 추정된다. 이 기구는 손잡이를 돌리며 편하게 로스팅할 수 있다는 장점을 지녔지만, 로스팅 정도를 육안으로 확인할 수 없다는 게 문제였다. 17세기에 커피 원두가 얼마나 인기를 끌었는지는 일부 상인들이 무게를 늘리기 위해 납가루를 뿌렸다는 기록에서도 유추할 수 있다.

미국 워싱턴 스미스소니언박물관에 전시된 배두인의 천막. 왼쪽의 손잡이가 긴 냄비는 커피를 볶는 도구이고, 그 앞에 커피콩을 분쇄하는 청동절구가 있다. 뒤쪽 2개의 주전자는 각각 불에 올려 커피를 끓여낼 때와 손님에게 따라줄 때 사용되었다.

터키시 커피와 '신의 음료'

16세기 초 오스만제국의 이스탄불 시대부터 커피 추출법에 대한 상세한 기록이 전한다. 셀림 1세가 1519년 이집트를 정복하면서 커피를 알게 된 이래 오스만제국의 궁중에서도 커피는 귀한 대접을 받는다. 궁 안에 커피를 담당하는 하인이 따로 지정될 정도였다. 오스만제국이 1536년 커피 생산지 예멘을 점령한 뒤에는 커피가 일반인들에게도 빠르게 퍼졌다. 졸음을 쫓는 각성 효과와 에너지를 불러일으키는 듯한 작용 때문에 커피는 군인들에게도 지급되었는데, 이는 오스만제국이 점령한 수많은 나라에 커피가 전해지는 통로가 되었다. 6·25전쟁 때 미군을 통해 인스턴트커피가 우리에게 전해진 것처럼 말이다.

이집트에서 이미 커피를 볶고 갈아 물로 끓여 마셨는지에 대해서는 확인할 수 없지만, 오스만제국으로 전해진 뒤로는 터키인이 먹는 방식이라는 의미의 '터키시 커피Turkish Coffee' 음용법이 뿌리를 깊게 내린다. 1655년 이스탄불에서 9개월 동안 체류한 프랑스의 장 드 테베노Jean de Thévenot는 커피콩을 볶은 뒤 빻아 체즈베cezbe(긴 손잡이가 달려 있고 위보다 아래가 넓은 모양을 하고 있다)라는 도구에 끓여 마시는 과정을 여행기에 자세하게 적었다.

체즈베에서 커피가루를 끓이면서 거품이 넘치려고 하면 불에서 멀리하는 방식으로 거품을 줄이는 과정을 3번 반복한 뒤 달걀 반 개만 한 크기의 잔에 따라 마신다. 거품은 커피의 신선함을 가늠하는 중요한 지표다. 거품을 많이 생기도록 끓이는 게 기술

오스만제국은 16세기 초 이집트를 정복하면서 커피를 들여왔다. 커피를 가늘게 갈아 체즈베에 세 차례 끓어오르게 해 마시는 특이한 방식은 '터키시 커피'로 불리며 독특한 음용법으로 뿌리를 내렸다.

이라는 인식도 퍼졌다. '터키시 커피'는 강렬한 맛을 부드럽게 하기 위해 설탕을 넣거나, 향미를 좋게 하려고 카르다몸이나 정향과 같은 향신료를 넣어 끓여내기도 한다. 터키의 커피 문화는 독특한 방식과 전통 계승의 가치를 인정받아 2013년 유네스코 세계 무형문화유산으로 등재되었다.

이스탄불에서 추출법이 표준화한 커피는 오스만제국의 점령지와 무역 경로를 따라 유럽에 닿게 된다. 에티오피아에서 예멘으로 전해진 뒤 거의 1,000여 년을 아라비아반도의 이슬람권에 갇혀 있던 커피가 마침내 종교도 대륙도 다른 유럽에 전해진 것이다. 커피의 유럽 시대는 커피의 효능과 카페인 '중독성'으로 초기에 안착한 측면이 있지만, 제대로 꽃피운 것은 맛과 멋을 추구한 유럽인의 문화적

추출법이 표준화한 커피는 오스만제국의 점령지와 무역 경로를 따라 유럽에 닿게 되었다. 에티오피아 전통 방식의 커피 추출법.

취향이라는 점에서 다양한 추출법과 음용법을 예고했다.

1096년부터 약 200년간 지속된 십자군전쟁은 그 결과와 상관없이 유럽의 그리스도 문화와 서남아시아의 이슬람 문화를 교류시키는 발판이 되었다. 이탈리아 베네치아 상인들은 전쟁이 끝난 뒤 오스만제국과 소통하며

터키의 전통식 커피 추출에 사용되는 체즈베를 내보이고 있는 트라브존Trabzon 전통시장의 상인.

1615년 커피를 수입한다.

　커피를 '신의 음료'로 받아들이며 밤새 『코란』을 외우기 위해 커피를 찾은 무슬림들과 달리 유럽의 그리스도교인들은 커피를 병을 고치는 건강 식품으로 여겨 자주 마시면서 카페인에 빠져들었다. 교황 클레멘스 8세가 커피에 세례를 주면서 커피에 대한 유럽인의 거부감에는 빗장이 풀렸다.

　종교적 신념이 아니라 음료로서 커피를 바라본 유럽인들은 음용법을 더욱 세련되게 만들어갔다. 우선 미세한 가루를 끓여낸 커피를 그대로 마시지 않고 주전자에 담아, 말린 풀로 마개를 끼워 따르는 방식으로 불쾌한 이물감을 없애려 했다. 훗날 필터 커피의 원조다. 커피의 유럽 상륙은 이처럼 향미를 추구하는 새로운 커피 문화의 시작을 알렸다.

비엔나 커피의 탄생

커피가 유럽에 전파된 경로가 하나 더 있다. 이와 관련한 사건이 1683년 오스만제국의 침공으로 시작된 빈Wien 전투다. 오스만제국의 공격에서 오스트리아를 사수한 이 전투는 이슬람의 공격에서 유럽의 기독교 국가 전체를 지켜낸 것으로 평가받는다. 폴란드의 가세로 혼비백산한 오스만제국은 힘들게 싣고 온 커피 생두를 챙기지 못한 채 퇴각했다. 산더미처럼 남은 이 생두들이 오스트리아로 전해져 '비엔나 커피'를 탄생하게 한 사건으로 기록된다. 아랍 지역 출정이 잦아

커피의 가치를 잘 알던 군인 조지 프란츠 콜시츠키Georg Franz Kolschitzky가 이를 활용해 1683년 빈에 커피하우스를 열었다. 고전음악의 탄생지답게 빈 사람들은 '터키식'으로 커피를 끓이되 이를 여과장치로 거르고 우유와 꿀을 넣어 부드럽게 즐겼다.

17세기 말 오스트리아 빈에서 '마부의 커피'를 뜻하는 '아인슈패너 커피'가 유행했다. 마부들이 흔들리는 마차에서도 커피를 흘리지 않도록 생크림을 얹어 즐겼다. 훗날 '비엔나 커피'로 불렸는데, 이탈리아의 '카페 콘 파나Caffe Con Panna'에 많은 영감을 주었다. 에스프레소 커피에 휘핑 크림을 올려 카페 콘 파나를 만드는 장면.

비엔나 커피는 마부들이 흔들리는 마차에서도 커피를 흘리지 않도록 생크림을 얹어 먹은 것에서 유래했다는 설도 있다. 이 때문에 정작 오스트리아에서는 '마부의 커피'라는 뜻의 '아인슈패너 커피Einspanner Coffee'라고 하는데, 어쨌든 유럽인의 손에 들어간 커피는 맛과 멋으로 치장하게 된다. 커피의 강한 쓴맛을 없애고 맛있게 즐기려는 시도는 시간이 흐르면서 곳곳에서 다양한 형태로 나타났다. 1625년쯤 이집트 카이로에서 커피에 설탕을 넣어 마시기 시작하더니 1660년대에는 주駐중국 네덜란드 대사 요한 니외호프Johan Nieuhof가 커피에 우유를 가미해 마셨다.

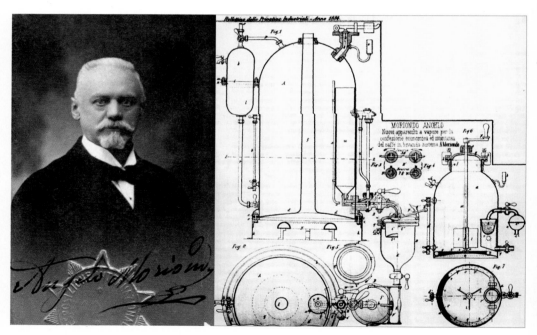

커피 한 잔을 30초 내외에 진하게 내릴 수 있는 에스프레소 머신의 아이디어는 1884년 이탈리아의 안젤로 모리온도Angelo Moriondo에게서 시작되었다. 그는 '경제적이고 즉각적인 커피 음료 제조를 위한 스팀 머신'이라는 명칭으로 특허를 얻었지만 상품화하지는 못했다. 안젤로 모리온도가 특허를 따낸 에스프레소 머신 구성도.

1711년 프랑스에서는 주전자에 천주머니를 달아놓고 원두가루를 그 안에 채운 후 뜨거운 물을 부어 마셨다. 인류가 커피를 마시기 시작한 지 1,000여 년 만에 마침내 '우려내기'에 눈뜬 것이다. 이렇게 본격적으로 커피의 향미에 몰입하면서 다양한 추출법이 등장한다. '인류, 커피의 향미에 빠지다'는 커피 역사에서 18세기를 정의하는 문구일 것이다.

커피의 향미를 북돋우는 데 빼놓을 수 없는 게 로스팅 기법이다. 1705년 처음으로 석탄을 이용한 상업용 로스터가 개발된 기록만 보아도 18세기에 로스팅 노하우가 얼마나 축적되었을지 짐작되고도 남는다. 우려내기가 보편화한 뒤 커피 추출법의 진화에는 또 다른 개념이 스며든다. 그것은 편의성과 신속성이다. 이를 키워드로 추출에 삼출percolation과 압력press을 동원하려는 아이디어가 싹트게 되고, 훗날 에스프레소 머신의 등장을 불러온다.

편의성과 신속성

그러나 편리함은 대가를 치르는 법이다. 삼출식은 달임법이 지닌 잡맛과 쓴맛이 주는 부담감을 극적으로 해소하지는 못했다. 이 문제는 20세기에 와서 독일과 이탈리아에서 서로 다른 방식으로 돌파구를 마련하게 된다. 1908년 독일의 멜리타 벤츠가 삼출과 여과를 통합한 드립법으로 커피 추출법의 새 지평을 열었다. 종이 필터를 사용하는 동시에 커피를 물에 잠기게 하지 않고 양철 드리퍼dripper를 통과시킴으로써 위장에 부담이 되는 지방산과 잡맛을 획기적으로 줄인 것이다.

이탈리아에서는 1906년 밀라노 만국박람회에 'Cafe Express'라는 글

멜리타 벤츠는 삼출과 여과를 통합한 드립법으로 위장에 부담이 되는 지방산과 잡맛을 획기적으로 줄였다.

자가 선명한 원통형 머신이 등장해 시선을 사로잡았다. 루이지 베제라Luigi Bezzera가 커피를 빨리 추출하기 위해 증기압을 이용하도록 만든 머신이다. 이 시기에는 세계적으로 사람이 일일이 힘을 들이지 않고 '작동하게 하는 장치'를 만들어내는 것이 붐을 이루었다. 카를 벤츠Karl Benz가 자동차 내연 기관을 선보인 데 이어, 미국에서는 1903년 라이트Wright 형제가 동력 비행에 성공했다는 소식이 들려왔다. 이런 '자동화' 분위기에서 '머신의 귀재'라는 밀라노 장인들은 커피 추출 머신의 기능을 개선해갔다.

그러나 베제라의 원통형 머신은 증기압을 활용했기에 물의 끓는점을

1906년 밀라노 만국박람회에서 루이지 베제라가 커피를 빨리 추출하기 위해 증기압을 이용하도록 만든 원통형 머신을 선보여 사람들의 시선을 사로잡았다.

120도까지 올라가게 만들어 잡맛을 너무 많이 우러나게 하는 치명적인 단점이 있었다. 그의 아이디어는 1840년대에 개발된 사이펀Syphon에서 따온 것이다. 사이펀은 지금도 작은 커피 매장이나 가정에서 수증기압을 활용해 깨끗한 맛이 부각되도록 커피를 추출하는 방식으로 애용된다.

1933년 이탈리아에서는 레나토 비알레티Renato Bialett가 가정에서도 에스프레소 맛을 즐길 수 있도록 모카포트Moka Pot를 발명했다. 세탁통 바닥에 있는 비눗물이 가운데에 있는 파이프를 타고 위로 올라가 세탁물 위로 뿌려지는 것에서 착안한 도구였다. 압력이 1~3바bar 정도지만 커피에서 지방산과 오일 성분을 추출해 크레마crema를 웬만큼 만드는 동시에 향미를 더욱 풍

레나토 비알레티는 지방산과 오일 성분을 추출해 크레마를 만드는 동시에 향미를 풍성하게 해주는 모카포트를 발명했다.

성하게 해주는 도구다.

두 차례의 세계대전 와중에 이탈리아에서는 이처럼 장차 세계 커피 시장을 장악할 에스프레소가 움트고 있었다. 커피에서 탄 맛이나 잡맛이 나오지 않도록 물의 끓는점을 낮추면서도 커피를 머신으로 빨리 추출하는 방법을 찾은 사람이 이탈리아에서 나왔다.

1938년 아킬레 가치아Archille Gaggia가 레버에 피스톤을 연결함으로써 물의 끓는점이 오르는 것을 해결하는 동시에 9기압을 가함으로써 크레마를 형성하게 하는 에스프레소 머신을 개발했다. '빠르다'를 의미하는 에스프레소라는 용어는 베제라가 먼저 썼지만, 크레마를 만들어냄으로써 이탈리아 정통 에스프레소 머신의 정체성을 구축한 이는 가치아였다. 에스프레소 머신의 정체성은 빠른 커피 추출에만 있는 게 아니다. 추출하는 사람의 손맛을 타지 않고 일관된 맛을 내도록 추출하는 데 더 큰 의미가 있다.

지금도 세계 곳곳에서 새로운 커피 추출법이 쏟아져나온다. 좋은 향미를 내기 위해 커피가루, 물, 온도, 압력, 시간이 만들어내는 '향미의 변주곡'은 커피 애호가들이 있는 한 멈추지 않을 것이다.

시대의 정신을
깨우다

아침의 포도주

커피는 문학가와 예술가들에게 밤새워 창작의 혼을 불태우게 한 요긴한 음료였다. 카페인은 작가의 지성적 각성뿐 아니라 불합리에 맞서는 시대정신도 일깨웠다. 프랑스에서 카페는 혁명을 불러일으키는 각성의 도화선으로 작용했다. 대서양 건너 미국에서는 커피가 독립혁명을 촉발한 보스턴 차 사건Boston Tea Party의 중요한 오브제로 한몫했다. 커피를 처음으로 문학 소재로 삼은 인물은 이슬람권에서 나왔다. 커피가 7세기 마호메트의 이슬람교 창시와 함께 음용되기 시작해 1,000여 년 동안 무슬림만의 문화로 향유된 사실에 비추어보면 당연한 결과다.

커피가 아프리카에서 처음 발견된 시기는 명확하지 않다. 기원전 10세기쯤 시바의 여왕이 솔로몬 왕에게 바친 공물에 에티오피아산 커피가 있었다는 주장이 있으나 물증은 없다. 커피의 기원지라고 자부하는 에티오피아에서는 솔로몬 왕과 시바의 여왕 사이에 태어난 메넬리크 1세가 초대 황제가 된 점을 들면서 커피의 기원도 이때부터라고 말한다. 그러나 대체로는 커피의 기원 시기를 6세기쯤으로 본다.

커피가 왕성하게 소비된 곳은 아라비아반도를 중심으로 한 이슬람권이다. 아라비아반도를 벗어나 이집트나 오스만제국으로 전해진 것은 15세기쯤인 것으로 추측된다. 커피는 이슬람의 포교 경로를 따라 퍼져나갔고, 이 과정에서 신비주의 수피교의 공은 지대했다. 수피교도인 잘랄 앗 딘 알루미Jalāl al-Dīn al-Rūmī가 「입술 없는 꽃」이라는 시에서 처음으로 커피를 문학의 소재로 삼았다.

"깨어나라, 아침이므로 / 아침의 포도주를 마시고 취할 시간이다 / 팔을 벌리라 / 영접할 아름다운 이가 왔도다……."

'아침의 포도주'는 커피를 상징한다. 커피의 어원은 아랍어로 '카와'다. 카와는 포도주라는 의미인 동시에 커피를 뜻한다. 유럽에서는 17세기 초에 커피를 '아라비아의 와인'이라고 했다. 이슬람 문학과 예술에서 커피를 다룬 내용은 적지 않겠지만, 종교적 이유 등으로 인해 서방에 전해진 건 거의 없다. 유럽 강국들은 17세기 말에 커피 값이 치솟자 앞다퉈 식민지에 커피밭을 일구는 경쟁을 벌였다. 이 무렵부터 커피에 관한 흥미로운 목격담과 에피소드들이 기록으로 전해진다.

"모닝커피가 없으면, 나는 말린 염소고기에 불과하다"

바흐가 1732쯤에 작곡한 '커피 칸타타'를 공연했던 당시 독일 라이프치히의 커피하우스.

요한 제바스티안 바흐Johann Sebastian Bach가 흔히 '커피 칸타타Coffee Cantata'로 알려진 〈칸타타 BWV 211〉을 작곡한 때는 1732년쯤이다. 아내와 사별한 뒤 재혼한 안나 막달레나와의 사이에 13명의 자녀를 두고, 47세가 되어 맏딸을 시집보내는 아버지의 심정을 담은 작품이기도 하다. 커피를 광적으로 좋아하는 딸과 커피를 그만 마시라고 다그치는 아버지가 승강이를 벌이며 주고받는 풍자적인 아리아가 인상적이다. 당시 커피하우스는 여성의 출입을 금했기에 '커피 칸타타'에서 딸이 부르는 소프라노 대목을 남성 가수가 가성으로 불러 더욱 재미있는 요소가 되었다.

"오, 이 커피는 너무나 달콤하구나. 천 번의 키스보다 달콤하고 백포도주보다 부드럽구나! 커피, 커피야말로 내가 마셔야 할 것이야. 나를 기쁘게 하고픈 사람이 있다면 내게 커피를 따르게 하세요……."

커피 애호가인 바흐는 "모닝커피가 없으면, 나는 그저 말린 염소고기에 불과하다"고 말했다.

커피를 끊지 않으면 약혼자와 결혼하지 못하게 하겠다는 아버지의 최후통첩에 딸은 굴복하는 척한다. 하지만 재치덩이 딸은 혼인계약서에 '커피 자유섭취 보장'이라는 조항을 슬쩍 써넣으면서 결혼에 성공하고 커피도 마음껏 마실 수 있는 반전을 이끌어낸다. 종교음악의 대부로 일컬어지는 바흐가 이처럼 대중을 위한 희극적 작품을 쓴 것은 '커피 애호가로서 커피에 대한 헌정'이라는 견해가 있다. 바흐 자신도 "모닝커피가 없으면, 나는 그저 말린 염소고기에 불과하다"는 말을 남겼다.

느리게 퍼지는 독

신체의 나른함을 일깨우는 커피의 각성 효과는 프랑스혁명을 이끌어낸 요인의 하나로 종종 언급된다. 커피를 즐겨 마신 한두 인물의 파워보다 커피를 마시는 공간을 중심으로 이루어진 계몽사상가들과 시민들의 교류와 공감대가 구체제(앙시앵레짐)를 무너뜨리는 동력을 만들어냈다.

1686년 문을 연 프랑스 최초의 '카페 르 프로코프'는 이 점에서 온갖 사연이 깃든 곳이다. 프랑스혁명의 지적 기원으로 꼽히는 총 28권짜리 『백과전서Encyclopédia』가 공동 편집장 드니 디드로Denis Diderot와 장 르 롱 달랑베르Jean Le Rond d'Alembert에 의해 처음 기획된 장소가 이곳이고, 이후 26년 동안 『백과전서』가 완간될 때까지 계몽사상가들의 아지트로 활용되었다.

볼테르Voltaire, 장 자크 루소Jean Jacques Rousseau, 빅토르 위고Victor Hugo, 아르튀르 랭보Arthur Rimbaud 등이 단골이었으며, 비운의 급진주의적 혁명가 장 폴 마라Jean Paul Marat를 비롯해 조르주 당통Georges Danton, 막시밀리앙 드

1686년 문을 연 프랑스 최초의 카페 르 프로코프는 프랑스혁명의 지적 기원으로 꼽히는 『백과전서』가 기획된 곳이고, 이후 계몽사상가들의 아지트가 되었다.

로베스피에르Maximilien de Robespierre 등 공화주의자들도 자주 드나들었다. '카페 르 프로코프'의 터줏대감으로서 커피에 관한 어록을 남긴 인물로는 볼테르와 루소가 손꼽힌다. 프랑스혁명에 지대한 영향을 끼친 두 철학자가 이곳에서 커피를 마시며 열띤 토론을 벌이는 장면이 목격되었다.

　비판적 지식인으로서 볼테르의 면모는 『백과전서』 집필 참여뿐 아니라 볼프강 아마데우스 모차르트Wolfgang Amadeus Mozart와의 '악연'에서도 드러난다. 독실한 기독교인이던 모차르트가 볼테르의 사망 소식을 접하고 "악당의 괴수가 드디어 죽었습니다"라는 기쁨의 편지를 아버지에게 보냈다는 일화는 역설적으로 당시 볼테르가 지닌 사회적 무게감이 어떠했는지를 보여준다.

　볼테르는 카페 르 프로코프에 앉아 건너편 극장에서 자신의 연극을 보고 나오는 사람들의 반응을 살펴보기도 했다. 하루에 40~50잔의 커피를 마시던 그에게 주치의는 "죽을 수 있다"고 경고했지만, 그는 커피를 놓지 않았다. 그는 "커피가 독이라면, 그것은 느리게 퍼지는 독毒일 것이다"라는 말을 남겼는데, 84세까지 장수함으로써 커피의 유익함을 몸으로 증명한 인물로도 기억된다.

키스, 악마, 지옥, 천사

루소는 자서전 『고백록』에서 후견인이자 연인이던 프랑수아즈 루이즈 드 바랑Françoise-Louise de Warens 부인과 아침 산책길에 우유를 탄 커피를 함께 마실 때 가장 행복했다고 털어놓았다. 연인과 함께 커피를 마시던 곳을 '지상낙원'이라고 표현했을 정도다. 진위를 확인할 수는 없지만, 그는 죽는 순간 "아, 이제 커피잔을 들 수 없구나"라고 했다는 이야기가 전해진다. 루소는 관능적으로도 매우 섬세했던 것 같다. 그는 "오, 나를 즐겁게 만드는 커피의 향기. 이웃에서 커피를 볶을 때면 나는 문을 열어 그 향기를 만끽한다"라고 읊기도 했다.

커피 맛이 주는 행복감을 인상적으로 표현한 인물은 프랑스 외교관 샤를 모리스 드 탈레랑Charles-Maurice de Talleyrand이다. "커피의 본능은 유혹이다. 진한 향기는 와인보다 달콤하고, 부드러운 맛은 키스보다 황홀하다. 악마처럼 검고 지옥처럼 뜨거우며, 천사와 같이 순수하고 사랑처럼 달콤하다."

이처럼 커피의 검은 외관과 그윽한 향기를 키스, 악마, 지옥, 천사 등 자극적이면서도 매혹적인 단어로 묘사한 탈레랑은 커피 인물사에서 제법 비중 있는 자리를 차지한다. 그러나 유사한 표현이 이보다 훨씬 앞서 터키 속담("커피는 지옥처럼 검고, 죽음처럼 강렬하고, 사랑처럼 달콤해야 한다")과 헝가리 격언("좋은 커피는 악마처럼 검어야 하고, 지옥처럼 뜨거워야 하며, 키스처럼 달콤해야 한다")에 나온다.

커피를 사랑한 덕분인지 탈레랑의 지성적 각성은 대단했다. 그는 바스티유 습격 1주년 기념 미사를 집전했다가 '혁명의 주교'로 불리며 교황에게서 파문당했다. 그 후 탈레랑은 외교계에 입문해 나폴레옹 보나파르트Napoléon Bonaparte를 정계에 진출시킨다. 나폴레옹도 계몽사상가들처럼 카페 르 프로코프를 들락거렸다. 커피 값을 치를 형편이 못 될 때는 모자를 맡기면서까지 커피를 마셨다.

샤를 모리스 드 탈레랑는 "커피의 본능은 유혹이다. 진한 향기는 와인보다 달콤하고, 부드러운 맛은 키스보다 황홀하다"라고 말했다.

나폴레옹은 1804년 황제가 된 후 기독교 국가로는 처음으로 커피를 군대 보급품으로 정했다. 그는 커피를 마셔야만 침대에서 일어날 수 있을 정도의 마니아였다고 전해진다. 비슷한 시기, 프랑스 사실주의 문학의 거장 오노레 드 발자크Honoré de Balzac는 하루에 50잔씩 커피를 마시며, 2,472명이 등장하는 『인간희극La Comédie Humaine』 등 100여 편의 장·단편 소설을 썼다.

베토벤 넘버, 60

프랑스가 혁명의 기운 속에서 커피 이야기의 꽃을 피워낼 무렵 독일과 오스트리아에서도 커피는 많은 예술가와 문학가를 홀렸다. 1694년 라이프치히에서 문을 연 '아라비아의 커피나무'라는 이름의 카페는 요한 볼프강 폰 괴테Johann Wolfgang von Goethe, 로베르트 알렉산더 슈만Robert Alexander Schumann, 빌헬름 리하르트 바그너Wilhelm Richard Wagner 등 여러 명사의 정신적 휴식처였다. '카페바움Kaffee Baum'으로도 널리 알려진 이곳은 유럽에서 두 번째로 오래된 커피집이라는 기록을 가졌다.

괴테는 하루에 커피를 20~30잔 마셨다. 그는 커피 중독에 대한 주변의 걱정에 나 보란 듯이 83세까지 장수했다. 괴테의 시 「마왕」을 곡으로 만든

슈베르트는 커피를 분쇄하면서 〈죽음과 소녀〉를 작곡했을 정도로 소문난 커피 애호가였다.

베토벤은 모닝커피용으로 원두 60알을 골라낸 뒤 추출하게 했는데, '60'은 '베토벤 넘버'라고도 불린다.

독일 가곡의 왕 프란츠 페터 슈베르트Franz Peter Schubert도 소문난 커피 애호
가였다. 낡은 원두 그라인더를 '재산목록 1호'라고 자랑했는데, 그의 가곡
〈죽음과 소녀〉는 커피를 분쇄하면서 향기를 감상하다가 갑자기 악상이 떠
올라 쓴 곡인 것으로 알려졌다.

　　루트비히 판 베토벤Ludwig van Beethoven은 커피 역사에서 상당한 '지분'
을 가진 인물이다. 오전에 작품 쓰기를 좋아한 그는 모닝커피용으로 손수
원두 60알을 골라낸 뒤 추출하게 했다. 그래서 커피에서 '60'은 '베토벤 넘

버'라고도 불린다. 원두 60알은 8~10그램으로 묘하게도 오늘날 에스프레소 한 잔을 뽑는 데 사용하는 양이다.

바흐, 베토벤과 함께 독일 음악의 '3B'로 불리는 요하네스 브람스 Johannes Brahms도 커피 애호가였다. 그는 자신이 마실 커피는 다른 사람의 손을 빌리지 않고 직접 추출해 마셨다고 한다. 까탈스러워 보이는 베토벤과 브람스의 행동은 커피 애호가에게는 충분히 이해될 수 있는 일이다. 커피를 습관처럼 마시는 게 아니라 추구하는 향미가 분명하고 그것을 위해 기꺼이 불편을 감수하는 태도에서 이들은 일찍이 향미를 평가하고 묘사하는 전문가인 '커피 테이스터'의 면모를 갖춘 게 아닌가 싶다.

악명 높은 사기꾼과 귀족 나부랭이들의 집결지

모차르트도 커피 역사에서 한자리를 차지한다. 모차르트가 커피를 얼마나 즐겼는지는 알려진 바 없지만, 그는 〈피아노 소나타 11번 A장조 K.331〉을 통해 커피와 인연을 맺는다. 병사들의 사기를 북돋우려고 사상 처음으로 군대 음악을 도입한 오스만제국은 빈 전투에서 큰북과 심벌즈를 두들기는 현란한 소리로 유럽에 깊은 인상을 남겼다. 전투가 끝난 뒤 오스만제국의 문화와 예술은 '터키풍'이라는 유행을 만드는데, 음악에서 터키풍으로 연주하라는 '알라 투르카Alla Turca'라는 용어가 등장할 정도였다.

모차르트가 이런 상황에서 작곡한 작품이 〈피아노 소나타 11번〉의 마지막 3악장인 일명 '터키 행진곡'이다. 모차르트에게서 일주일간 사사한 것으로 전해지는 베토벤도 극음악 〈아테네의 폐허〉에 '터키 행진곡'을 작곡해 넣었다. 두 거장이 오스만제국의 음악을 어떻게 해석해 표현했는지 비교·감상하는 것은 커피 애호가들에게 크나큰 재미다.

영국에서는 1637년 옥스퍼드대학에 재학 중이던 그리스 크레타섬 출신의 너새니얼 코노피오스Nathaniel Conopios가 처음으로 커피를 들여온 것으로 기록된다. 1650년에는 유대인 야곱이 옥스퍼드대학에 최초의 커피하우스를 연다. 1652년에는 아르메니아 출신의 파스카 로제가 부유한 무역상 에드워드 로이드Edward Lloyd의 후원을 받아 런던에 카페(파스카 로제)를 열었다.

이 시기 카페의 이름은 따로 정하지 않았다. 영국의 초기 커피하우스들은 천막을 치거나 창고를 개조한 수준이었다. 로제는 전단지를 제작해 최초로 커피 광고를 한 인물이기도 하다. "커피 음용의 효능. 파스카 로제가 영국에서는 처음으로 대중에게 커피를 판매. 콘힐의 세인트마이클가街 주인장의 얼굴을 간판으로 내건 가게에서." 당시 카페는 주인의 이름이 곧 간판이었다. 1654년 옥스퍼드에 문을 연 '퀸즈 레인 커피하우스Queen's Lane Coffee House'에서부터 카페에도 고유한 이름이 붙기 시작했다.

영국은 같은 시기에 네덜란드를 통해 들어온 차가 커피보다 사랑받은 탓인지, 문학과 예술에서 커피를 다룬 명작을 찾기 힘들다. 풍자화가 윌리엄 호가스William Hogarth가 1738년에 그린 〈포 타임스 오브 더 데이Four Times of the Day〉에는 술에 취한 남성들이 당시 런던에 있던 '톰 킹스 커피하우스Tom King's Coffee House'의 문을 나서며 새벽에 귀가하는 여인을 조롱하는 듯 바라보는 모습이 담겼다.

비슷한 시기에 '난봉꾼의 행각Rake's Progress'이라는 연작물에 그가 그려넣은 〈화이트 커피하우스의 클럽실〉이란 작품에서는 도박꾼과 호색한들이 득실거리는 문란함이 잔뜩 배어 있다. 세인트패트릭Saint Patrick 성당의 주

윌리엄 호가스는 〈포 타임스 오브 더 데이〉에서 술에 취한 젊은이들이 문을 나서며 새벽
에 귀가하는 여인을 조롱하는 듯 바라보는 모습을 담아냈다.

임 사제이기도 했던 『걸리버 여행기』의 작가 조너선 스위프트Jonathan Swift는
이 커피하우스를 '악명 높은 사기꾼과 귀족 나부랭이들의 집결지'라고 묘사
했다고 한다.

영국에서 커피하우스가 부정적 인식만을 낳은 것은 아니다. 에드워드
로이드가 1688년 템스 강변에 만든 커피하우스는 상인, 해운업자, 보험 관

에드워드 로이드가 1688년 템스 강변에 만든 커피하우스에는 상인, 해운업자, 보험 관계자들이 모여 경제 정보를 교환했다. 윌리엄 홀랜드William Holland의 〈에드워드 로이드의 커피 하우스Edward Lloyd's of Coffee house, à Londres〉(1789년).

계자들이 모여 왕성하게 경제 정보를 교환하는 장소로 사랑받았다. 주고받는 정보가 많아지자 주인장은 '로이드의 뉴스'라는 소식지를 발행했다. 해운과 교역에 관한 정보를 구하려는 사람이 몰려들면서 이곳은 훗날 세계적인 보험회사 '런던 로이드 회사Lloyd's of London'로 성장했다.

월, 버튼, 차일드, 그레시안 커피하우스 등에는 법률가, 철학자, 작가들이 모여 온갖 이슈를 토론하는 신사 클럽Gentlemen's Club의 성격을 띠기도 했다. 커피 한 잔 값의 작은 돈penny으로 모든 계층의 남자들이 참여해 살아 있는 지식을 접하며 사회적 의식을 일깨워나갈 수 있었기에 '페니 대학Penny University'이라 불리기도 했다. 영국에 커피가 부흥하던 시기에 윌리엄 셰익스피어William Shakespeare가 살아 있었다면 어떠했을까? 커피에 관한 주옥같은, 때로는 재기 넘치는 이야기가 만발하지 않았을까?

미국의 독립은
커피에서 시작되었다

미국의 건국보다 앞선 커피의 역사

　네덜란드를 통해 미국 땅에 들어간 커피는 영국의 식민 지배에 대항해 독립 의지를 일깨우는 매개체가 되었다. 미국은 유럽 국가들보다 역사가 짧은 신대륙이지만, 커피의 역사와 문화에서는 유럽과 시대를 함께했다. 미국은 1775년 영국을 향해 독립혁명의 포문을 열고 1776년 13개 식민주 대표가 필라델피아에 모여 토머스 제퍼슨Thomas Jefferson이 기초한 독립선언문을 공포했다. 이어 독립혁명 영웅 조지 워싱턴George Washington을 초대 대통령으로 한 정부가 수립된 때는 프랑스혁명 발발보다 두 달 반쯤 앞선 1789년 4월 30일이다.

　그런데 커피는 미국 건국보다 약 170년 앞선 1620년대에 전해졌다. 네

네덜란드 사람들이 맨해튼섬에 거주지를 만들기 시작한 모습을 묘사한 뉴잉글랜드역사족보협회New England Historic Genealogical Society의 소장품이다. 네덜란드인들은 인디언에게서 현재 가치로 단돈 24달러를 주고 섬을 사들였다.

덜란드는 1624년 서인도회사를 통해 맨해튼섬을 차지한 뒤 1626년 인디언에게서 현재 가치로 단돈 24달러를 주고 섬을 사들여 '뉴암스테르담New Amsterdam'이라 명명했다. 이곳은 1674년 영국이 차지하면서 '뉴욕'으로 불리게 된다.

　네덜란드는 커피의 가치를 이미 간파하고 있었다. 네덜란드 상인 피터르 판 덴 브루커Pieter van den Broecke가 1616년 예멘에서 커피나무 몇 그루를 암스테르담으로 몰래 빼내 재배했다. 이후 식민 지배하던 인도 말라바르Malabar와 인도네시아 자바섬Java Island의 중심 지역인 바타비아Batavia(현재의 자카르타)에 커피를 심어 대량생산했다. 기록에 따르면 네덜란드는 맨해튼섬에 식민지를 구축하면서 미국 땅에 처음 커피를 들였다.

미국에 커피를 전파한 주역을 1607년 버지니아 제임스타운Jamestown을 점령한 영국인 존 스미스John Smith 선장이나 1620년 매사추세츠주 대서양 연안 플리머스Plymouth에 도착한 메이플라워호의 청교도들로 보는 견해도 있다. 그러나 기록을 보면 이 시기에는 영국에 커피가 전해지지 않았다. 일각에서는 청교도들의 짐 속에 나무로 만든 절구와 절굿공이가 있던 점을 들어 이들이 미국 땅에 커피를 처음 들여왔다고 주장한다. 그러나 절구가 훗날 커피 원두를 분쇄하는 데 사용되었는지는 몰라도 당시에는 곡물이나 향신료를 빻는 용도로 쓰였다.

커피가 유럽에 상륙한 건 1615년 이탈리아 베네치아를 통해서다. 영국에 커피가 전파된 것은 1637년이고, 프랑스는 1644년이다. 메이플라워호의 청교도들 가운데 종교박해를 피해 네덜란드에 갔다가 온 이들이 미국 땅에 커피를 들고 갈 수도 있었겠지만, 이와 관련된 기록은 없다.

주목할 것은 영국의 식민 지배 끝에 미국이 생겨났지만, 미국 땅에 커피가 전해진 것은 영국보다 되레 10여 년 앞섰다는 점이다. 따라서 미국의 커피 문화는 영국에서 전래된 게 아니다. 이런 관점은 미국독립혁명의 도화선으로 평가받는 '보스턴 차 사건'을 이해하는 데 중요하다.

커피의 대중화와 계몽사상

커피가 네덜란드를 통해 미국 땅에 들어가긴 했지만, 영국 식민 지배기 (1607~1783년)에 초기 이민자들이 즐겨 마신 것은 홍차였다. 그 후 1670년에서야 미국 최초(정확히 말하면 '북아메리카 영국 식민지 최초')의 커피 전문점

1696년 문을 연 뉴욕의 첫 커피하우스 '더 킹스 암스'는 2층 목조건물이었는데, 전면은 노란 벽돌을 쌓았던 것으로 전해진다.

'런던 커피하우스London Coffee House'와 '거트리지 커피하우스Gutteridge Coffee House'가 문을 연다. 둘 중 어느 것이 먼저인지에 대해서는 명확한 자료가 없다. 유럽에서는 이미 1645년 이탈리아 베네치아에 커피하우스가 문을 열었고, 영국도 1650년 옥스퍼드대학에서 첫 커피하우스가 선을 보였다. 미국의 기록은 이보다 다소 늦고, 프랑스(1686년)보다는 앞선다.

북아메리카의 초기 이민자들은 영국에 뿌리를 두었기에 차를 주로 즐겼지만, 17세기 말 유럽에서 불기 시작한 커피 열풍에 점차 영향을 받게 된다. 보스턴에 살던 도로시 존스가 대서양 건너편에서 벌어지는 커피 붐을 감지하고, 1689년 영국 정부에서 커피 판매권을 받아내 사업을 시작했다. 1696년에는 뉴욕에도 '더 킹스 암스'라는 커피하우스가 등장한다. 커피가 대중화하는 시기, 그 나라에는 운명적으로 계몽사상이 싹튼다. 커피 애호가들은 이런 현상의 원인을 두고 '커피를 마시며 정보를 주고받는 문화가 형성되면서 시대적 각성을 불러일으켰기 때문'이라고 말하기를 좋아한다.

미국에서 커피가 널리 퍼지기 시작한 17세기, 영국에서는 세상을 바꾸는 엄청난 일이 벌어진다. 청교도혁명으로 공화국이 탄생(1649년)한 데 이어 명예혁명(1688년)이 발발했다. 1689년에는 마침내 의회가 "인간의 권리는 신성불가침의 권리"라는 내용을 담은 '권리장전Bill of Rights'을 채택함으로써 절대왕정을 종식시킨다. 권리장전은 미국독립선언(1776년)과 프랑스 인권선언(1789년)에도 큰 영향을 끼치는데, 이 과정에서 영국·미국·프랑스 지식인 사이에 커피가 지성의 상징이 되면서 결국 민중을 일깨우는 각성제로 맹위를 떨쳤다.

"대의권 없는 과세는 식민지의 자유에 대한 위협"

미국 역사에서 커피 애호가로 처음 언급되는 인물은 벤저민 프랭클린 Benjamin Franklin이다. 이민 3세대로 보스턴에서 태어난 그는 토머스 제퍼슨과 독립선언문의 기초를 마련하고 13개 주의 단합과 독립 의지를 이끌어내 '최초의 미국인'이라는 영예로운 호칭을 얻었다. 45세에 펜실베이니아 주 의회 의원이 된 그는 보스턴에 있던 '런던 커피하우스'에서 정치 모임을 자주 열고 계몽사상과 자치 의식을 퍼뜨렸다.

그는 "나는 런던 커피하우스에서 만나는 모든 정직한 영혼을 사랑한다"고 말할 정도로 커피를 통해 만나는 사람들을 소중히 여겼다. 그는 자신의 이름을 내건 원두를 유통하기도 했으며, 먼 길을 갈 때면 커피 원두를 꼭

영국은 식민지에 설탕, 인쇄물, 종이, 차 등에 세금을 매겨 재정난을 타계하려고 했다. 미국독립혁명의 불씨로 작용했던 '보스턴 차 사건'이 발발한 보스턴 항구의 현재 모습.

챙겼다. 그와 커피의 인연은 업業처럼 이어졌는데, 어머니(애비아 폴저Abiah Folger) 집안에서 후일 세계적인 커피 브랜드로 성장하는 '폴저스Folgers 커피'를 설립했다.

　　미국 역사에서 18세기 중엽은 식민 지배에서 벗어나려는 자치 욕구가 극대화한 시기다. 그런데 커피가 그 결정적 구실을 했다. 영국은 내전과 제국의 팽창을 위한 잇단 전쟁으로 인해 재정난을 겪었다. 영국은 1764년 북아

커피하우스 겸 여관으로 사용되었던 '그린 드래건 태번'은 미국독립혁명의 본부 역할을 했다. 1697년에 문을 열어 1832년까지 135년간 운영된 이곳은 독립혁명의 도화선이 된 보스턴 차 사건이 기획된 곳이기도 하다.

메리카 식민지에서 처음으로 설탕에 세금Sugar Act을 부과한데 이어 1765년에는 인쇄물에도 '인지 조례Stamp Act'라며 세금을 매겼다. 버지니아 의회는 즉각 "대의권 없는 과세는 식민지의 자유에 대한 위협"이라고 반발하고 결의안을 채택했다.

그러나 영국의 사정은 다급했다. 거센 조세 저항에도 아랑곳하지 않고 2년 뒤인 1767년 종이와 차tea에 대해서도 관세를 거두는 '타운센드 법령Townshend Acts'을 시행했다. 식민지는 술렁였다. 당시 지식인들이 매일 모여 토론하고 성토하며 머리를 맞대고 대안을 찾던 곳이 1697년 보스턴에 문을 연 커피하우스 '그린 드래건 태번Green Dragon Tavern'이다.

세금으로 야기된 영국과 식민지 간 분쟁에서 1770년 3월 보스턴 시민 5명이 영국 경비대의 총에 맞아 죽는 '보스턴 학살' 사건이 일어났다. 민심이 흉흉해지자 영국은 타운센드 법령을 철폐했는데, 차에 대한 세금만은 그대로 두었다. 이런 조치는 영국에 대한 식민지인들의 분노를 차에 집중시키는 결과를 낳았다.

차는 영국의 식민지 개척회사 노릇을 한 동인도 무역회사가 독점했던 터였다. 새뮤얼 애덤스Samuel Adams를 중심으로 한 독립혁명 지도자들은 그

보스턴 차 사건을 묘사한 너새니얼 커리어Nathaniel Currier의 석판화 〈The Destruction of Tea at Boston Harbor〉 (1846년).

인디언으로 변장한 북아메리카 식민지인들이 차 상자를 바다에 집어던지면서 영국에 대한 저항이 본격화했다.

린 드래건 태번에 모여 동인도 무역회사에 타격을 줄 전략을 짠다. 영국 의 회에 식민지의 권익을 대표하는 대표자를 임명하지 않아 정부 정책 결정에 대한 투표권도 없는 상황에서 세금을 거둬가는 것은 부당하다는 게 명분이 었다. 새뮤얼 애덤스를 위시한 혁명 지도자들은 이를 토대로 '대표 없는 곳 에 과세 없다No taxation without representative'는 구호를 만들었고, 이는 미국 독 립혁명의 모토가 되었다.

칼바람이 몰아치던 1773년 12월 16일 밤, 새뮤얼 애덤스의 지휘 아래 시민들은 보스턴항에 정박한 동인도회사 선박을 습격하고 342개의 차 상자 를 깨뜨려 모조리 바다에 던져버렸다. 이 보스턴 차 사건이 훗날 미국독립 혁명의 도화선으로 평가받는 이유는 뒤이은 사건 때문이다.

영국은 보스턴 차 사건을 빌미로 식민지 탄압을 강화했다. 보스턴항을 봉쇄하고 군대를 주둔시키며 손해배상을 요구했다. 이에 보스턴 시민들은 똘똘 뭉쳐 배상을 거부하며 시위를 벌였다. 저항의 방식 중 하나가 즐겨 마 시던 차를 끊고 커피를 마시는 것이었다. 영국 차 불매운동이 시민의 저항 심에 불을 붙이면서 커피 소비가 폭발적으로 늘었다. 차를 마시다 갑자기 커피로 음료를 바꾼 시민들은 커피의 강한 맛을 줄이려고 물을 많이 타 옅 게 마셨다. 이를 오늘날 '아메리카노 커피'의 기원으로 보는 시각도 있다.

영국 차 불매운동과 함께 커피를 마시는 이른바 문화 시위가 널리 확산 되면서 식민지 시민들의 독립 의지를 북돋우는 정신운동으로 발전했다. 매 사추세츠 하원의회가 이에 동조해 '혁명정부의 모체母體'를 구축했는데, 이 로 인해 1775년 4월 19일 영국 정부와 식민지 간 무력 충돌이 벌어진다. 이 것이 미국독립혁명의 포문을 연 렉싱턴 콩코드 전투Battles of Lexington and Concord다.

"내게 커피를 주시오, 아니면 죽음을 주시오"

상황은 긴박하게 돌아갔다. 뉴욕의 '머천트Merchant 커피하우스'에서는 연일 대중 집회가 열렸다. 뉴욕의 재력가들이 독립혁명을 후원하기 시작했으며, 머천트 커피하우스에 지식인들이 모여 13개 식민주를 통합해 미합중국을 세우자는 제안서를 작성해 보스턴 혁명정부로 발송했다. 후일 미합중국 초대 대통령 조지 워싱턴의 환영 행사도 이곳에서 열렸다. 마침내 1775년 5월 식민지 대륙회의Continental Congress가 열려 조지 워싱턴을 총사령관으로 임명하고 영국을 상대로 독립을 선포했다. 미국독립혁명이 본격화한 것이다.

이 시기, 커피와 관련한 명언이 미국독립혁명 지도자이자 웅변가인 패트릭 헨리Patrick Henry에게서 나왔다. 그가 "내게 커피를 주시오, 아니면 죽음을 주시오!"라고 웅변했다고 널리 퍼져 있으나, 이를 공식 문서로 입증할 도리는 없다. 그가 1775년 3월 23일 버지니아주 리치먼드Richmond의 세인트 존Saint John 교회에서 "자유가 아니면 죽음을 달라"고 외쳤다는 기록은 있다. 그는 이날 영국의 탄압에 맞서 민병대를 조직해 무력으로 대항하자고 연설했는데, 끝부분에 이런 대목이 나온다.

"쇠사슬과 노예화란 대가를 치르고 사야 할 만큼 우리의 목숨이 그렇게도 소중하고 평화가 그렇게도 달콤한 것입니까? 전능하신 하나님, 그런 일은 절대로 없게 해주십시오! 다른 사람들은 어떤 길을 택할지 모르지만, 나에게는 자유가 아니면 죽음을 달라!"

이 기록은 1805년 윌리엄 워트William Wirt라는 변호사가 패트릭 헨리의 전기를 쓰면서 당시 연설장에 있던 사람들의 진술을 받아 정리한 것이다.

미국독립혁명의 지도자 패트릭 헨리는 "자유가 아니면 죽음을 달라"고 외치며, 영국의 탄압에 맞서 민병대를 조직해 무력으로 대항하자고 했다.

끝부분이 "As for me, give me a cup of coffee or give me death!"로 바뀌어 시민들 사이에서 회자된 것은 독립혁명 의식이 커피하우스에서 싹텄고, 패트릭 헨리가 커피 애호가였던 데서 만들어진 스토리텔링으로 보인다.

    400만 흑인 노예를 해방시킨 제16대 대통령 에이브러햄 링컨Abraham Lincoln은 호텔에서 맛이 안 좋은 커피를 제공받고 위트 있게 일침을 준 일화가 전한다. 나중에 다시 그 호텔에 가게 된 링컨은 웨이터가 음료를 가져와 앞에 놓으려고 하자 웃으며 이렇게 말했다. "그게 커피라면 내게 차를 갖다 주세요. 그게 차라면 내게 커피를 갖다 주세요." 이 표현은 링컨의 격조를 에둘러 말하는 데 자주 인용된다.

"아버지의 커피잔은 욕조보다 커 보였다"

네덜란드 상인에게서 커피를 구매하던 미국은 19세기 초 소비량이 급증함에 따라 브라질에서 커피나무를 가져다 하와이에 심음으로써 생산량은 적지만 커피 생산국이 되었다. 세계 명품 커피 산지로 세 손가락에 꼽히는 지역이 하와이 코나Kona인데, 1825년 선교사 새뮤얼 러글스Samuel B. Ruggles가 오아후섬에 있던 브라질 커피나무를 빅아일랜드의 코나 지역으로 가져와 재배하기 시작했다.

20세기 시작과 함께 세계사에 새롭게 떠오른 나라가 미국이다. 1901년부터 1909년까지 대통령을 지낸 시어도어 루스벨트Theodore Roosevelt는 미국을 국제사회에 등장시킨 대통령으로 기록될 만큼 초기 부흥기를 이끌었다. 19세기 말 유럽은 쇠퇴기로 접어든 반면 미국은 남북전쟁(1861~1865년)을 치르며 건국 이후 내부의 해묵은 골칫거리를 해결하고 경제 부흥에 박차를 가했다. 그의 취임 초기에 공업 총생산이 영국과 프랑스의 공업 총생산을 합친 액수를 넘어서며 세계경제의 헤게모니를 거머쥐었다.

루스벨트도 소문난 커피 마니아였다. 커피를 하루에 3.8리터나 마셨다는 이야기가 전한다. 커피를 많이 마시는 습관 탓에 그의 커피잔은 유난히 컸다. 그의 아들이 "아버지의 커피잔은 욕조보다 커 보였다"고 했을 정도다.

이 시기에 '미국 건국의 음료'로 사랑받은 커피는 산업적으로 육성되기도 했다. 이와 관련한 루스벨트의 일화가 있다. 맥스웰하우스 커피는 1892년 식품회사의 한 부서로 시작했는데, 1907년 그가 테네시주 내슈빌의 맥스웰하우스 호텔에 머물 때 일이다. 그는 그곳의 커피 맛에 매료되어 "마지막 한 방울까지 맛있구먼!"이라며 기뻐했다. 맥스웰하우스 커피는 이를

"아버지의 커피잔은 욕조보다 커 보였다"고 아들이 말했을 정도로 루스벨트는 하루에 커피를 3.8리터나 마실
정도로 커피 마니아였다.

놓치지 않고 이 문구를 광고에 활용했고, 지금까지 상품마다 브랜드 아래에
표기하고 있다.

    미국의 커피 역사에서 마크 트웨인Mark Twain과 함께 문학가로서 굵직
하게 이름을 남긴 인물은 『허클베리 핀의 모험』을 '미국 현대문학의 효시'
로 높게 평가한 어니스트 헤밍웨이Ernest Hemingway다. 그는 노벨문학상과 퓰

맥스웰하우스는 루스벨트의 "마지막 한 방울까지 맛있군!Good to the last drop"이라는 말을 광고에 적극적으로 활용했다.

리처상 수상작인 『노인과 바다』를 비롯해 『무기여 잘 있거라』, 『킬리만자로의 눈』, 『누구를 위하여 종은 울리나』 등의 작품에서 커피를 소재로 자주 활용했다.

　『노인과 바다』에서 소년 마놀린은 청새치와의 싸움으로 녹초가 된 노인 산티아고를 위해 카페 라테라자로 달려가 따뜻한 커피를 깡통에 담아온다. 『누구를 위하여 종은 울리나』에서는 마리아가 로버트 조던에게 마음을 털어놓으며 "당신이 아침에 눈을 뜨면 커피를 가져다 드릴게요"라고 말한다. 이 말은 커피업체의 광고 문구로 오랫동안 애용되었다.

　헤밍웨이가 쿠바 크리스털마운틴Crystal Mountain이나 케냐AA, 탄자니아

AA 커피를 좋아했다고 주장하는 말이 나돌지만, 이는 이해관계가 있는 커피업자들이 마케팅을 위해 지어낸 이야기다. 이들은 마크 트웨인이 하와이안 코나 커피를 예찬한 것처럼, 헤밍웨이가 자신들의 커피를 칭찬한 듯 말을 퍼뜨리지만, 헤밍웨이는 특정 지역 커피에 찬사를 보낸 적이 없다. 쿠바로 낚시 여행을 갔다가 그곳에 매료되어 20년간 머물면서 작품을 쓴 헤밍웨이의 사연을 듣고 쿠바 커피를 파는 사람들이 그를 크리스털마운틴 애호가로 만들었을 뿐이다.

헤밍웨이가 사자나 코뿔소 사냥을 하기 위해 케냐를 여러 차례 드나들었고, 인접한 탄자니아의 킬리만자로산을 배경으로 『킬리만자로의 눈』이라

헤밍웨이는 사자나 코뿔소를 사냥하기 위해 케냐를 갔고, 탄자니아의 킬리만자로산을 배경으로 소설을 집필했기 때문에 '케냐 커피'나 '탄자니아 커피' 마니아로 둔갑시킨 것으로 보인다.

는 소설을 집필한 것을 구실로 그를 케냐 커피나 탄자니아 커피 마니아로 둔 갑시키기도 했다. 이는 빈센트 반 고흐Vincent van Gogh가 프랑스의 아를Arles에 머물며 그림을 그릴 때 예멘에서 수입한 커피만 접할 수밖에 없었던 상황을 이용해 예멘 모카 커피를 고흐가 사랑한 커피라고 광고하는 것과 같다.

"나는 내 일생을 커피 스푼으로 측량해왔다." 1948년 노벨문학상 수상 작가 T. S. 엘리엇T. S. Eliot이 22세 때 쓴 「앨프리드 프루프록의 연가The Love Song of J. Alfred Prufrock」에 나오는 이 구절은 커피와 함께 명상을 즐기고자 하는 애호가들이 사랑하는 문장이다. 그는 미국에서 태어났으나 영국으로 귀화해 영국이 자랑하는 시인이자 비평가가 되었다. 뮤지컬을 좋아하는 사람에게는 〈캐츠Cats〉의 원작 『지혜로운 고양이가 되기 위한 지침서Old Possum's Book of Practical Cats』를 쓴 작가로 더 친근하다.

"커피는 현상이다"

'길 잃은 세대The Lost Generation'란 말로 유명한 거트루드 스타인Gertrude Stein도 문학적 소양을 알아보는 데 밝기로 손꼽히던 헤밍웨이가 거의 유일하게 존경한 소문난 커피 애호가였다. 피카소와 마티스 등 세기적 작가들을 발굴하고 후원한 그녀의 안목과 예술혼은 높은 평가를 받는다. 그러한 스타인이 커피의 의미를 묘사한 문장은 지금까지도 긴 여운을 남긴다.

"커피는 단지 음료가 아니라 그 이상의 무엇이다. 커피는 일어나고 있는 어떤 현상이다. 커피는 시간을 주지만, 단순히 물리적인 시간을 말하는 것이 아니라, 본연의 자신이 될 수 있는 기회를 준다는 의미다. 그러므로 한 잔 더 마시기를……."

　여성 비행사이자 작가인 앤 모로 린드버그Anne Morrow Lindbergh는 블랙커피에 의미 부여를 했다. 1927년 사상 처음으로 대서양을 횡단한 찰스 린드버그Charles Lindbergh의 아내인 그녀는 "훌륭한 의사소통은 블랙커피만큼 자극적이며, 커피처럼 후에 잠들기 어렵다"라는 말을 남겼다. 그녀는 첫아이가 유괴되어 숨지는 사건을 겪고는 코네티컷주 해안 한적한 곳으로 가서 명상적인 삶을 살다가 94세를 일기로 세상을 떠났다. 말년에는 말로 하는 의사소통보다 교감을 중시하는 메시지를 많이 남겼는데, 국내에서도 발간된 그녀의 『바다의 선물』에 커피와 명상을 언급한 구절이 나온다.

앤 모로 린드버그는 "훌륭한 의사소통은 블랙커피만큼 자극이며, 커피처럼 후에 잠들기 어렵다"는 말을 남겼다. 앤 모로 린드버그와 남편 찰스 린드버그.

　"여러분도 오늘 이 순간, 한 잔의 커피를 들고 침묵이라는 사치를 누려보세요. 잔에서 피어나는 아지랑이를 마냥 바라보며 여러분 속에 내재된 '또 하나의 나'와 교감을 나누며 이렇게 격려해주시면 어떨까요. 그래, 나는 잘 살고 있어. 내가 항상 지켜봐줄게. 혼자라고 생각하지 말고 꿋꿋하게 살아가자. 그리고 매순간 행복하자."

커피,
시가 되다

잔에 담겨 덩그러니 탁자 위에 놓인 커피는 단지 사물이다. 그러나 목을 넘어오는 순간, 그것은 나를 지배하는 정서가 된다. 눈을 지그시 감게 만드는 그윽함, 따스한 온기, 때로는 짜릿한 전율……. 커피의 향미는 내가 실존하고 있음을 일깨워주는 구체적인 느낌이다. 마음에 떠오르는 감성이 말을 통해 시詩로 피어나는 것과 같다. 정서, 전율, 감성, 향미, 관능, 감정의 순화. 커피는 시를 닮았다.

호주 출신의 세계적인 커피 로스터인 인스토레이터Instaurator가 『에스프레소 퀘스트The Espresso Quest』(2008년)의 서문에 적은 "한 잔의 에스프레소에서 신을 만나는 아름다운 경험"은 차라리 한 편의 시다.

커피의 기원에 관한 기록물 가운데 가장 오래된 『커피의 합법성 논쟁과 관련한 무죄 주장』을 쓴 셰이크 압달 카디르도 커피가 주는 관능적 행복을 신의 경지에서 찾고자 했다. 그는 책의 말미에 당대 최고의 아랍 시인들이 쓴 시 가운데 2편을 골라 실었다.

"오, 커피!/ 모든 번뇌를 잊게 하는 그대는/ 학자들에게는 갈망의 대상./ 신의 벗이 마시는 음료, 지혜를 쫓는 자들에게 건강을 선사하는 음료."(「커피 찬가In Praise of Coffee」)

"커피는 신의 아이들의 음료요, 건강의 원천이라네. 커피는 개울이 되어 우리의 슬픔을 씻어 보내고, 또 어떤 때는 불이 되어 우리의 근심을 태워 없앤다네."(「커피와 벗하기Coffee Companionship」)

커피의 효능에 대한 놀라움에서 벗어나 향미가 선사하는 관능미Voluptuous beauty를 노래한 시들 중 수작으로, 커피 연구가인 윌리엄 우커스는 미국의 프랜시스 솔터스Francis Saltus가 지은

「관능적 열매」를 꼽는다. "관능적 열매! 당신과 견줄 만한 신성한 음료를 우리가 어디서 찾을 수 있을까?……요염한 꿈을 꾸느라 창백해진 금발머리 술탄의 발치에 있는 당신을 본다네!"

커피와 '연애'를 연결하는 시도는 1920년대 커피를 사랑한 뉴요커들을 겨냥한 뮤지컬에서도 찾을 수 있다. 뮤지컬 〈홀드 에브리싱Hold Everything〉의 주제곡인 〈당신은 내 커피 속 크림You're the cream in my coffee〉은 사랑을 구하는 간절함을 커피에 대한 깊은 애정에 비유한다. 1934년 개봉한 영화 〈물랭루즈〉에 삽입된 '커피는 아침에, 키스는 밤에Coffee in the morning and Kissesin the night'는 커피를 로맨틱한 사랑의 상징으로 만들어 놓았다. 달콤함보다 쓴맛의 이미지가 강한 커피가 사랑을 은유하는 것은 '사랑이란 기쁨보다는 고독이요, 고통이라는 속성'을 파고들기 때문이 아닐까 싶다.

제2장 _____

———————————————커피, 조선을 깨우다

커피와
항일운동

최초의 커피하우스, 가히차칸

프랑스에서 커피는 계몽사상을 일깨운 각성제로, 카페는 민중의 혁명의식을 고취한 아지트로 프랑스혁명을 이끌어냈다. 미국에서 커피는 독립혁명의 도화선이 되었다. 이처럼 시대적 각성, 혁명, 독립정신을 불러일으킨 커피와 카페의 위력은 그러나 한반도에서는 통하지 못했다.

커피가 재배지가 아니라 소비지로서 아시아에 퍼진 경로는 19세기 영국, 프랑스, 네덜란드, 미국 등 서구 열강의 식민지 개척 또는 문호개방 압력과 궤를 같이한다. 1854년에 개항한 일본에서는 34년 뒤인 1888년 '가히차칸可否茶館'이라는 최초의 커피하우스가 등장했다. 조선에서는 1882년 미국, 1883년 영국·독일과 차례로 수교하고 14년이 흐른 1897년 상업적인 커피 판매점이 등장했다.

　　이렇듯 기록에 근거해 비교하면, 한국과 일본의 커피 역사는 시대를 함께한다. 하지만 일본의 일부 전문가들은 그들의 커피 역사가 한국보다 약 200년이나 앞섰다고 주장한다. 한국에서도 꽤 오랫동안 "개항이 앞선 만큼 그럴 수 있겠지"라며 대체로 별다른 의미를 부여하지 않았다.

　　그러나 중국과 인도의 거대한 커피 시장이 열리면서 커피 음용의 역사와 정통성은 시장에서 한결 유리한 고지를 점할 수 있는 브랜드 경쟁력으로 부상하고 있다. 특히 한국은 커피믹스 발명국으로, 일본은 캔커피 원조국으로 세계시장을 두고 치열한 경쟁을 벌이는 사이인 만큼 커피의 역사에 대한 올바른 조명은 더 미루어둘 일이 아니다.

고종이 처음 커피를 마셨을까?

　　이런 측면에서 볼 때 고종 황제가 한국인 최초로 커피를 마셨다는 게 정설로 받아들여지는 작금의 상황은 바로잡아야 한다. 누가 이런 주장을 하기 시작했는지는 알 수 없지만, 이는 전혀 사실이 아니다. 더욱이 고종 황제가 1895년 10월 명성황후 시해참변(을미사변)으로 생명의 위협을 느낀 나머지 1896년 2월 11일 칼바람 부는 한겨울 새벽에 궁녀의 가마를 타고 몰래 러시아 공사관으로 피신(아관파천)한 뒤 심적 위로를 받기 위해 커피를 좋아하게 되었다는 어처구니없는 주장은 같은 겨레로서 피를 끓게 만드는 엉터리 스토리텔링이다. 그런 주장대로라면 한국의 커피 역사는 고종 황제에서 시작된다. 하지만 『고종 실록』, 『승정원 일기』 등 어떤 문헌에도 고종 황제

1820년쯤 일본 나가사키 앞바다를 묘사한 그림이다. 가운데 네덜란드 국기가 세워져 있는 섬이 데지마섬이다. 네덜란드가 이곳을 거점으로 일본과 독점 무역을 했으며, 이 과정에서 커피가 전해진 것으로 추정된다.

가 커피를 마셨다는 기록은 단 한 줄도 없다.

이에 비해 일본은 1700년쯤 규슈 나가사키長崎 앞에 있는 '데지마섬出島'이라는 자그마한 섬에 네덜란드 상인을 거주시키면서부터 커피 문화를 만들어갔다고 주장한다. 하지만 물증은 없다. 데지마섬을 드나들던 통역관이나 관리, 상인들이 커피를 마셨을 수 있다고 추정할 뿐이다.

커피에 관한 일본 최초의 기록은 나가사키에서 난蘭을 연구하던 시즈키 다다오志筑忠雄가 1782년에 쓴 『만국관규万國管窺』에 한 줄이 나온다. 그는 "네덜란드에서 커피라고 부르는 것은 콩과 비슷하지만 실은 나무 열매다"며 음료로서 커피가 아니라 식물로서 커피를 언급했다.

19세기 들어서야 커피의 맛에 관한 기록이 나온다. 에도시대 나가사키에 설치된 막부의 관청에서 일하던 오타 난포大田南畝는 1804년 어느 날 일지에 "서양인의 배에서는 커피라고 부르기를 권한다. 콩을 검게 볶아 가루로 만든 뒤 설탕을 넣은 것으로, 단내가 나고 맛이 없다"고 적었다. 일상의 음료 문화를 적은 게 아니라, 신기한 듯 신문물에 대한 체험을 전하는 수준이다.

1867년이 되어도 지도층에게조차 커피는 여전히 낯선 존재였던 듯하다. 에도시대가 막을 내리기 1년 전인 이때 최후의 쇼군 도쿠가와 요시노부德川慶喜가 나폴레옹 3세에게서 프랑스 파리에서 열리는 만국박람회 초대를 받았다. 막부는 기독교 금지를 구실로 쇄국정책을 펴던 차여서 도쿠가와 요시노부의 동생 도쿠가와 아키타케德川昭武가 대신 파리에 갔는데, 그가 항해 일지에 "식사 후 '카헤(커피의 당시 발음)'라는 콩을 볶은 탕이 나왔다. 설탕, 우유를 넣어 마신다. 가슴이 꽤 상쾌하다"고 썼다.

사무라이 커피

일본에서 커피 대중화의 조짐이 보인 것은 1854년 미국과 화친조약을 맺은 후가 아니라 1868년 왕정복고에 따라 메이지明治 정부가 출범한 이후로 보는 게 타당하다. 특기할 것은, 커피 자체를 즐기기 위해서가 아니라 우유를 마시기 위해 커피를 곁들이는 데에서부터 일본의 커피 문화가 조성되었다는 점이다.

일본은 불교 전래의 영향을 받아 덴무天武 일왕이 675년 육식 금지령을 선포했다. 이 조치는 약 1,200년간 지속되다가 1868년 메이지 정부가 들어서면서 해제된다. 메이지 정부는 국민들의 작은 체구를 키우는 것도 유신維新

의 일환이라며 육식을 적극적으로 권했던 것이다. 이때 우유와 버터의 소비 운동도 활발하게 벌어졌는데, 1,000년을 넘게 고기를 먹지 않던 일본 사람들로서는 우유 특유의 비린내를 극복한다는 것이 쉽지 않았다. 그러자 메이지 정부가 "소젖을 짜서 그 상태로 마시는 것이 익숙하지 않다면 커피를 끓여 혼합해 마시면 맛과 향기가 좋다"며 대국민 홍보전을 펼쳤다. 일본인에게는 원활한 단백질 섭취를 위해 커피가 요긴하게 쓰이면서 일상에 뿌리를 내리게 된 것이다.

저명한 물리학자이자 수필가 데라다 도라히코寺田寅彦가 1880년의 상황을 전한 「커피 철학 서설」에는 "처음 마신 우유는 약과 같았다. 의사는 이를 먹기 쉽게 하기 위해 소량의 커피를 배합하는 것을 잊지 않았다"고 기록되어 있다. 비릿한 우유를 마시기 위해 커피를 넣기 시작한 일본의 사연은 커피 애호가들이 보기에는 이채로운 것이다. 19세기 말 일본에서는 눈깔사탕 크기로 둥글게 굳힌 설탕덩어리 속에 커피가루를 넣어 손쉽게 물에 타 마시게 한 '커피당'이 인기를 끌었다.

일본인 스스로 커피의 유래를 네덜란드와 교역한 18세기 초가 아니라 150년쯤 뒤인 19세기 중반 러시아와 사무라이가 교류한 시기로 보는 견해가 있다. 지도상 블라디보스토크 맞은편의 일본 땅이 혼슈 아오모리현青森縣인데, 그중에서도 히로사키시弘前市는 지금도 '사무라이 커피'로 유명하다.

이곳에서 '커피의 명인'으로 불리는 나리타 센조成田千疊는 "1855년쯤 변방인 아오모리와 홋카이도를 지키기 위해 교토에서 파견된 사무라이들이 손발이 붓는 풍토병을 앓고는 러시아 사람들에게서 전해 받은 커피를 마시며 치료 효과를 보았다는 이야기가 전한다"고 소개했다. 당시 사무라이는 손절구로 커피를 빻아 천주머니에 넣고는 뜨거운 물에 우려 마셨다. 임기를

1850년대 일본의 변방을 지키던 사무라이들은 풍토병을 치료하기 위해 커피를 추출해 마셨다. (위)
일본의 커피 명인 나리타 센조가 자신의 카페에서 '사무라이 커피 추출'을 재현하고 있다. 오른쪽에 있는 손절
구로 커피를 빻은 뒤 천에 담아 뜨거운 물에 우려내는 방식이다. (아래)

마치고 교토로 돌아간 사무라이들이 건강관리를 위해 커피를 지속적으로 마시는 과정에서 커피는 점차 대중에게 퍼져나갔다.

"서양 사람들은 차와 커피를 숭늉 마시듯 한다"

일본의 커피 역사를 종합해볼 때 일본에서 커피 문화가 싹트기 시작한 것은 고종이 황제에 오른 1863년 즈음이다. 그렇다면 우리의 커피 역사는 그 깊이가 얼마나 될까? 우선, 문헌에 근거한 내용만 살펴보아도 커피를 처음으로 마신 한국인은 고종 황제가 아니다. 아관파천보다 10년 앞선 1886년, 관료이던 윤치호가 중국 상하이에서 쓴 일기에 "돌아오는 길에 가배관(커피집)에 가서 두 잔 마시고 서원으로 돌아오다"라고 적었다.

1883년에 창간된 한국 최초의 근대신문 『한성순보』는 커피를 최초로 언급한 문헌인데, 1884년 3월 27일자에 "이탈리아 정부는 시험 삼아 차와 가배(커피)를 시칠리아섬에 심었다"는 내용의 기사를 실었다. 초대 주한 영국 영사를 지낸 윌리엄 칼스William Carles는 1884년 5월 부임하면서 겪은 일을 『조선 풍물지Life in Corea』(1888년)에 담았는데, 여기에서 그는 커피를 조선 땅에서 마셨다고 증언했다. 그는 "한양에 부임하면서 숙박시설이 없어 조선 세관의 책임자인 묄렌도르프의 집에서 묵었는데, 뜨거운 커피가 제공되어 고마웠다"고 썼다.

이보다 조금 앞서 미국 천문학자 퍼시벌 로웰Percival Lowell은 1885년 펴낸 『내 기억 속의 조선, 조선 사람들Chosön, The Land of the Morning Calm』에 1884년 1월 한강변에서 커피를 접대받은 사연을 기록했다. 그는 1883년 민영익, 홍

영식, 유길준 등 11명으로 구성된 조미수호통상사절단을 이끌고 미국을 다녀온 공로로 그해 12월 왕실의 초청을 받아 한양에 왔다가 여행기를 남겼다. 그는 이 책 180쪽에서 커피를 마신 당일의 상세한 내용을 적었다.

"조선 고위 관리의 초대를 받아 한강변 언덕에 있는 '슬리핑 웨이브Sleeping Waves'라는 별장에 가서 당시 조선에서 유행하던 커피를 식후에 마셨다."

이 기록은 고종 황제가 아관파천을 겪은 것보다 12년이나 앞서 항간에 이미 커피가 후식으로 제공되었음을 보여준다. 퍼시벌 로웰의 안내를 받아 미국을 다녀온 유길준도 1895년 최초의 국한문 혼용체로 된 『서유견문』에서 미국의 상황을 전하면서 "서양 사람들은 차와 커피를 우리네 숭늉 마시

퍼시벌 로웰은 『내 기억 속의 조선, 조선 사람들』에서 '슬리핑 웨이브'에서 커피를 접대 받은 사실을 기록했다. 이것이 조선에서 커피를 마신 인물과 장소를 명기한 첫 기록이다.

고종은 한국인 최초로 커피를 마신 사람이 아니다. 퍼시벌 로웰의 『내 기억 속의 조선, 조선 사람들』에 실린 고종.

듯 한다"고 기록했다. 유길준의 이런 서술은 커피를 마시는 습관을 미국과 비교한 것으로, 당시 조선에서도 흔치는 않더라도 커피가 음용되었음을 넌지시 알려주는 대목이다.

골스찰키와 윤용주의 커피 광고

최초의 의료 선교사로 기록된 호러스 알렌Horace Allen은 1884년 경복궁에서 커피가 제공되고 있었다는 소중한 물증을 남겼다. 그는 갑신정변 때 부상당한 민영익을 치료한 것을 계기로 어의御醫가 되었고 정2품 벼슬도 받았다. 알렌은 3년간 어의로 일하다가 미국으로 돌아가 1908년 『조선 견문기Things Korean』라는 책을 썼다. 그는 어의 시절을 이렇게 회고했는데, 고종 황제가 러시아 공사관으로 피신한 뒤에야 커피를 만났다는 게 사실이 아님을 알 수 있다.

"궁중에서 대기하는 동안 시중들은 사양하는데도 잎담배와 샴페인, 사탕, 과자를 끝까지 후하게 권했다.……후에 그들은 체면을 유지하기 위해 그 품목에 홍차와 커피를 추가했다."

1888년 장로교 선교위원회의 요청으로 조선에 와서 명성황후의 시의侍醫가 된 릴리어스 호턴 언더우드Lillias Horton Underwood는 1904년 펴낸 『언더우드 부인의 조선 견문록Fifteen Years Among The Top-Knots』에서 커피를 언급했다. 그녀는 1889년 조선에서 선교활동을 하던 호러스 그랜트 언더우드Horace Grant Underwood와 한양에서 결혼하고 황해도와 평안도로 신혼여행을 갔는데, 그 지역 현감과 사람들에게 커피를 대접한 사연을 적었다. 한양에서 한참 멀리 떨어진 관북지방의 관리와 주민이 적어도 한양의 고종 황제보다 먼저 커피를 맛본 셈이다.

커피를 상업적으로 파는 다방이나 전문점의 역사를 두고도 일본이 우리보다 40여 년 앞섰다고 알려져 있지만 이것도 사실과 다르다. 일본이 을사늑약으로 조선의 외교권을 빼앗은 뒤 1909년 남대문역에 그들이 만든 깃사텐喫茶店(다방의 일본식 표기)을 한국 다방의 효시라고 보는 견해가 있지만 이 역시 틀렸다.

일본은 개방 이후 해외 유학길에 오른 세대들이 귀국하면서 서구화한 문화를 퍼뜨리는 주체가 된다. 미국 예일대학에서 수학하다가 심장병으로 중도에 학업을 포기한 초나가요시鄭永慶는 1888년 4월 도쿄에 일본 최초의 커피하우스로 기록된 '가히차칸'을 열었다. 커피뿐 아니라 쿠바 시가와 보르도 와인, 버터와 빵을 팔고 바둑이나 트럼프 놀이를 할 수 있는 방을 별도로 두었는데, 5년 만에 적자를 못 견디고 문을 닫았다.

조선에서는 일본의 영향력과는 무관하게 상업적으로 커피가 1890년대부터 판매되고 있었음이 기록에서도 확인된다. 『독립신문』 1897년 3월 20일자에 정동의 '골스찰키Gorschalki'에서 자바 커피를 판매한다는 광고가 게재되었다. 골스찰키는 1884년 입국해 제물포(현재의 인천)에 상점을 차린 독일 상인이다. 당시 한양에서 신문 광고에 날 만큼 커피가 대중화했음을 보여준다.

1899년 8월 31일자 『독립신문』에 실린 '윤용주의 다과점' 광고다. 이곳이 커피를 음료로 판매한 카페인지는 확정할 수 없지만, 기록으로는 처음 등장한 커피하우스다.

『독립신문』 1899년 8월 31일자에는 "윤용주가 홍릉 전차정거장 앞에서 다과점Refreshments을 개업하고 커피와 차, 코코아를 판매한다"는 광고가 실렸다. 광고 문구만으로는 시설과 규모를 알 수 없지만, '윤용주의 다과점'은 현재까지의 기록으로는 한국 최초의 커피하우스라고 할 만하다.

1899년은 제물포와 노량진을 연결하는 경인선이 개통되면서 번성했던 항구의 서구 문화가 빠르게 한양으로 옮겨진 해로 기록된다. 앞서 1885년 4월 제물포에는 대불호텔이 있었다. 이 호텔은 미국 군함에서 요리사로 일하던 일본인이 세운 것이다. 이와 함께 1890년쯤 제물포에는 중국인 이태怡泰가 세운 스튜어드호텔Steward Hotel과 헝가리 사람이 소유한 한국 호텔Hotel de

Coree 등 3개의 호텔이 있었는데, 유럽인이 자주 출입한 만큼 커피를 제공했을 가능성이 높게 점쳐진다. 그러나 기록이나 물증은 없다.

한양에서도 『독립신문』 1897년 4월 24일자에 이탈리아인 펠릭스 비이노Felix Bijno가 "공사관 거리 16번 지역에 관청의 승인을 받아 호텔을 오픈하고, 14번 지역에는 와인과 시가 등을 파는 상점을 열었다"는 내용의 광고가 실렸다. 1898년 1월 4일자 광고를 보면, 이 호텔은 프랑스풍이며 명칭이 '서울호텔'이란 사실을 알 수 있다. 이 시기에 조선에는 커피가 수입되어 러시아 공사관과 외국인 접객시설 등에 조달되고 있었던 만큼 서울호텔에 있는 프랑스식 레스토랑에서 후식으로 커피를 제공했을 것이다.

손탁과 정동화옥

경인선 개통 3년 뒤인 1902년 한양에 '손탁호텔'이 세워졌다. 이 호텔 내부에 설치된 '정동구락부'라는 레스토랑이 한국 최초의 커피하우스 구실을 했다고 잘못 알려지기도 했다. 손탁Sontag은 고종 황제에게 처음으로 커피를 만들어준 '국내 최초의 바리스타'로 불리기도 하는 인물인 만큼 자세히 살펴볼 필요가 있다. 한국 커피의 왜곡된 역사는 손탁호텔과 정동구락부의 의미를 바로잡는 데서 시작될 수도 있다.

손탁은 1885년 10월 초대 주한 러시아 공사인 카를 이바노비치 베베르Karl Ivanovich Veber를 따라 조선에 와서 25년간 살다가 경술국치를 1년 앞둔 1909년 9월 사실상 일본에 의해 추방되었다. 외교관인 베베르의 친인척 자격으로 31세에 입국한 그녀는 미망인인지 미혼인지 알 수 없는데, 어쨌든

'미세스 손탁'으로 불렸다. 프랑스 알자스Alsace에서 태어났지만, 17세 때 보불전쟁에서 이긴 독일이 점령함에 따라 독일 국적으로 입국해 러시아 공사관의 보호를 받는 인물이었다.

손탁은 프랑스어, 독일어, 러시아어, 영어 등 4개 국어를 자유자재로 구사했다. 당시 조선 황실은 개항을 맞아 대외 교섭을 위해 외국어에 능통한 인물이 절실한 상황이었다. 베베르의 추천으로 궁내부에서 통역을 담당한 손탁은 한국어도 재빨리 습득하면서 조선 외교의 귀와 입 노릇을 톡톡히 해냈다.

손탁은 특히 궁내부와 러시아 공사관을 연결하면서 갑신정변 이후 '조선 쟁탈전'에 혈안이 된 청나라와 일본을 견제한 공로로 1895년 고종 황제에게서 정동의 현재 이화여자고등학교 부지에 있던 기와집 한 채와 그에 딸린 부지를 하사받았다. 손탁은 1898년 이 집을 방 5칸짜리 서양식 건물로 개조했는데, 고종 황제는 이곳을 영빈관으로 운용토록 했다. 주한 일본 공사관이 1899년 5월 자국으로 보낸 공문에는 손탁의 사저를 궁내부의 별원인 '정동화옥貞洞華屋'으로 칭했다. '정동의 꽃처럼 아름다운 집'이란 뜻이다.

손탁은 1898년 3월 휴가를 받고 2년간 알자스에 갔다가 1900년 4월 궁내부로 복직한다. 당시 조선 황실은 급속히 다변화하는 외교 상황 때문에 정동화옥의 규모로는 몰려드는 귀빈들을 감당하기 힘들게 되자 증축 공사를 벌인다. 손탁은 기존 건물을 허물고 2층짜리 러시아풍의 빨간 벽돌 건물을 지었다. 1902년 완공된 뒤부터 '손탁호텔'로 불린 이 건물은 객실이 30칸에 달하는 규모로, 한국 최초의 근대식 호텔로 기록되기도 한다. 2층에는 귀빈실, 1층에는 일반 객실과 레스토랑이 들어섰다.

바로 이 레스토랑에 친미·반일 성향의 외교관과 국내 지식인들이 몰

손탁호텔은 객실이 30칸에 달하는 한국 최초의 근대식 호텔로 기록된다. 1층에는 일반 객실과
레스토랑, 2층에는 귀빈실이 있었다.

려들어 커피를 마시며 일본의 억압에 저항하는 운동을 벌였다. 이 때문에
손탁호텔 1층에 있던 레스토랑을 '정동구락부'라고 부르며 한국 최초의 커
피하우스라고 주장하는 이들이 있지만, 이는 잘못된 시각이다. 정동구락부
는 커피를 마시는 장소나 모임 이상의 뜻깊은 가치를 지닌다.

정동구락부와 항일운동

일본에 대한 조선인들의 저항의식이 싹트고, 애국계몽 인사들이 외교
관과 선교사와 연대해 항일운동을 시작한 곳이 바로 손탁호텔의 커피하우
스이며, 그 주체가 정동구락부다. '구락부'는 '클럽'의 일본식 표기다. 정동
구락부는 명성황후 시해사건이 발생하자 일본을 규탄하는 한국 최초의 배

일排日 정치단체로 전면에 나선다. 이 단체의 발족을 주도한 인물이 훗날 매국노가 되지만 당시에는 친미파로 분류된 이완용이다.

미국과 프랑스의 외교관과 선교사들이 대거 참여한 정동구락부는 일본에 눈엣가시였다. 을미사변 이후 친일정권에 포위된 고종 황제를 궁궐 밖으로 탈출시키려 한 '춘생문春生門 사건'을 배후에서 조종하고 호응한 세력이 정동구락부다. 고종은 시종을 통해 정동구락부를 지원하면서 손탁이 운영하던 손탁호텔을 아지트로 활용하게 했다. 정동구락부 회원들은 손탁호텔이 세워진 뒤에는 호텔 커피하우스에 모여 구미 열강의 힘을 빌려 일본을 무력화하려는 외교를 활발히 펼쳤다. 1896년 이상재, 윤치호, 서재필 등을 주축으로 정동구락부는 독립파 관료세력을 흡수하고, 독립협회를 조직하면서 본격적인 자강운동을 펼친다.

그러나 손탁호텔은 1905년 조선통감부 통감 이토 히로부미伊藤博文가 묵으면서 일본이 조선의 대신들을 불러 회유하고 협박하는 장소로 전락했다. 일본이 을사늑약 체결을 추진하는 아지트로 활용한 것이다. 결국 손탁은 1909년 9월 일본의 압박에 손탁호텔을 프랑스인 보헤르J. Boher에게 매각하고 조선을 떠난다.

을사늑약에 이어 1910년 8월 한일병합에 따라 국권을 상실한 조선에는 암흑의 시대가 드리워진다. 커피에 대한 기록도 더는 찾을 수 없게 된다. 『조선왕조실록』에는 커피에 관한 기록이 두 군데 있다. 하나는 1898년 9월 12일 "(독차 사건으로) 황제와 태자의 건강이 나빠진 원인을 경무청에서 규명하게 하다"라는 대목이고, 또 하나는 1915년 3월 4일 "백작 이완용에게 가배 기구를 하사하다"라는 내용이다.

이후 1919년 3·1운동 때까지 일제가 잔혹한 무단통치를 벌이면서,

고종이 커피를 마신 최초의 한국인이라는 말이 많지만, 『조선왕조실록』에 "고종이 커피를 드셨다"는 내용은 없다. '가배'는 1898년 9월 12일 '독차 사건'(왼쪽)과 1915년 3월 4일 '이완용 하사품'(오른쪽)에 관해 각각 1번씩 모두 2번만 언급된다.

커피와 관련된 기록을 더는 찾을 길이 없다. 그러나 3·1운동에 놀란 일본이 문화통치로 전략을 바꾸면서, 지배를 받는 상황에서도 유학을 다녀온 조선의 '모던 보이'를 중심으로 커피하우스 개업이 이어진다. 그럼에도 주권회복을 위한 시대적 각성과 독립을 위한 저항심을 기르는 커피와 카페의 역할이 작동한 사례는 이 시기에서는 아직 발굴되지 않았다. 일제강점기에 다방으로 불린 커피하우스를 중심으로 은밀하게나마 펼쳐진 조선 지식인들의 저항운동은 진정 없었던 것인가? 아니면 일제에 의해 숨겨져 드러나지 않을 뿐인가?

다방,
지식인의 아지트가 되다

'정동파'와 고종

일본과 서구 열강에 의한 국권과 주권 피탈 위기에서 커피가 역사의 물줄기를 돌렸다는 기록을 찾기는 힘들다. 하지만 커피가 지닌 '계몽의 힘'은 이 땅에서도 작용했다. '커피의 마력'을 외교에 활용한 고종과 정동파貞洞派, 조선인 최초로 다방을 차린 이경손李慶孫, 천재 시인 이상李箱의 활동이 그랬다. 커피가 이끌어낸 시대적 각성은 구습을 타파하는 용기나 부당한 압력을 거부하는 저항으로 표출되었다. 지도자는 물론 국민에게도 '비합리적인 권위에서 벗어나야 한다'는 깨우침을 준 덕분이다.

'계몽의 힘'이야말로 카페인의 위대한 자산이다. 커피는 한국에서 얼마나 의미 있는 일을 해냈을까? 커피가 전파된 구한말은 계몽과 저항이 어느 때보다 절실한 시기였다. 우리의 아픈 역사에서 지성을 일깨우는 커피의 축복은 진정 없었던 걸까? 몸부림조차 없었던 것일까? 그렇지 않다. 커피를 매개로 한 지식인들의 처절한, 그러나 암울한 시대적 상황 탓에 은밀할 수밖에 없었던 고독한 절규는 분명 있었다. 일제의 교묘한 왜곡과 친일파의 자발적 식민사관으로 인해 그런 움직임이 기록되지 못했을 뿐이다.

고종을 무기력한 왕으로 단정하는 시선이 적지 않다. 부친 흥선대원군과 부인 명성황후 사이에서 기가 눌려 이러지도 저러지도 못하다가 결국 나라를 빼앗긴 왕으로 비하된다. 그러나 커피를 코드 삼아 재조명한 고종은 처절했으나 단호했고 고독했으나 숭고했다.

고종이 명성황후 시해사건 4개월 만인 1896년 2월 러시아 공사관으로 피신한 사건은 커피 애호가에게는 지울 수 없는 역사의 한 장면이다. 러시아 공사관에서 커피 이야기가 퍼져나갔기 때문이다. 많은 사람이 한국인으로서 가장 먼저 커피를 마신 인물로 고종을 떠올린다. 그러나 이보다 12년 앞서 퍼시벌 로웰은 마포나루 인근 '담담정淡淡亭, The House of the Sleeping Waves(안평대군이 지은 이 정자는 현재 표지석만 남아 있다)'에서 후식으로 커피를 마셨다고 기록했다.

그럼에도 고종을 최초의 커피 시음자로 공공연히 말하는 것은 커피보다 아관파천에서 배워야 할 역사적 교훈 때문일 것이다. 주한 러시아 공사 베베르와 손탁이 아관파천에 모종의 역할을 한 것은 분명하지만 주도한 것은 결코 아니다. 일국의 국모를 살해할 정도로 잔악무도한 일본이 청일전쟁 승리로 기고만장한 상황에서 러시아가 조선의 친일정권을 통째로 바꾸려 자처하고 나설 형편은 못되었다.

고종이 아관파천에 수동적으로 응한 게 아니라 적극 추진했다는 사실

1896년 2월 러시아 공사관으로 피신한 고종의 이야기는 커피 애호가에게는 지울 수 없는 역사의 한 장면이다.

은 '춘생문 사건'에서 엿보인다. 이 사건은 을미사변 발생 50일 후, 친일파에 포위되어 경복궁에 갇혀 지내던 고종이 친미·친러파 관리와 군인들의 도움을 받아 탈출함으로써 새 정권을 수립하려던 시도다. 친위대 대대장 이진호李軫鎬의 배신으로 실패로 돌아갔지만, 밀약하던 '정동파'가 이 사건을 계기로 수면으로 모습을 드러냈다.

정동파는 고종의 각별한 지원을 받은 '해외 유학파 관리들의 모임'이다. 민영환, 윤치호, 이상재, 이완용 등 개화파 인사들로 구성된 정동파는 외국어를 구사하며 서구 열강의 외교관서가 밀집한 정동에서 활약했다. 미국, 영국, 프랑스, 러시아, 중국, 일본 등이 이해득실을 따지며 합종연횡하는 혼돈 속의 외교전은 그야말로 전쟁처럼 치열했다.

이런 와중에 고종은 손탁을 발굴해냈다. 손탁은 프랑스에서 태어났지만 독일 국적을 지녔으며, 베베르 공사의 친인척 자격으로 1885년 입국했다. 손탁은 4개 국어를 능숙하게 구사해 개화기 초기 고종에게는 보석 같은 존재였다. 고종이 일본을 견제하기 위해 러시아를 가깝게 두는 외교 전략을 펴는 상황이라 손탁은 경복궁을 자주 출입할 수 있었다. 손탁은 명성황후와 고종의 신임을 얻으면서 순종의 외국어 개인교사로 일하다가 황실 전례관典禮官 자격까지 얻었다.

고종은 손탁에게 정동의 땅과 한옥 한 채를 하사해 외교관들을 맞는 공간으로 활용하게 했다. 마침 구미 각국에서 온 외교관들에게서 거처할 곳이 마땅치 않다는 불평이 터져나오던 때였다. 고종은 손탁에게 서양식 침실과 카페 공간까지 만들게 하는데, 노림수는 따로 있었다. 손탁이 새로 꾸민 공간은 '정동화옥'으로 불리다가 1902년에는 규모를 키워 '손탁호텔'로 면모를 갖추었다. 고종은 이곳을 사실상 영빈관으로 활용하며, 정동파 인사들로

손탁은 4개 국어를 능숙하게 구사하며 서구 열강들 사이에서 치열한 외교전을 펼쳤다. 손탁호텔의 식당 내부.

하여금 나라를 지키기 위한 외교전을 펼치게 했다.

손탁호텔의 레스토랑은 당시 외국 인사들이 커피를 마실 수 있는 유일한 곳이었다. 정동파는 이곳에서 구미의 외교관들에게 커피를 대접하며 친분을 쌓고 국제사회에 지원을 요청했다. 친미·친러 개화파 인사들이 주축인 정동파는 외교관들 사이에서 조선 외교의 상징이 되었다. 고종은 사람을 끌어모으고 이야기꽃을 피워내는 '커피의 마력'을 외교에 적극 활용한 것이다.

한편 신문기자로도 활동한 마크 트웨인은 러일전쟁 종군기자로서 조선을 방문했는데, 손탁호텔에 머물며 고종 황제에게 커피를 끓여준 손탁의 커피를 맛보기도 했다.

커피 외교

정동파를 중심으로 펼쳐진 조선의 외교는 미국, 러시아, 영국, 프랑스를 우군으로 끌어들이며 일본을 상대로 거대한 전선을 형성하는 데 성공하는 듯했다. 그러나 곧 벽에 부딪혔다. 일본이 1904년 2월 러시아 함대를 격침시키며 유발한 러일전쟁에서 승기를 잡자 분위기가 달라졌다. 일본이 조선에서 우위를 점하는 조건으로 러시아와 휴전하면서 손탁호텔의 주고객이 러시아인과 미국인에서 일본인으로 바뀌었다.

설상가상 1905년 7월 미국이 필리핀을 지배하는 조건으로 일본의 조선에 대한 지배를 인정하는 가쓰라·태프트 밀약을 맺으면서 정동파는 설 땅을 잃는다. 든든한 친구로 알았던 미국이 자신의 욕심을 채우려 하루아침에 조선을 일본에 넘긴 것이다. 일본은 영국마저 우군으로 만들었다. 1905년 8월 영국과 일본은 각기 인도와 조선을 식민지로 삼는 동맹을 맺었다. 이로부터 4개월도 안돼 일본은 을사늑약을 강제로 체결하고 조선의 외교권을 박탈한다.

이익을 위해서라면 친구도 손쉽

1905년 11월 일본은 을사늑약을 체결해 조선의 외교권을 박탈한 후 1910년 한일병합을 성사시켰다. 고종 황제가 승하하기 하루 전의 모습.

게 팔아먹는 서구 열강의 저속한 행태는 신의를 소중히 여기는 정동파 인사들로서는 상상할 수 없는 일이었다. 이토 히로부미는 손탁호텔에 상주하며 정동파의 핵심인물이던 이완용을 포섭해 몸종처럼 부리며 결국 나라까지 팔아먹게 만들었다.

그러나 정동파의 정신은 계승되었다. 주요 멤버들은 독립협회를 만들어 자주독립과 내정개혁을 위한 계몽운동에 나섰다. 조선에 들어온 커피가 정동파의 외교적 수단으로 애용된 데 이어, 마침내 정동파 회원들로 하여금 독립협회를 결성하게 함으로써 국민에게 시대적 각성을 촉구하는 운동에 나서게 한 것이다.

고종이 손탁을 헤이그 밀사로 파견하려 추진했다는 주장도 있다. 일본은 이런 움직임을 사전에 감지하고 1909년 9월 손탁을 사실상 추방한다. 손탁이 고종의 밀명에 따라 정동파와 카페를 중심으로 펼친 국권 수호 '커피 프로젝트'는 이로써 수포로 돌아가는 듯했다. 그러나 목숨을 바쳐 그 불씨를 이어간 인물이 고종이다.

고종의 승하와 '문화통치'

경술국치 이후 일본은 본색을 드러냈다. 헌병을 앞세워 조선인들을 쥐어짰다. 긴 칼을 차고 다니며 마음에 들지 않으면 즉각 처단하는 무자비한 만행을 저질렀다. 이런 '무단통치'의 악랄한 기세를 꺾어버린 게 고종의 승하다. 고종의 죽음을 둘러싸고 일본의 독살설이 가시지 않는다. 다른 한편에서는 '자살'이라는 말도 나오는데, 그 속뜻을 살펴보면 고종이 스스로 목숨을 끊었다는 게 아니라 '죽음을 피하지 않았다'는 의미다. 일본이 자신을 죽이려는 것을 알고도 의연했다는 것이다. 드라마틱한 관점이긴 하나 완전한 허구는 아니다. 관련된 증언이 적지 않다.

식민지에서 유례를 찾기 힘든 규모의 3·1운동을 벌인 날이 고종의 장례일이라는 게 우연일까? 일제는 3·1운동에 화들짝 놀라 조선인들을 회유하는 '문화통치'로 전환한다. 치안 담당 세력이 헌병에서 순사로 바뀌고 한글 신문 간행도 허용되었다. 물론 순사는 헌병만큼이나 악랄했고, 일제 치하 신문에 정론을 기대할 수는 없는 노릇이었다. 하지만 일본의 기세가 한풀 꺾인 것은 분명했다.

그 단서를 일제강점기 다방에서도 찾을 수 있다. 문화통치로 인해 조

일본은 조선의 국권을 강탈한 뒤 헌병을 앞세워 '무단통치'를 자행했다. 하지만 고종의 승하로 인해 항일운동이 거세지자 조선인들을 달래기 위해 '문화통치'로 회유책을 쓰는 꼼수를 썼다.

선인도 문화예술을 영위하는 데 조금이나마 숨통이 트였다. 커피 문화와 관련해서는 지식인들이 다방을 열 수 있게 된 것이 큰 소득이었다.

고종의 숭고한 죽음과 거국적인 독립만세운동, 국민적 저항정신의 표출을 겨우 다방과 연결 짓느냐고 생각한다면 식민사관의 농간에 놀아나는 것이다. 일제강점기 언론이 우리 지식인에 대해 좋게 써주었을 리 없다. 통치에 방해가 될 성싶으면, 없는 것도 만들어낸 일제가 아닌가. 일제는 언론을 통해 지식인의 위상을 깎아내리고 그들이 운영하는 다방을 단지 잡담거리로 만들기 위해 혈안이 되었다.

일제는 1909년 남대문역에 깃사텐을 열었다. 그들은 조선보다 한발 앞서 서양에 문호를 개방한 덕분에 커피가 돈이 된다는 사실을 알았다. 다방을 독점해 한 밑천 잡아보겠다고 욕심을 냈겠지만, 3·1운동 이후 조선인에게도 다방업이 허용되었다.

1920년대 일본인이 몰려 살던 청계천 이남 충무로와 명동 일대에는 '후다미二見', '금강산' 등 다방이 즐비했다. 일본은 여성 접대부를 두고 술을 팔며 춤도 추게 한 곳을 '카페'라고 불렀다. 그래서 조선 지식인이 커피를 팔던 곳은 카페라 칭하지 않고 '다방'이라 불렀다. 1920~1930년대 명동과 충무로는 밤이면 카페로 불야성을 이루었다.

카카두와 항일운동

우리 지식인들은 프랑스혁명 때 계몽주의 사상가들이 카페에 진을 치다시피 하면서 시민들과 커피를 나누며 혁명의 기운을 키운 사실을 잘 알았

이경손이 한국 최초로 연 다방 '카카듀'는 기록으로만 남아 있을 뿐 존재했던 장소조차 명확하게 밝혀지지 않았다. 일제 식민지시대 독립투사들의 활약을 그린 영화 〈밀정〉에서 재현된 카카듀 입구의 모습.

다. 이런 기대감에 조선인으로서는 처음으로 다방을 차린 인물이 영화감독 이경손이다. 그는 1927년 안국동 네거리 근처에 '카카듀'라는 다방을 열었다. 영화 〈밀정〉에서 카카듀가 재현되었지만 현실에서는 흔적조차 찾지 못했다. 서울 종로구 관훈동 3층짜리 벽돌 건물의 1층이었다는 기록만 있을 뿐이다. 일제강점기 언론 매체들은 카카듀에 하와이 출신의 '미쓰 현'이라는 여인이 있었으며, 이경손과 수상적은 관계였다는 식의 가십거리나 부정적인 내용만 보도해 분노를 자아냈다.

남녀가 밀착해 춤추며 술을 마시는 일본식 카페와 카카듀는 품격이 완전히 달랐다. 당시 유학에서 돌아온 예술인들은 카카듀에서 자주 무료 전람회를 열었고, 문인들은 톨스토이 탄생 100주년(1928년) 기념행사를 여는 등 세상이 어떻게 돌아가는지 알리기 위해 애썼다. 이런 자리에서 어떤 이야기들이 오갔는지를 당시 언론 보도를 통해 확인하기는 힘들다. 분명한 것은 일제강점기에 시대적 각성과 조선인 간 문화 교류를 시도한 곳이 카카듀이며 그곳이 바로 다방이란 사실이다.

이경손은 지인들에게 "카카듀는 프랑스혁명 때 계몽주의 사상가와 시민들이 당국의 감시를 피해 몰래 만난 비밀 아지트에서 이름을 따왔다"고 속삭인 것으로 전해진다. 일제는 그가 마담과 노닥거리며 재미로 다방을 운영한 듯 소문을 냈지만, 실제는 완전히 달랐다. 나운규를 발굴한 그는 이 시기에 영화사를 만들어 왕성한 작품 활동을 펼쳤으며, 『조선일보』에 영화소설 「백의인(白衣人)」을 연재하기도 했다. 이 작품은 항일 색채를 띠었다고 일제의 탄압을 받기도 했다.

이경손은 1931년 일제가 문화통치를 접고 말살통치에 나서자 중국 상하이로 건너가 김구의 임시정부에 가담한다. 그곳에서 본격적으로 항일정신을 고양시키는 영화를 제작하는 데 몰두했다. 이경손은 1932년 윤봉길 의사 의거에 연루되어 쫓기는 몸이 되자 태국으로 건너갔다. 그곳에서도 숨죽여 살지 않았다. 초대 태국교민회장을 맡아 이국땅의 우리 국민을 결집하는 활동을 펼쳤다. 이것이 이경손의 진면목이다.

이상의 다방

커피가 일군 계몽의 역사를 추적하는 과정에서 드러나는 또 다른 인물이 천재 시인 이상(김해경)이다. 그는 1933년 종로 1가 청진동 입구에 '제비'라는 다방을 열었다. 앞서 그는 건축기사로서 다방 '식스나인(69)'의 인테리어 공사를 맡으며 다방과 인연을 맺었다. 이상은 결핵 때문에 황해도 온천으로 요양을 갔다가 기생 금홍을 만난다. 두 사람은 결혼식을 올리지 않았지만, 주변에서는 이들을 부부로 인정했다.

시인 이상(왼쪽)이 1933년 서울 종로 1가에 문을 연 제비다방에서 박태원(가운데), 김소운과 함께 포즈를 취하고 있다.

이상은 실패를 거듭하며 '카페 쓰루鶴', '무기' 등 5~6곳의 다방을 열었다. 그가 생계를 위해 다방을 열었다고 보이지는 않는다. 그는 다방을 문인들의 모임 장소와 지식인과 일반인의 교류 장소로 활용하면서 끊임없이 창작과 계몽의 혼을 불사른다. 자신도 다방을 연 이후 작품 활동에 더욱 몰입했다. 1934년 구인회九人會에 입회했으며, 그해 「오감도」를 『조선중앙일보』에 연재한다. 이 작품에서 '13인의 아해(아이)'가 등장하는데, '13'은 고종 때 확정된 조선 땅의 13개 도道를 의미하기도 한다. 일제 치하에서 고통받는 겨레의 불안과 공포감, 저항의식을 난해한 문구에 숨겨두었다. 이 시는 사회적 논란을 불러일으키며 그의 작품들에 주목하게 했다.

"박제가 되어버린 천재를 아시오?"로 시작되는 『날개』가 나온 것도 이 즈음이다. 이 소설은 금홍과의 생활을 모티프로 집필되었는데, 작품에 대한 해석이 구구하다. 소설에서 금홍처럼 보이는 여인은 일제, 몽롱한 상태에서 주체성을 잃고 살아가는 주인공은 조선인을 비유한다는 관점도 있다.

소설은 "날개야 다시 돌아라. 날자 날자 날자 한번만 더 날자꾸나. 한번만 더 날아보자꾸나"로 끝나는데, 주인공이 박차고 날아오르려는 장소가

이상의 다방은 이경손의 카카듀처럼 일제의 억압에서 벗어나기 위한 국민적 에너지를 결집시킨 아지트였다.

이상의 『날개』에서 주인공이 박차고 날아오르려는 장소는 미쓰코시백화점 옥상이다. 그곳에는 일본인과 친일파가 애용하는 커피 전문점이 있었다. 미쓰코시백화점 옥상의 카페.

미쓰코시三越백화점 옥상이다. 그곳에는 일본인과 친일파가 애용하는 커피 전문점이 있었다. 이상이 일제의 검열을 피하면서 소설에 조심스레, 그러나 강렬하게 담고 싶어한 메시지가 무엇인지 커피 애호가들은 짐작할 수 있다.

이상은 『날개』를 발표하고 일본으로 향한다. 현실을 박차고 날지 못한 아픔에 대해 한풀이를 하듯 일본에서 왕성한 작품 활동을 벌이다가 사상이 불온하다는 이유로 붙잡혀 옥살이를 하고, 그 후유증으로 이국땅에서 숨진다. 이상의 다방은 이경손의 카카듀처럼 일제의 억압에서 벗어나려고 국민적 에너지를 결집시킨 아지트였다.

인스턴스커피와
다방의 시대

접대용 '인삼 커피'

커피가 처음 한국에 전해진 것은 기록상으로 구한말이다. 이어진 일제강점기에 일부 지식인들이 다방을 열어 계몽의식을 불어넣고자 했지만 쉽지 않은 일이었다. 하루하루 각박하고 고단한 삶을 살아가는 서민들에게 커피는 부자나 특권층의 사치품으로 비칠 뿐이었다. 하지만 일제강점기 후반부터 작지만 의미 있는 커피 대중화 움직임이 일기 시작했다. 6·25전쟁 때는 미군을 통해 인스턴트커피가 물꼬를 텄다. 종전終戰과 함께 커피는 서민들의 일상까지 깊이 파고들었으며, 반세기를 훌쩍 넘은 지금까지도 지칠 줄 모르고 영역을 확대하고 있다. 시대의 변곡점마다 기발한 변신으로 생명력을 이어온 한국 커피의 현대사는 어떤 모습일까?

1940년대 일본 회사인 '닌진엔도쿄NINJINENTOKYO'가 인삼가루에 커피가루를 섞어 만든 '인삼 커피'다. 커피는 추출한 뒤 고온 건조한 인스턴트커피가 아니라 원두를 미세하게 분쇄한 것이다.

1919년 3·1운동 이후와 1931년 일본이 만주사변을 일으키며 민족말살정책을 펴기 전까지 10여 년의 시대적 공간은 암흑 속에서 미약하나마 문화예술의 숨통이 트인 시기로 기록된다. 이때 한국인들은 속속 다방을 열었으며, 상인들이 커피를 팔기도 했다.

1926년에는 『위생대감衛生大鑑』 증보판에 처음으로 커피의 효능을 소개하는 내용이 실렸다. 1913년 초판이 나온 이 책은 종두법을 최초로 도입한 지석영과 갑신정변을 주도한 급진개화파 박영효가 서문을 썼는데, 가정 비치용 의학백과사전이었다. 프랑스 계몽사상가들이 『백과전서』 편찬을 통해 "지식이 세상을 바꿀 수 있다"는 신념을 시민들의 뇌리에 깊이 새김으로써 대혁명을 이끌어낸 것처럼, 우리 지식인들도 비슷한 노력을 했음을 엿볼 수 있는 대목이다.

커피가 전해진 모든 나라에서 그러했듯, 조선 땅이 일제의 지배를 받는 와중에도 커피는 일단 발을 들여놓자 후퇴를 모르고 급속히 퍼졌다. 커피는 곧 다방을 벗어나 가정에 파고들었다. 미국의 외교관과 선교사 행렬에 섞여

들어온 커피 브랜드 '맥스웰Maxwell'은 1930년부터 전단지를 만들어 광화문과 종로 일대에 뿌리는 등 적극적인 홍보전을 펼쳤다. 핵심 메시지는 '가정에서 즐기는 커피, 맥스웰'이었다. 조선인삼원은 커피를 섞은 인삼 커피Ginseng Coffee를 선보였다. 물에 타 손쉽게 내놓을 수 있는 인스턴트 인삼 커피라 주부들 사이에서는 손님 접대용으로 인기를 누렸다.

상인들도 커피를 비즈니스에 활용했다. 프랑스 출신의 폴 안토니 푸레상Paul Antoni Plaisant은 만리동 고갯길에 자신의 이름을 딴 '부래상富來祥 상회'를 열고 남대문시장으로 가던 나무꾼들을 길목에서 채갔다. 그들에게 커피를 대접하면서 흥정을 유리하게 이끈 것이다. 그는 화살통만 한 보온병에

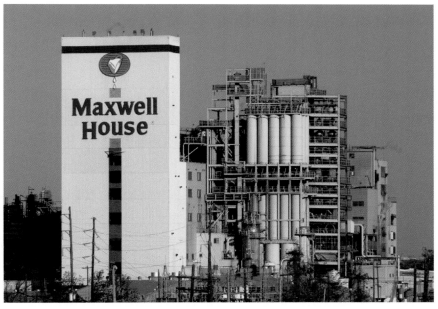

미국의 맥스웰하우스는 한국 커피의 근대사와 현대사를 잇는 브랜드다. 미국 텍사스주 휴스턴에 있는 맥스웰하우스 공장.

커피를 담아 멀리 무악재까지 나가 고개를 넘어오는 나무꾼들을 사로잡는 재주를 부렸다. 이때가 1910년쯤으로, 푸레상은 조선 땅에서 처음으로 휴대용 보온병을 사용해 커피를 홍보 도구로 활용한 인물로 기록되었다. 시장에서 작은 수레를 끌고 다니며 인스턴트커피를 파는 '시장 바리스타'의 원조가 푸레상인 셈이다. 하지만 그는 욕심이 지나쳐 가짜 화장품을 만들어 팔다 붙잡혀 고초를 당하기도 했다.

커피를 즐기기 위한 용품도 기지개를 켰는데, 1930년대 평북 정주의 유기공장들은 커피잔과 드립용 주전자는 물론 휴대용 커피 보온병까지 만들어냈다. 그리고 내수시장과 해외시장의 문을 두드리다 유기로 만든 한국형 커피잔 세트를 미국에 수출하기도 했다.

최승희와 인스턴트커피

1940년대에 들어서면 일본의 민족말살정책 탓에 커피 문화를 추적하기 힘들다. 한동안 꽃을 피우던 지식인들의 다방은 1941년 태평양전쟁 발발로 커피와 설탕 등의 수입이 막히면서 거의 폐업 상태가 되었다. 다만 조선호텔이 카페를 알리려고 일종의 스타 마케팅을 한 흔적이 보인다.

1940년 30세의 최승희가 서울 중구 소공동 조선호텔 내 썬룸에서 커피를 마시는 장면이 호텔 측 카메라에 포착되었다. 전설적 무용가로서 최신 유행의 상징이기도 하던 그녀가 커피를 마시는 모습은 당시 젊은이들로 하여금 커피를 마셔야 시대에 뒤떨어지지 않는다는 인식을 갖게 하는 데 한몫한 듯하다.

최신 유행의 상징이었던 최승희가 커피를 마시는 모습은 젊은이들에게 커피를 마셔야 시대에 뒤떨어지지 않
는다는 인식을 갖게 만들었다.

조선호텔은 카페를 알리려고 스타 마케팅을 했다. 1940년 서울 중구 소공동 조선호텔 내 썬룸에서 커피를 마시는 무용가 최승희.

　　1945년 8월 15일 일왕의 종전 선언으로 제2차 세계대전이 종결되면서 한국에서는 근대사가 마감되고 현대사가 열렸다. 커피를 통해 본 한국사에서 광복은 곧 현대의 시작이자 인스턴트커피가 등장한 전환점이기도 했다.

　　인스턴트커피는 흔히 6·25전쟁 때 미군을 통해 유입되었다고들 한다. 하지만 그것은 우리 역사의 한 장면, 남북 분단의 단초가 된 몹시 안타까운 장면을 애써 외면하는 태도다. 미국은 광복보다 6개월이나 앞선 1945년 2월 얄타회담을 통해 한반도를 38선으로 나눠 소련과 각기 지배하기로 합의했다. 이에 따라 그해 9월 8일, 존 하지John Hodge 중장이 이끄는 미군 24군단 소속 제7보병사단이 인천에 상륙했다. 이어 한 달 새 부산과 목포를 통해 각각 제40사단과 제16사단이 들어와 남한 전역을 점령하고 일본군을 무장해제했다. 당시 38선 이남에 주둔한 미군 병력은 약 7만 명이었다.

　　미군은 'C레이션Ration'이라 하는 개인별 전투식량을 지급받았는데, 그

안에 인스턴트커피가 있었다. '레이션'은 배급식량이라는 뜻이고, 'C'는 요리할 필요 없이 바로 꺼내 먹는 유형을 일컫는다. A레이션은 요리가 필요한 생재료 꾸러미에, B레이션은 반쯤 요리된 재료 묶음에 붙인 표기였다. 당시 C레이션은 주식主食을 담은 큰 깡통 1개와 복숭아잼, 비스킷, 액체 우유, 설탕, 커피, 껌 등으로 구성되었다. 비누와 수건 등 생필품도 있어 민간인에게 큰 인기를 끌었다.

시간이 지나면서 C레이션은 미군 부대에서 불법적으로 흘러나와 암시장에서 팔렸는데, 특히 커피는 '설탕 탄 탕국'으로 불리며 대중에

1939년에 발행된 시사 화보 잡지 『라이프Life』에 실린 C레이션과 커피를 즐기는 미군 병사.

게 널리 퍼졌다. 검은 빛깔의 커피액이 회충약으로도 효과가 좋다는 소문이 퍼지면서 커피 대중화에 가속도가 붙었다.

인스턴트커피는 1901년 일본계 미국인 과학자 사토리 가토Satori Kato가 착안한 발명품이지만, 인스턴트커피가 양산된 건 거의 40년이 흐른 뒤였다. 1938년 브라질에서는 커피가 과잉 생산되어 증기기관차의 땔감으로 커피 생두를 사용할 정도였다. 추락하는 커피 값으로 인해 세계시장이 요동치자 스위스의 네슬레Nestle가 커피를 액체로 추출한 뒤 물을 날려 보내 가루로 만드는 방식으로 인스턴트커피를 대량 생산했다. 과잉 생산된 커피의 용량을

줄이는 한편 장기간 보관하기 위한 고육책이었는데, 이것이 '대박'을 터뜨렸다.

위안과 자부심이 되다

1939년 9월 3일 독일이 폴란드를 침공해 제2차 세계대전이 발발하고, 1941년 일본이 하와이 진주만을 공습함으로써 중립을 지키던 미국이 참전해 전 세계는 전쟁에 휘말렸다. 네슬레는 미리 만들어둔 어마어마한 분량의 인스턴트커피를 미군과 연합군에 납품하면서 돈방석에 앉았다. 커피는 보초를 서는 군인들에게 잠을 쫓는 효과가 있었으며, 식곤증을 단숨에 날려보내는 요긴한 음료이기도 했다.

봉건제도와 식민 잔재 등 근대의 낡은 가치를 털어내는 과정에서 우리는 분단을 고착화한 6·25전쟁의 고통을 치러야 했다. 커피도 이 과정에서 각성과 계몽이라는 무거운 짐을 벗고, 지식인과 모던 보이를 상징하는 자리에서 내려와 한결 가벼운 행보로 대중에게 스며들었다.

일제강점기 다방은 원두커피를 다루었기에 추출 기술이 필요했다. 지식인들은 직접 커피를 내리며 즐기는 것을 격조 있는 문화 행위로 존중했다. 그러나 해방 공간과 6·25전쟁 속에서 미군을 통해 퍼져나간 인스턴트커피는 뜨거운 물을 붓고 설탕과 크림으로 달달하게 만들어내면 되는 것이어서 '기술적 장벽'이 높지 않았다. 인스턴트커피에는 '다방의 대중화'라는 폭발적 가능성이 잠재해 있었던 것이다.

1950년대 초반 부산 피난 시절의 다방은 아직 일반인에게는 문턱이 높았다. 주요 고객은 여전히 지식인과 문화에 술인이었다. 일제강점기와 바뀐 점이 있다면 계몽과 각성이 아니라 잔잔히 흐르는 음악을 들으며 전쟁의 공포에서 위안을 찾는 공간으로 애용되었다는 사실이다.

전장에서의 충격과 상실감, 허무함은 지식인들 사이에 염세주의를 낳았다. 이 시기, 다방에서 자살한 몇몇 유명인이 있었다. 1950년 부산 남포동 스타다방에서 시인 전봉래全鳳來가 음독자살하고, 1951년에는 부산 '밀다원'에서 시인 정운삼鄭雲三이 음악을 들으며 유서를 쓰고 음독해 조용히 세상을

1950년대 미군 부대에서 흘러나와 퍼져나갔던 인스턴트커피는 과거 지식인이나 일부 부유층만의 커피 문화를 대중화하는 데 기여했다.

떠났다. 사람이 많은 가운데 벌어진 일이라 충격이 컸다. 1956년에는 서울 인사동 르네상스 음악감상실에서 대위 계급장을 단 군인이 유서를 남기고 권총자살을 했다. 전쟁으로 인한 정신적 후유증 때문이었다.

이처럼 커피는 시대를 반영한다. 전쟁이 끝나고 제1공화국이 출범한 뒤 사회가 다소 안정되자 커피는 중등학교 교과서에까지 실린다. 1955년 금융도서주식회사가 편찬한 『가사 교본: 요리 실습서』는 커피 끓이는 법을 수록한 최초의 교과서다. 커피가 대중화했음을 명백히 보여주는 지표다. 구하기 힘든 원두커피 대신 상대적으로 값이 저렴하고 누구나 쉽게 만들어 마실 수 있는 인스턴트커피의 유행 덕분이었다. 당장의 생계 문제에서 벗어나 잠시나마 여유를 갖고 마시는 커피 한 잔은 혹독한 전쟁을 치러낸 국민에게 커다란 위안과 자부심이었다.

이기붕과 박마리아의 다방

커피는 대체로 대중화에 따르게 마련인 '격조의 하락 현상'과는 무관했다. 커피는 값어치 있는 소중한 문화의 징표로서 기품을 잃지 않았다. 대통령의 선물이 커피용품이었다는 점이 이를 뒷받침한다. 이승만 대통령이 1957년 로버트 가드Robert guard 중장에게 태극무공훈장을 수여하면서 준 선물이 커피잔 세트다. 이승만 대통령 부부가 각료들과 커피를 즐기는 장면도 언론을 통해 자주 전해졌다.

당시 2인자로 군림하던 이기붕 부통령은 1939년 유학에서 돌아와서는 지식인의 대열에 서서 다방을 열기도 했다. 그의 아내 박마리아는 다방 일을 적극적으로 거들었는데, 그래서 일각에서는 그녀를 한국 최초의 '다방 레지reji'로 기록하기도 한다.

하지만 이런 관점은 박마리아 개인에 대한 정치적 공격이나 비하에 그치지 않고, 일제강점기에 다방을 운영하던 여주인을 모두 폄훼하는 관점인 만큼 적절하지 않다. 당시 다방 여주인들은 대부분 지식인이나 예술문화인으로서, 프랑스혁명의 도화선이 된 카페 문화를 다방에 접목하고자 애쓴 선각자들이다. 그들은 정기적으로 모임을 열고 연대감을 나누며 다방을 카페처럼 가꾸려 노력했고, 그 밑바닥에는 국민을 상대로 계몽의식을 싹틔우려는 열망이 흘렀다.

이기붕 부통령과 박마리아가 반애국적 행동으로 지탄받았다고 해서 일제강점기의 다방 여주인을 싸잡아 레지로 취급하는 것은 부당하다. 그러한 시각은 일본 제국주의자들이 우리의 다방을 업신여기는 태도와 맞닿아 있다. '레지'는 출입자 명부를 작성해 돈을 계산해주는 '레지스터register'를

이기붕과 박마리아가 반애국적 행동으로 지탄받았다고 해서 일제강점기의 다방 여주인을 싸잡아 레지로 취급하는 것은 부당하다.

일본인이 줄여 부른 데서 비롯된 용어다. 그리고 점차 '다방 따위에서 손님을 접대하며 차를 나르는 여자'로 굳어졌다. 일제강점기에 이런 역할을 한 여종업원은 일본인들이 운영하며 커피뿐 아니라 술도 팔고 남녀가 어우러져 춤도 추던 카페에 있었다. 조선의 지식인들이 커피를 팔던 공간은 이와 구분하기 위해 다방이라고 불렀다.

'제25 강의실', 학림다방

다방 문화의 주체가 지식인에서 대중으로 바통을 건네주는 구실을 한 건 대학생들이다. 1956년 서울대학교 문리대가 있던 동숭동에 '학림다방'이 문을 열었다. '학림學林'은 '학자나 지식인이 모이는 곳'이란 뜻이다. 이름에 걸맞게 국내 최고 학부의 학생들이 드나들던 이곳은 단지 커피를 즐기며 잡담을 나누던 공간이 아니었다. 당시 문리대에는 24개 강의실이 있었는데, 학림다방은 '제25 강의실'로 불릴 만큼 진지함이 묻어나는 지성의 공간이자, 청춘의 영원한 강의실 기능을 톡톡히 해냈다. 문리대 학생회는 1962년부터 축제를 열었는데, 그 명칭을 다방 이름을 딴 '학림제'라고 할 정도였다.

학림다방이 60여 년의 세월이 흐른 지금껏 많은 사람에게 잊히지 않는 것은 단지 서울대생의 사랑방에 갇혀 있지 않았다는 데 있다. 1960년 봄 이승만 정권의 독재와 대규모 부정·불법선거가 판을 치면서 국민의 불만이 극에 달했을 때, 세상을 바로잡기 위한 거국적 민중봉기의 불을 지핀 아지트들 중 하나가 학림다방이기도 했다.

한편으로 다방에서는 낭만의 바람도 불기 시작했다. 1960년에 접어들

학림다방은 '제25 강의실'로 불릴 만큼 진지함이 묻어나는 지성의 공간이자, 청춘의 영원한 강의실 기능을 톡톡히 해냈다. 현재 학림다방 내부 모습.

면서 대학 교재에는 커피 끓이는 법이 실리고, 커피 예절은 여대생이 갖춰야 할 교양처럼 자리를 잡아갔다. 커피 추출법이 실린 새로운 가정요리전서는 신혼집들의 선물로 인기를 끌었다. 이즈음 다방에 모여 포커 놀이를 하는 대학생들의 모습이 신문에 실리는 등 커피는 바야흐로 일상이 되었다.

대학생들이 몰리면서 다방에서 틀어주는 음악도 팝송으로 바뀌어갔다. 1950년 10월 미군 위문용으로 방송을 시작한 AFKN은 전쟁이 끝난 뒤부터 프로그램의 80~90퍼센트를 팝송으로 편성했다. 당시 한국의 라디오는 팝송을 소개하지 않았기에 미국 대중음악을 감상하려고 다방을 찾는 젊은이도 적지 않았다.

1962년 KBS 라디오가 〈금주의 히트 퍼레이드〉, MBC 라디오가 〈한밤의 음악편지〉를 통해 팝송을 소개하면서 엘비스 프레슬리Elvis Presley, 폴 앵카Paul Anka, 패티 페이지Patti Page, 팻 분Pat Boone, 비틀스, 밥 딜런Bob Dylan

라디오 프로그램들이 팝송을 소개하면서 엘비스 프레슬리, 폴 앵카, 패티 페이지, 팻 분, 비틀스, 밥 딜런 등은 젊은이들의 우상으로 떠올랐다. 엘비스 프레슬리와 비틀스 멤버들.

등 외국 가수들은 젊은이들의 우상으로 떠올랐다. 음악은 다방 역사에서 1960년을 정의하는 하나의 코드다. 팝송을 들으려는 사람들이 늘자 청계천에서는 불법 음반이 대량 거래되었다. 다방들도 라디오 방송에 의존하지 않고 언제든지 원하는 음악을 제공하려고 전축을 설치하기 시작했다. 마침내 1960년대 중반 명동, 종로, 충무로 등지에 DJ박스를 설치한 음악다방이 등장한다. 명동에 있던 '심지다방'은 좌석이 400석 규모로, 보유 음반이 2,000장에 달했다.

  그러나 지지 않는 해처럼 보이던 음악다방도 위기를 맞는다. 1960년대 음악다방 전성기에 통기타로 생음악을 들려주던 '쎄시봉'이 기지개를 켰고, 국내 최초 커피회사인 동서식품이 문을 열면서 다방은 큰 도전을 받는다. 커피는 또 다른 차원에서 거대한 대중화라는 변곡점을 넘고 있었다.

얼굴마담에서
스타벅스까지

얼굴마담과 '거리의 응접실'

한국 다방 역사에서 1960년대는 가장 변화무쌍한 시기다. 6 · 25전쟁
과 4 · 19혁명, 5 · 16군사정변 등 혼돈의 터널을 겨우 빠져나와 사회 시스
템이 작동하기 시작한 때다. 근대화, 산업화, 도시화의 거센 물결 속에서 다
방도 더는 지식인만의 전유물일 수 없었다. 대학생들에게는 시를 읊고 팝송
을 듣는 문화 공간으로, 대중 예술인에게는 데뷔 무대가 되어주었다. 그들은
다방에서 미니 콘서트를 열며 대중문화의 불씨를 키웠다. 흔히 먹고살기 급
급했던 시절로 기억되는 1960년대에는 영화 제작도 활발해 국민 1인당 1년
에 5~6편을 본 것으로 기록된 시기이기도 하다.

2015년에 개봉된 영화 〈쎄시봉〉은 1960년대 말 서울대생 조영남이 서

극장형 다방 '쎄시봉'은 '오비스 캐빈', '쉘부르'와 함께 1960년대 음악다방 전성기를 이끌었다. 영화 〈쎄시봉〉 포스터.

울 무교동의 극장형 다방 '쎄시봉'에서 팝송을 부르는 장면으로 시작된다. 객석에서 순서를 기다리는 연세대생 윤형주는 진한 원두커피에 계란 노른자를 넣어 휘휘 저어 마신다. 1960년대에서 1970년대로 넘어가는 시기의 다방을 특정하는 키워드로는 '젊은이', '음악', '계란 동동 모닝커피' 등이 꼽힌다. 명동에는 '오비스 캐빈OB's Cabin', 종로2가에서는 '쉘부르'가 음악다방 전성기를 함께 이끌었다. 이곳을 주무대로 가수 송창식, 신중현밴드, 어니언스, 김정호에 이어 양희은, 이문세, 최성수, 개그맨 주병진 등이 활동하면서 '통기타 문화'를 전파했다.

그러나 다방은 대중화에 뒤따르기 마련인 퇴폐화의 부작용도 극복해야만 했다. 손님들을 끌기 위한 다방들 간의 치열한 경쟁은 마침내 '얼굴마담'과 '레지'라는 새 직업군을 만들어냈다. 산업화 물결을 따라 큰돈을 벌겠다고 서울로 몰려든 인파에는 젊은 여성들도 있었다. 1970년 당시 커피 한 잔 값은 50원이었다. 갈 곳 없는 무직자나 한량들은 50원만으로 종일 다방에서 진을 치며 시간을 때울 수 있었다. 한편으로 50원은 근로자들에게 적은 돈이 아니었다. 1970년 11월 서울 청계천 평화시장에서 분신한 22세의 청년 전태일은 하루 14시간 일하고 받는 일당이 겨우 커피 한 잔 값이라며 절규했다.

경제개발 논리 속에 노동 탄압과 임금 착취가 기승을 부리던 이 시기, 활황을 구가하던 다방에 레지로 취업하는 여성이 적지 않았다. 도시로 몰려든 젊은 여성들을 유혹해 성性을 상품화한 상술을 부리는 다방이 급속히 늘어난 것이다. 일부 다방은 술도 팔면서 식민지 시기에 일본인이 운영하던 퇴폐적 카페를 흉내내기도 했다. 1970년대에 들어서면서 그 이전까지 공무원과 군인의 기강을 바로잡으려 실시하던 요정과 퇴폐다방 출입금지 조치는 전 국민에게 확대된다.

다방을 '거리의 응접실'이라며 긍정적으로 평가한 자료도 있다. 1970년 미국 공보처는 부산 지역 다방 554곳을 돌며 마담과 레지와 손님을 인터뷰한 뒤 '다방―한국의 사교장Tea Rooms and Communication in Korea'이라는 12장짜리 보고서를 냈다. 그 내용은 1968년 부산 지역의 다방을 다루었지만, 당시 한국 전체 다방의 모습을 담았다고 볼 수 있다. 보고서는 "한국의 다방은 비공식 사교장으로서 중요한 기능을 담당하고 있다. 단골손님regular cliental은 사업가, 공무원, 교사, 교수, 예술가, 대학생 등 주로 사회에 영향력이 있는 고학력자들이다. 이들이 다방에서 하는 일이란 주로 이야기를 나누는 것이 며 세상사에 대한 이런저런 의견을 교류하는 것이다"라고 밝혔다.

다방은 또한 형편이 어려운 사업가들의 사무실 구실도 톡톡히 해냈다. 전화가 귀하던 시절, 소상공인들은 다방 전화로 업무를 보았다. 이들에게 전화를 연결해주던 레지는 비서 노릇까지 한 셈이다. 당시 "김 사장님, 전화 왔습니다!"라고 하면 자리에 있던 손님 5~6명이 동시에 뛰쳐나왔다는 우스 갯소리도 있다.

한편으로, 1972년 시작된 유신정국에서 대중은 타는 목마름으로 시대 적 아픔을 겪어야 했다. 1980년대 들어 독재정권은 종지부를 찍었지만, 신 군부의 쿠데타와 폭거는 더 큰 상처를 남겼다. 이런 사회적 격변 속에서 다 방이 불의에 대한 저항과 계몽과 각성 등 고전적 의미에서의 역할을 수행한 흔적을 찾긴 힘들다.

'커피믹스'의 등장

한국 다방 역사는 굴곡과 부침이 잦았다. 자 세히 뜯어보면 다방은 불화 속에서 발전해왔다. 프랑스 철학자 자크 랑시에르Jacques Ranciere의 "합의를 추구하기보다는 불화不和를 용인하는 것 이 차라리 민주주의의 핵심이다"라는 말은 다방

1976년 12월 23일 세계에서 처음으로 선보인 믹스커피 '맥스웰 커피믹스'.

변천사의 동력을 간파하는 프레임이 될 만하다. 다방의 생명력은 외부 요인에 의해 심하게 요동치기도 했다.

1968년 5월 설립된 동서식품은 1970년 6월부터 '맥스웰하우스'라는 상표로 인스턴트커피를 생산했다. 다방 주인들에게는 희소식이었다. 수입해 사용하는 원두커피는 비싼 데다 사치품이란 눈총을 받던 터였다. 반면 인스턴트커피는 국내에서 안정적으로 조달할 수 있었고 원가도 절감되었다. 원두커피를 확보하지 못한 다방 주인이 미제 커피 찌꺼기에다 톱밥과 콩가루, 계란껍질 등을 섞은 '가짜 커피'를 팔다 적발되기도 했다. 원두커피를 기준보다 조금 넣고 담배꽁초를 섞어 맛을 강하게 만들어서 판 이른바 '꽁피사건'도 벌어졌다. 인스턴트커피의 대량생산은 다방 주인들에

일본의 UCC는 1969년 세계 최초로 우유가 들어간 캔커피를 만들면서, 동서식품의 믹스커피처럼 간편하게 즐기는 커피의 역사에 이정표를 만들었다.

게는 무엇보다도 '곤조根性가 심한 고액 연봉의 주방장'을 쓰지 않고 자신이 손쉽게 커피를 만들 수 있다는 점에서 두 팔 벌려 환영할 일이었다.

그러나 동서식품의 등장은 다방에 '계륵'이기도 했다. 1976년 12월 23일 동서식품은 세계 최초로 간편하게 물에 타 마시는 '커피믹스'를 개발해 시판했다. 커피를 직장에서 손쉽게 만들어 마실 수 있게 되자 다방을 찾는 사람이 줄었다. 동서식품으로서는 인스턴트커피를 대량으로 사용하는 고객인 다방을 홀대할 수는 없었다. 일본 전문가를 초빙해 다방 경영을 위한 세미나를 열면서 민심 추스르기에 나섰다.

여성을 해방시킨 커피 자동자판기

　　다방도 자구책 마련에 골몰했는데, 이때부터 다방은 크게 두 갈래로 나뉜다. 젊은 고객이 많은 다방들은 인기 DJ를 스카우트해 전문 음악다방으로 변신하면서 생명을 잇고자 했다. 반면 중장년을 대상으로 한 다방들은 커다란 텔레비전을 설치해 스포츠 중계와 뉴스를 틀어주는 동시에 마담과 레지의 서비스를 강화했다. 진하게 화장하고 야한 차림을 한 레지를 대거 포진해 배달 서비스를 강화한 게 이때다. 1980년대 사회문제로 부상한 '티켓다방'의 검은 기운이 스멀스멀 자라고 있었던 것이다. 1986년 개봉한 임권택 감독, 김지미·안소영 주연의 영화 〈티켓〉은 성매매로 살아가는 변두리 다방의 마담과 레지의 비루한 삶을 통해 현대사회의 병폐를 고발했다.

　　커피믹스의 등장은 직장 여성에게도 '악재'였다. "커피를 타 오라"는

다방 간 손님끌기 경쟁이 심해지면서 다방은 젊은 여성들을 앞다퉈 고용했다. 이들은 '레지'로 불렸다. 영화 〈티켓〉의 한 장면.

심부름이 잦아졌으며, 여직원을 뽑는 면접에서 "커피를 잘 타십니까?"라는 질문이 손가락에 꼽힐 정도였다. '커피 노역'에서 여성들을 구한 건 커피 자동판매기의 보급이다. 1977년 롯데산업이 일본 샤프사에서 커피자판기 400대를 도입해 국내에 풀었다. 회사 복도, 도서관 휴게실, 대학 캠퍼스 등 커피자판기가 있으면 그 주변이 다방이 되었다. 1978년 커피자판기 1,100대가 전국 주요 공공장소에 설치되었는데, 하루 평균 총 15만 컵이 판매되었다는 기록이 있다. 그럼에도 1978년 말 전국의 다방은 1만 752곳에 달했고, 서울에서만 4,000곳에 육박하는 등 여전히 맹위를 떨쳤다.

1978년 커피 자동자판기가 전국 주요 공공장소에 설치되면서, 직장 여성들은 "커피를 타 오라"는 심부름에서 해방되었다.

젊은이들 사이에서 선풍적 인기를 끌던 음악다방도 1979년 '워크맨'을 필두로 휴대용 카세트플레이어가 보급되면서 이내 기가 꺾였다. 다방에 변신을 요구하는 압박은 갈수록 더해갔다. 미인계를 구사하던 '마담다방'도 고민에 빠져들던 즈음, 숨통을 틔우는 소식이 전해졌다. 1982년 1월 5일, 37년간 밤을 묶어두었던 야간 통행금지 조치가 해제되면서 '마담다방'은 심야다방이라는 옵션을 장착하며 '빅뱅시대'로 질주한다. 이후 다방 숫자는 계속 증가세를 보이다가 1996년 4만 1,008개소를 찍은 뒤 내리막길로 접어든다. 1997년에는 한국을 강타한 외환위기가 또 다른 차원에서 카페의 변신을 이끌었다.

원두커피의 르네상스

야간 통행금지 해제는 젊은이들이 드나들던 다방에 상대적으로 큰 도움이 되지 못했다. 이들 다방은 간판을 '커피숍'으로 바꿔 달며 마담다방과 차별화를 시도했다. 이들에게 돌파구가 마련된 것은 1988년 서울올림픽이었다. 해외여행 자유화와 적극적인 문화 개방과 교류 덕분에 서구의 선진화한 커피 전문점에 대한 정보가 풍성해졌고, 인테리어를 따라 하는 이국풍의 커피숍이 늘어났다. 이에 앞서 1987년 '커피 수입 자유화' 조치까지 시행되면서 사치품으로 묶였던 원두커피를 자유롭게 수입하는 업체가 늘었다.

1988년 12월 서울 압구정파출소 앞에 문을 연 '쟈뎅'을 시작으로 마침내 국내에서도 원두커피 전문점 시대가 열렸다. 이는 1920~1930년대 지식인들이 손수 추출하던 원두커피로 귀환하는 것이자 '원두커피의 르네상스' 시대를 열었다.

1991년 노래방의 급속한 확산은 다방 영업의 위축을 초래했고, 1992년 '서태지와 아이들'의 등장은 음악의 소비를 듣는 데에서 보는 것으로 바꾸면서 음악다방도 다시 한계를 절감해야 했다. 해외 유학생이나 외국계 회사 직원을 중심으로 커피의 품질을 따져 마시는 문화가 급속히 퍼져나갔다. 유명 백화점의 진열대에 즐비한 원두커피는 유행을 즐기는 얼리어답터의 눈을 홀렸다. 젊은이들 사이에서는 원두커피를 마시는 게 자신의 세련된 정체성을 드러내 보이는 일종의 장치가 되면서, 블랙커피의 인기도 덩달아 치솟았다.

1971년에 창립한 스타벅스 소식이 외신을 타고 국내에 전해지는 일이 잦아진 것도 이즈음이다. 신세계는 1995년 비밀리에 미국 시애틀 스타벅스

인스턴트커피와 원두커피를 경쟁 관계로 보는 것은 바람직하지 않다. 인스턴트커피는 간편하고, 원두커피는 향미가 좋다. 1979년 일본 교토에서는 찬물로 커피 성분을 추출하는 '더치 커피|dutch coffee'가 나와 커피시장에서 한 영역을 구축했다. (위)

커피가루를 찬물에 12시간 이상을 담가두었다가 성분을 우려내는 것을 '콜드 브루 커피|cold brew coffee'라고 한다. 콜드 브루 커피는 1962년 미국에서 개발되었으며, 1990년대 스텀프타운 전문점이 병에 담아 판매하면서 인기를 끌었다. (아래)

본사로 '특공대'를 보내 국내 론칭 프로젝트를 진행한다. 일이 마무리될 무렵, 한국에서는 외환위기 한파가 몰아치면서 스타벅스 프로젝트는 무기한 연기된다. 이때 시애틀로 급파되어 스타벅스의 노하우를 익힌 강훈(KH컴퍼니 전 대표)은 신세계에 사표를 던지고 귀국했다. 스타벅스와 같은 커피 전문점의 성공을 확신한 것이다.

그는 1998년 6월 서울 강남역 지하상가에 약 46제곱미터(14평)짜리 '할리스커피HOLLYS COFFEE' 매장을 오픈한다. 한국 최초의 에스프레소 전문점인 할리스커피는 국내 1호 프랜차이즈 커피 전문점 브랜드라는 기록도 세웠다. 할리스는 영어로 '신성한'을 뜻하는 '홀리Holy'를 떠올리게 하지만, 그것과는 상관이 없다. 강훈은 "할리스는 스타벅스 본사에서 일을 배울 때, 항상 웃는 얼굴로 주변 사람을 즐겁게 하던 여직원의 이름에서 따온 것"이라고 밝힌 바 있다.

1997년 IMF 체제는 커피 생두를 직접 볶아 파는 '로스터리 카페roastery cafe'의 탄생을 이끌었다. 고환율로 인해 원두 구입 부담이 가중되자 커피숍들은 가격이 낮은 생두를 구입한 뒤 로스팅해 파는 전략을 펼쳤다.

한편 외환위기는 주춤하던 커피믹스 소비에 다시 불을 질렀다. 많은 회사가 구조조정으로 비서실이나 업무지원팀 인력을 줄이면서 직원들이 봉지커피를 직접 타 마시는 문화가 퍼졌다. 커피믹스 시장은 2000년 2,000억 원에서 2004년 7,000억 원, 2006년에는 1조 원을 넘어섰다. 기세는 꺾일 줄 몰라 2010년 1조 2,500억 원에 이어 2012년에는 1조 3,500억 원을 찍었다. 그러나 철옹성 같던 커피믹스 시장의 성장은 정체기에 접어들더니 2013년에는 감소세(1조 1,665억 원)로 돌아섰다. 2015년에는 마침내 9,700억 원으로 1조 원대가 무너졌다. 스타벅스를 위시한 커피 전문점의 영향이 컸다.

1971년에 창립한 스타벅스 소식이 외신을 타고 국내에 전해졌는데, 신세계는 1995년 비밀리에 미국 시애틀 스타벅스 본사로 '특공대'를 보냈다.

1999년 7월 스타벅스가 이화여자대학교 정문 앞에 1호점을 낸 뒤로 원두커피 붐이 일었다. 2001년 커피빈티리프, 이디야커피, 탐앤탐스가 오픈했고 2002년 투썸플레이스, 파스쿠치가 문을 열었다. 2006년과 2008년에는 엔제리너스와 카페베네가 가세했다. 한국 다방 역사에서 2000년대는 '커피 전문점의 춘추전국시대'로 기록된다. 마니아층에 국한되었던 원두커피 음용 문화가 일반인이 즐기는 문화로 보편화한 시기이기도 하다. 사람들이 다양한 원두커피 브랜드를 소비하면서, 어떤 커피 브랜드를 선택하느냐가 그 사람의 특성을 말하는 하나의 수단으로 받아들여졌다. 원두커피가 음용자의 아이콘이 된 것이다.

'스페셜티 커피' 전성시대

커피믹스 소비가 꺾인 것을 단순히 원두커피 전문점의 급증만으로 풀이하기에는 부족한 면이 있다. 더 근본적인 원인은 소비자들이 커피의 향미에 눈뜨면서 와인처럼 커피를 가려 마시기 시작한 데 있다. 세계적으로 벌어지는 이 같은 움직임은 '제3의 물결'로 불린다. 제3의 물결은 '스페셜티 커피specialty coffee'의 인기를 일컫는다. 이 바람은 1995년 미국 노스캐롤라이나주 더럼Durham의 작은 로스터리 랩roastery lab인 '카운터 컬처 커피Counter Culture Coffee, CCC'에서 시작되었다. 스타벅시즘Starbucksism으로 상징되는 커피 맛의 획일화와 몰개성화에 반기를 든 것이다. 커피도 와인처럼 산지와 품종의 특징을 오롯이 반영하도록 만들어 다양하게 즐기자는 것이다. 미국 스페셜티 커피 전문점을 대표하는 블루보틀Blue Bottle, 스텀프타운Stumptown,

1995년 스타벅스의 획일적인 맛에 반발하며 스페셜티 커피 운동에 불을 붙인 '카운터 컬처 커피'의 뉴욕 트레이너 센터.

필즈커피Philz Coffee, 인텔리젠시아Intelligentsia 등이 속속 가세하면서 커피 애호가라면 스페셜티 커피를 즐겨야 한다는 공감대가 퍼졌다.

산지에서도 품질 좋은 스페셜티 커피를 생산하려는 움직임이 두드러졌다. 미국스페셜티커피협회SCAA는 커피의 외관, 향미, 질감, 깔끔함 등을 평가해 80점 이상 점수를 받은 커피를 스페셜티 커피로 규정해 품질 제고를 유도하고 있다. 커피믹스와 같은 인스턴트커피는 아예 평가 대상도 되지 못한다.

스타벅스는 이를 심상치 않은 움직임으로 받아들이고 2010년부터 일반 커피와 달리 특정 지역에서 극소량만 재배되는 고급 커피를 판매하는 리

스타벅스도 스페셜티 커피의 물결에 부합하기 위해 리저브 매장을 만들었다. 이곳에서는 다양한 산지의 스페셜티 커피 원두를 추출해 즐길 수 있다.

저브reserve 매장을 각국에 설치하고 있다. 스타벅스가 2014년 한국에 리저브 매장을 설치한 것을 신호탄으로 파스쿠치, 엔제리너스, 탐앤탐스, 할리스커피 등도 스페셜티 원두를 취급하는 매장을 운영 중이다. 이 땅에서 계몽과 각성을 도모하는 아지트로 시작된 다방은 거의 100년 만에 커피의 향미에서 비롯되는 관능적 행복을 만끽하는 문화 공간으로 진화한 것이다.

낙엽을
태우면서

깊어가는 가을, 당신이 진정 커피 애호가라면 어떤 커피를 음미하겠는가? 커피를 사랑했던 이효석은 낙엽을 태웠다. 낙엽 타는 냄새가 이효석에게는 헤이즐넛 향이 그윽한 한 잔의 커피와도 같았다. 뇌막염으로 35세에 요절한 이효석은 숨지기 4년 전 「낙엽을 태우면서」라는 수필을 발표했다. 그 내용을 자세히 들여다보면, 가히 향미를 평가하고 묘사하는 '커피 테이스터'로서도 손색이 없다. 표현력이야, 감히 누가 이효석을 평하랴! 커피 향을 묘사한 대목을 소개하면 다음과 같다.

"낙엽 타는 냄새같이 좋은 것이 있을까? 갓 볶아낸 커피의 냄새가 난다. 잘 익은 개암 냄새가 난다. 갈퀴를 손에 들고 어느 때까지든지 연기 속에 우뚝 서서, 타서 흩어지는 낙엽의 산더미를 바라보며 향기로운 냄새를 맡고 있노라면, 별안간 맹렬한 생활의 의욕을 느끼게 된다. 연기는 몸에 배서 어느 곁엔지 옷자락과 손등에서도 냄새가 나게 된다."

개암은 고소함과 함께 버터처럼 감미로운 여운을 선사하는 헤이즐넛의 또 다른 이름이다. 요즘 들어 인공 헤이즐넛 향을 첨가한 커피가 시중에 돌며 소비자의 관능을 농락하지만, 이효석이 글을 쓸 당시에는 커피라고 하면 일본식 원두커피였다. 그때는 가향 커피flavored coffee가 아예 없었고, 1938년 네슬레가 대량생산하기 시작한 인스턴트커피도 국내에 들어오기 전이었다.

나무에 있으면 단풍이요, 떨어지면 낙엽이다. 낙엽을 태우면 커피 향이 느껴지는 것은 낙엽이나 커피나 자연 그대로의 것에 불을 가함에 따라 빚어지는 향미의 향연인 것이다. 낙엽이 실제 커피 향을 피워낼 수 있을까, 아니면 문학적 상상력일까?

커피가 좋은 향을 뿜어내는 것은 탄수화물, 단백질, 지질로 이

루어진 생두가 불에 의해 마이야르 반응Maillard Reaction과 캐러멜화 반응 등을 일으킨 덕분이다. 낙엽에 남아 있는 다양한 영양 성분과 구조를 이루는 탄수화물이 불기운을 받아 단백질 덩어리인 미생물과 아미노-카보닐 반응Amino-carbonyl Reaction 을 일으키면서 커피와 유사한 향기를 발산한다. 특히 카보니 Carbony나 스모키Smoky라고 표현하는 연기 냄새는 커피를 볶는 과정에서 발생하는 향과 비슷하다.

커피 인문학 카페

그러나 '낙엽을 통한 커피 예찬'이 커피 애호가들의 공감을 특히 불러일으키는 바는 따로 있다. 이효석에게 낙엽은 이브 몽당Yves Montand이 노래한 '고엽autumn leaves'처럼 덧없는 인생에 대한 회한을 불러일으키는 존재가 아니다. 의기소침과 우울증을 부르는 노스탤지어는 더더욱 아니다.

오히려 암울한 시절에 황량한 나무 아래 나뒹구는 낙엽은 설움을 북받치게 했을 텐데, 이효석은 이를 극복하고 "별안간 맹렬한 생활의 의욕을 느낀다"고 역설했다. 일각에서는 작가에게 치열한 의식을 요구하는 시대적 상황에서 한가롭게 커피타령을 한다고 힐난하지만, 커피가 지닌 각성 효과에 주목한다면 다른 생각이 들 것이다.

커피 애호가라면, 겨울이 오기 전에 낙엽을 태우며 연기에 깃든 커피의 '숨겨진 뉘앙스'를 즐기는 것도 좋겠다. 나는 한 잔의 커피를 들고 뜰로 나가 연기가 피어오르는 낙엽더미를 사이에 두고 이효석과 마주한다. 어쩌면 한 해도 거르지 않고 가을이면 한반도 곳곳에서 낙엽이 횃불처럼 타올랐을지 그 누가 알겠는가.

제3장

───────────── 커피, 문화를 만들다

커피, 와인,
스페셜티 커피

인류는 커피의 향미에서 헤어나지 못한다

처음에 커피는 약이었다. 기원전 에티오피아 부족들은 커피나무 잎을 씹거나 줄기 끓인 물을 마시며 에너지가 솟는 효과를 누렸다. 7~8세기 홍해를 건너 아라비아반도로 전해진 뒤에 커피는 무슬림 사이에서 졸지 않고 밤새 기도할 수 있게 해주는 각성제로 애용되었다. 1258년 예멘의 이슬람 학자 세이크 오마르는 커피로 병을 치료하고, 역병을 막기도 했다.

커피는 17세기 초 유럽 땅을 밟은 뒤 더 빨리 사람들을 매료시켰다. 커피를 마신 사람들은 쉽게 그 유혹을 떨칠 수 없었다. 그 이유가 카페인 때문인지를 안 건 한참 뒤였다. 1819년 독일 화학자 프리들리프 페르디난트 룽게Friedlieb Ferdinand Runge가 커피에서 카페인을 분리해냈다. 이어 1827년에

포유동물은 몸속의 기생충이나 염증을 없애기 위해 식물의 잎과 줄기, 뿌리를 먹기도 한다. 지금도 에티오피아와 예멘에는 '카트Khat' 나무의 잎을 씹는 습관이 남아 있다.

는 차茶에서 테인Theine이라는 물질이 추출
되었는데, 분자구조가 카페인과 일치함에
따라 카페인으로 불리게 되었다.

각성 효과를 얻을 수 있는 음료가 많
아졌는데도 커피의 인기는 식을 줄 몰랐
다. 커피를 일단 마시기 시작한 국가에서
그 소비량이 줄어든 사례를 찾기 힘들다.
무엇이 인류를 이토록 커피에서 헤어나지
못하게 만드는 걸까? 그것은 맛이다. 와인

1819년 독일 화학자 프리들리프 페르
디난트 룽게는 커피에서 카페인을 분
리해냈다. 카페인의 분자구조.

처럼 다양한 향미를 뿜어내는 커피의 매력이 인류를 커피 애호가로 꽉 묶어
두고 있다. 알코올 음료가 비단 와인뿐만이 아닌데 와인 마니아를 만들어내
는 것과 카페인 음료가 오직 커피만이 아닌데 커피 애호가로 하여금 지칠
줄 모르는 열정을 쏟게 하는 것은 향미로밖에 설명할 도리가 없다.

약효로 존재감을 과시하던 커피가 이제는 와인처럼 향미로 즐기는 음
료의 반열에 올랐다. 커피가 문화적으로 격조를 높여가는 과정은 와인이 걸
어간 길을 그대로 따르는 듯하다. 기원전 6000년쯤 메소포타미아에서 탄생
한 와인이 제각기 맛으로 평가되어 격에 맞는 대접을 받기까지는 거의
8,000년이 걸렸다.

와인의 길을 따르는 커피

와인이 지닌 맛의 가치를 처음 알아본 이는 프랑스 보르도 사람들이다.

다. 1855년 보르도에서는 지역 내 61개 포도밭에서 나는 와인을 5개 등급으로 분류해 '위대한 포도밭' 또는 '훌륭한 포도밭'을 뜻하는 '그랑크뤼Grand Cru'라는 명칭을 부여했다. 이러한 관리와 노력이 보르도 와인의 우수성을 세계에 알리는 데 효과를 거두자, 보르도는 포도 재배 지역을 지리적으로 좀더 명확히 나누기 시작했다.

"와인의 품질은 포도가 자란 땅과 기후, 재배자의 전통과 열정이 결정한다"는 테루아Terroir(와인을 재배하기 위한 제반 자연조건을 총칭하는 말)를 존중하는 재배자들의 신념과 철학은 원산지 명칭 제도보다 훨씬 뿌리가 깊다. 하지만 이런 제도를 통해 와인 애호가들이 와인을 사이에 두고 주고받는 이야기는 더 풍성해질 수 있다.

와인에서 나는 블랙커런트Blackcuurants 향은 포도나무가 보르도의 석회암 토질에서 자랐기 때문이라는 둥, 바닐라 향은 오크통 안쪽을 불로 다소 심하게 그을리는 재배자 가문의 오랜 전통에서 비롯되었다는 둥 자칫 모호해질 수 있는 관능에 관한 의견이 한결 명확해지면서 와인을 말하는 자리는

룽게가 커피에서 카페인을 분리하는 데 성공한 뒤 80여 년이 지난 1903년 루트비히 로셀리우스Ludwig Roselius가 디카페인 커피 제조 과정을 발명했다. 커피 생두(왼쪽)가 물로 처리되는 과정을 거쳐 카페인이 제거되면 색깔이 갈색으로 바뀐 디카페인 커피 생두(오른쪽)가 된다.

와인 애호가들은 품종, 토양, 일조
량뿐만 아니라 포도나무 주변에
놓인 자갈도 와인 맛에 영향을 끼
친다고 주장한다. 자갈은 낮에 열
을 품고 있다가 밤에 포도나무에
온기를 전해주는 역할을 한다. 프
랑스 샤토네프 뒤 파프Chateauneuf
du Pape 지역의 포도밭.

생동감이 넘치고 기쁨이 배가되었다.

보르도는 1932년에 더 많은 와인의 품질을 평가해 그랑크뤼의 뒤를 잇
는 와인 450여 개를 '크뤼 부르주아Cru Bourgeois'로 지정했다. 급기야 1935년
에는 프랑스 정부가 나서 전 지역의 와인을 등급화한 원산지 통제 명칭 '아
오세Appellation d'Origine Controlee, AOC'를 실시했다. 와인을 품종, 재배법, 알코
올 함량 등 양조 기준에 따라 나눠 관리하고 품질에 따라 등급을 매긴 덕분

커피가 문화적으로 격조를 높여가는 과정은
와인이 걸어간 길을 그대로 따르는 듯하다.

에 프랑스 와인은 더 깊은 역사를 지닌 이탈리아 와인을 제치고 최고의 명
성을 떨치게 되었다. 세계 곳곳의 와인 마니아들은 프랑스 와인을 '테루아
와인'이라 부르며 한없이 신뢰했으며, 더 많은 이야기를 담은 프랑스 와인을
즐겨 찾았다.

　"와인을 마시는 것은 곧 자연을 마시는 것이다"라는 낭만적인 이야기
가 나온 것도 이때부터. 와인 애호가들은 아름다운 꽃향과 기분을 좋게
만드는 고소한 너트 향, 입안을 풍만하게 채워주는 바디감과 골격미를 느낄
때마다 그 와인을 생산한 땅과 기후를 떠올린다. 한 모금의 와인에서 피어
나는 향미를 음미하고, 자연과 신神에게, 그리고 와인을 이토록 잘 표현해낸
재배자의 노력에 감사하는 태도는 와인 애호가들로 하여금 긍지를 갖게 하
는 멋진 문화다.

프랑스가 아오세를 통해 와인의 품질을 성공적으로 관리해 소비자들의 폭발적 반응을 이끌어내자 이탈리아와 에스파냐도 속속 등급제를 도입했다. 바야흐로 이곳저곳의 와인을 뭉뚱그려 병에 담아내는 풍토는 사라지고 산지, 품종, 재배법, 품질에 따라 면밀히 따져 따로 병에 담아내는 '테루아 와인'의 시대가 열린 것이다.

커피도 같은 길을 걷고 있다. 한국만 되돌아보아도 그 궤적을 추정할 수 있다. 1988년 서울올림픽을 앞두고 와인이 사치품이란 멍에를 벗고 수입 자유화 품목으로 지정되자 소비량이 부쩍 늘었다. 이때는 '프랑스 와인'이라는 말 자체가 고급 와인의 대명사였다. 산지, 품종, 품질을 따지지도 않고 프랑스 와인이라고 하면 최고로 간주했다. 점차 향미를 따지는 와인 애호가들이 생겨나면서 1990년대 중반에는 프랑스 와인만으로는 품질을 보증하기에 부족하다는 인식이 퍼졌다.

보르도 와인이라고 구체적 산지를 언급하는 소리가 들리기 시작하더니, 2000년 세기가 바뀔 쯤에는 '메도크 와인'이라는 명칭이 회자되었다. 보르도를 가로지르는 지롱드Gironde강 왼쪽 지역이 메도크Médoc인데, 지구 상에서 가장 강렬한 카베르네 소비뇽Cabernet Sauvignon 품종으로 묵직하면서도 강건한 와인을 빚어내는 곳으로 명성이 높다.

'테루아 와인' 문화가 뿌리를 내리다

세계의 와인 애호가들은 와인을 빚은 포도밭까지 따지며 품질을 가려내고, 와인이 만들어진 해年인 빈티지를 맛으로 구별해 말하기를 즐겼다.

2007년 국내에 와인 열풍이 거세게 일면서 샤토 마고, 샤토 오브리옹, 샤토 탈보, 샤토 무통 로칠드 등 포도밭을 따지며 향미를 이야기하는 애호가들이 등장했다. 이어 '2002년 그레이트 빈티지Grate Vintage'라는 말까지 들려오면서 한국에서도 테루아 와인 문화가 뿌리를 내리기 시작했다.

와인 애호가들이 까다롭게 맛을 따지는 데는 3가지 깊은 의미가 있다. 첫째, 자연이 빚어내는 향미를 즐기는 행복감이다. 환경이나 품종에 따라 각기 다른 방식으로 자연과 조화를 이루며 열매를 맺은 포도들은 향미가 다른 와인으로 태어난다. 와인은 자신이 지나온 과정을 향미로 말한다. 그것은 인격을 대하는 것과 같다. 그가 누구인지는 그 사람이 자란 환경과 성장 과정을 알아야 제대로 알 수 있다. 누구에게나 삶은 하나의 멋진 드라마다. 그러나 드라마는 주인공의 출처가 분명해야 이야기로 엮을 수 있다. 이 사람 저 사람의 특성을 모호하게 혼합하면 그가 누구인지 알 수 없을뿐더러 하나의 숭고한 인격을 마주하는 기쁨을 누릴 수 없다.

둘째, 혼신을 다해 자연이 부여한 포도의 특성을 최대한 이끌어내 표현하려는 재배자에 대한 경의의 표시다. 소비자가 맛을 따지지 않고 아무 와인이나 벌컥벌컥 마셔서야 재배자가 애써 좋은 와인을 만들어낼 의미가 없다. 자신을 알아주는 사람에게는 목숨까지 내놓을 수 있다는 선비의 심정과 같은 이치다. 세상에 싸고 좋은 것이란 없다. 품질에 부합하는 값을 치르고 와인을 마시는 건 재배자의 삶을 존중함으로써 지속가능한 와인 생산을 도모하는 윤리적이면서도 문화적인 행위다. 품질이 좋은 와인을 가려내 소비하는 것은 와인을 중심으로 이루어진 생태계를 건강하게 유지하는 비결이다.

셋째, 나쁜 와인은 건강에 해롭기 때문이다. 와인의 품격은 향미로 드러난다. 그것은 계절이 바뀌는 것처럼 분명하다. 좋아하는 와인의 향미는

미국 하와이 코나의 100년이 넘은 커피나무(왼쪽)와 프랑스 아비뇽의 100년을 훌쩍 넘긴 포도나무(오른쪽)다.

취향에 따라 다를 수 있지만, 품질의 좋고 나쁨은 명확히 구별된다. 인류가 몸에 유익한 것은 관능적으로 좋게 느끼도록 진화해서다. 몸에 좋은 것은 자꾸 섭취하도록 발전시킨 생존 본능 덕이다. 산미酸味가 눈살을 찌푸릴 정도로 자극적이거나 여운을 말끔하게 해주는 타닌tannin의 저력이 지나쳐 입안을 거칠게 만들어서는 좋은 와인이 될 수 없다. 이상하게 느껴지는 맛은 몸에 유익하지 않은 성분이 들어 있음을 알리는 지표이기도 하다.

최상의 향미를 지닌 커피

커피에서 향미를 따지며 마시는 문화는 어디까지 왔을까? 앞서 언급한 내용에서 와인을 커피로 바꿔도 전혀 어색하지 않다. 커피가 단순한 음료에서 향미를 추구하는 '문화적 음료'로 발전하도록 작용한 원리는 와인의 그것과 크게 다르지 않다. 다만 그 이야기는 1855년 보르도가 아니라 1974년 미국에서 처음 언급된 '스페셜티 커피'에서 시작된다.

5세 때 노르웨이에서 미국으로 이민 간 에르나 크누첸Erna Knutsen은 커피의 현대사에서 살아 있는 신화다. 40세쯤 커피 산지까지 찾아가 생두를 구매해오는 직거래와 제값을 치러 재배자의 노고에 경의를 표하는 공정무역을 전파한 주역이다. 그녀는 2014년 미국스페셜티커피협회에서 은퇴할 때까지 반세기 이상 오직 커피를 위해 삶을 던졌다. 그녀의 수많은 업적 가운데 1974년 100년 전통의 잡지인 『차와 커피 무역저널Tea & Coffee Trade Journal』에 기고한 글에서 스페셜티 커피의 개념을 주창한 것은 커피의 패러다임을 바꾸었다는 평가를 받는다.

그는 여기에 "좋은 향미를 지닌 스페셜티 커피란 특별한 미세 기후를 갖춘 곳에서 자라 최상의 향미를 지닌 커피를 의미한다"고 적었다. 테루아와 와인의 개념을 처음으로 커피에 접목해 향미를 추구함으로써 커피가 자연을 음미하는 문화적 음료가 될 수 있다는 가치를 발견한 것이다.

미국의 커피 역사에서 1970년대는 '인류, 커피 맛에 눈뜨다'쯤으로 규정할 수 있겠다. 1971년 샌프란시스코대학 동창인 고든 보커Gordon Bowker, 제럴드 제리 볼드윈Gerald Jerry Baldwin, 지브 시글Zev siegl 등 3명은 시애틀에서 '스타벅스 커피, 티 & 스파이스Starbucks Coffee, Tea & Spice'라는 매장을 열

에르나 크누첸은 스페셜티 커피의 개념을 주창하면서 커피의 패러다임을 바꾸어놓았다.

자연 조건이 와인 맛을 결정한다는 테루아 개념을 커피에 적용할 때, 가장 이해하기 쉬운 예가 인도 커피일 것이다. 인도 마이소르 지역의 커피밭에서는 커피나무와 후추나무 넝쿨이 함께 자란다. 이 때문인지 인도에서 생산되는 커피에서는 후추 향이 난다고 말하는 사람이 많다.

었다. 당시 미국인들은 품질이 떨어지는 로부스타 품종의 커피를 주로 마셨다. 아라비카 생두가 잘 공급되지 못한 탓이다. 스타벅스는 "향미가 좋은 커피를 공급하겠다"는 기치를 내걸고 사업에 뛰어들었다.

이 신념은 스페셜티 커피의 철학과 맥이 닿아 있지만, 스타벅스는 몸집이 거대해지면서 이를 지키지 못했다. 1982년 복사기를 판매하던 하워드 슐츠가 마케팅 담당자로 합류해 커피 음료를 팔기 시작했다. 그는 커피 프랜차이즈 사업을 제안했으나 관철되지 않자 스타벅스를 떠나 '일 지오날레 커피 컴퍼니Il Giornale Coffee Company'라는 회사를 차린다. '일 지오날레'는 이탈리아어로 '매일'이라는 뜻이다. 1987년에는 하워드 슐츠가 스타벅스를 인수했다. 이렇게 시작한 스타벅스는 거의 30년 만에 65개국 2만 1,000여 개 매장을 둔 공룡 기업으로 성장했다. 이 과정에서 스타벅스는 산지 특성을 반영한 테루아 커피라는 개념 대신 "세계 어디에서나 똑같은 맛을 제공하겠다"며 전략적으로 표준화를 선택했다. 그러나 소비자들이 맛을 깨우치기 시작하면서 스타벅스의 커피 맛 획일화 정책은 거센 저항을 예고했다.

스페셜티 커피의 매력

스타벅스 출범 초기인 1976년 와인계에서는 '파리의 심판Judgement of Paris'이라는 충격적인 사건이 발생했다. 상표를 가리고 맛으로만 우수성을 겨루는 블라인드 테이스팅Blind Tasting에서 미국의 캘리포니아 와인들이 보르도의 테루아 와인들을 제치고 각 분야에서 1등을 차지한 것이다. 프랑스의 자존심은 구겨졌지만, 인류는 향미에 대한 인식을 새롭게 하는 교훈을 얻었다. 세계 최고의 와인이나 최상의 커피는 정해진 곳이 따로 있는 게 아니라 저마다 자란 땅과 기후, 재배자의 열정을 올바로 담아낸다면 배타적인 최고 존엄의 가치를 지닌다는 사실을 깨달은 것이다.

에르나 크누첸은 마침내 1978년 프랑스에서 열린 커피국제회의 단상에 올라 스페셜티 커피 시대의 개막을 선언했다. 커피 전문가들은 지지를 보내면서 1982년 미국스페셜티커피협회SCAA와 유럽스페셜티커피협회SCAE를 잇따라 조직하고 커핑cupping(커피 맛을 감별하는 것)을 통해 스페셜티 커피를 판별하는 기준을 만들었다. 앞서 1975년 '검은 서리black frost'가 브라질

커피 애호가들은 스페셜티 커피의 정신을 호소하며, '반反스타벅스' 전선을 구축했다. 커피 테이스팅을 통해 산출한 점수를 한자리에 모여 토론하고 있는 심사자들.

을 강타해 가격 폭등으로 저급 커피와 고급 커피의 가격 차이가 줄어들었을 때, 조금만 투자하면 향미가 좋은 커피를 맛볼 수 있다는 사실에 눈을 뜬 애호가들은 스페셜티 커피에 대한 호기심이 한층 증폭된 터였다.

한편에서는 스타벅스의 기세가 대단했다. 커피 맛 표준화를 무기로 1994년부터 하루에 매장 1~2개씩을 늘리는 저력을 과시하며 커피 시장을 통째로 삼킬 태세였다. 획일화한 맛을 퍼뜨리는 스타벅스의 마케팅을 바라보던 커피 애호가들은 스페셜티 커피의 정신을 호소하며 이른바 '반反스타벅스' 전선을 구축했다.

1995년 노스캐롤라이나주 더럼에서 커피 로스터로 활동하던 프레드 호크Fred Houk와 브렛 스미스Brett Smith가 스타벅시즘으로 상징되는 커피 맛의 몰개성화에 반기를 들고 '카운터 컬처 커피'를 설립했다. 이들은 산지를 누비며 스페셜티 커피를 들여와 소비자들에게 테루아가 반영된 향미, 곧 자연의 맛을 선사했다. 이런 움직임은 들불처럼 번졌다. 그 해 시카고에서는 '인텔리젠시아 커피 & 티Intelligentsia Coffee & Tea'가 스페셜티 커피만 카페에 공급하는 로스터리 카페를 열었다. 1999년 오리건주 포틀랜드에서는 '스텀프타운 커피 로스터스Stumptown Coffee Roasters'가 개점하며 스페셜티 커피 운동에 힘을 보탰다.

한 잔의 향미를 오롯이 담다

커피의 향미를 존중하는 움직임은 산지로까지 번져 1999년 브라질에서는 엄격한 심사를 거쳐 최고의 커피임을 입증하는 '컵 오브 엑설런스Cup of Excellence'를 시행한다. 이어 콜롬비아에서는 안티오키아주의 '베스트 컵 오브 커피Best Cup of Coffee, 유네스코 세계문화유산 등재 커피 산지인 킨디오주의 국제커피품평회 '킨디오 커넥션Quindío Connection'으로 계승되었다. 2000년에는 멀리 아프리카에서도 에티오피아, 케냐, 부룬디, 우간다, 콩고 등 11개국이 아프카Africa's Fine Coffee Association, AFCA를 결성해 스페셜티 커피를 가려냈다.

지구촌 곳곳에서 거세게 인 스페셜티 커피 바람을 SCAA 스태프이자 로스터인 트리시 로스갭Trish Rothgeb은 2002년 한 언론 기고에서 '제3의 물결The Third Wave'이라고 묘사했다. 그녀는 기고문에 "미국의 커피 문화에서 '제1의 물결'은 19세기 폴저스 커피가 매일 식탁에 오를 때 일기 시작했다. '제2의 물결'은 1960년대 피츠Peet's 커피에서 시작해 1970년대 스타벅스의 그란데 디카프 라테Grande Decaf Latte 등 베리에이션 음료와 산지가 명확하게

80점 또는 85점 등 사전에 정해둔 일정 점수 이상을 받은 커피가 스페셜티 커피의 자격을 얻게 된다. 저자가 콜롬비아 최고의 커피를 뽑는 '2015년 안티오키아 베스트 컵 오브 커피'에서 커피 테이스팅을 한 뒤 점수를 종합하고 있다.

표기된 에스프레소가 제공되는 시점에서 시작되어 퍼져나갔다"면서 "우리는 지금 생산국가 단위가 아니라 커피가 자라는 더 구체적인 농장 단위에서 커피를 가져와 태우다시피 진하게 볶지 않고 생두가 지닌 고유의 향미를 잘 살려내 음미하는 제3의 물결에 있다"고 적었다. 커피 전문가들은 이를 신호로 "향미를 따지고 커피를 마시며 생두의 품질을 추구하는 스페셜티 커피의 바람은 앨빈 토플러Alvin Toffler가 비유한 3번째 문명의 대변혁에 비유할 수 있다"고 설파했다.

와인처럼 향미를 즐기자는 스페셜티 커피 운동의 진정한 가치는 문화적 소비 행태로 진화하는 데 있는 게 아니다. 그것은 "자연이 인간에게 허락하는 바를 착실히 수행해 한 잔의 향미로 오롯이 담아내는 과정을 통해 인간도 자연의 일부임을 되새기자"는 데 있다. 지금 당신이 손에 쥔 커피는 어디서 온 것인가?

인스턴트커피
혁명

카우보이 커피

길게 보면 2,000년인 커피 역사에 국가마다 나름 기여한 바가 있다. 에티오피아는 커피 종자를 이 땅에 처음으로 품어냈고, 예멘은 커피 경작의 길을 열었다. 사우디아라비아는 메카를 통해 커피를 이슬람 국가 전역에 퍼뜨렸으며, 이라크 바그다드와 시리아 다마스쿠스의 상인들은 커피를 상업적으로 볶기 시작했다. 페르시아의 의사들은 커피를 치료에 접목하며 의학적인 쓰임새를 찾아냈다. 오스만제국은 예멘에서 커피를 빼내 유럽으로 전파했고, 이탈리아 베네치아 상인에 의해 커피는 유럽 땅을 밟았다. 네덜란드는 국제적인 커피 생두 무역을 통해 커피 산지를 인도네시아까지 넓혔고, 프랑스는 남아메리카 대륙에 커피를 꽃피우게 했다.

기나긴 커피 역사에서 인스턴트커피는 20세기 들어서야 미국에 의해 등장한다. 인스턴트커피의 확산은 인류 문명사에서 농업혁명에 비견되어 '제1의 물결The First Wave'이라 불린다. 여기에는 엄청난 물량의 커피를 생산해낸 브라질의 역할도 지대했다.

미국에 커피가 전해진 건 1620년대지만, 국민들이 차茶를 제쳐두고 커피를 즐기기 시작한 건 '보스턴 차 사건'(1773년) 이후다. 커피 대중화가 이탈리아, 네덜란드, 영국, 프랑스 등 유럽 국가에 비해 100여 년이나 늦은 셈이다. 그럼에도 인스턴트커피가 미국에서 탄생한 것은 커피를 마시는 '신속함'과 '간편함'에 대한 간절함을 먼저 절실히 경험해서다.

미국은 광활한 땅 때문에 야영 문화가 일찍부터 형성되었다. 동부에서 서부로 주거지를 개척해나가며 카우보이들은 각성과 활력 등 커피의 힘을 빌리는 경우가 잦아졌고, 인디언들과 수시로 전투를 치러야 하는 민병대에도 커피는 매우 요긴했다. '카우보이 커피'는 19세기 초 미국의 이런 분위기를 잘 보여주는 추출법이다.

카우보이들이 들판이나 산속에서 야영하며 코펠과 같은 냄비에 물과 커피가루를 함께 넣고 끓여내 마신 방식이다. 추위와 졸음을 물리쳐야 하는 긴박한 상황에서 이런 방식의 커피 추출법은 향미는 떨어져도 간편했기에 애용되었다. 시간이 흐르면서 카우보이 커피는 플란넬로 만든 주머니에 커피가루를 넣고 끓이는 방식으로 진화했다.

이렇게 하면 물에 녹지 않는 커피 찌꺼기가 치아에 달라붙어 불쾌감을 주는 걸 막을 수 있었고, 잡맛도 줄여 향미 또한 좋아졌다. 여기에서 한 단계 더 발전한 게 일명 '양말 커피Sock's Coffee'다. 커피가루를 담은 천주머니를 물에 넣어 끓이는 대신 뜨거운 물을 흘려보내 향미를 드높인 방식인데, 천

카우보이 커피는 들판이나 산속에서 야영하며 냄비에 물과 커피가루를 함께 넣고 끓여내는 방식이다.

앤드루 잭슨은 커피를 병사들에게 전투식량으로 제공해서 뉴올리언스 전투를 대승으로 이끌었다. 1815년 뉴올리언스 전투 장면.

주머니가 물을 먹으면 양말처럼 길게 늘어진다고 해서 붙은 명칭이다.

　　미국의 제7대 대통령 앤드루 잭슨Andrew Jackson은 군인 출신으로, 1814년 12월에 발발한 뉴올리언스 전투를 대승으로 이끈 주역이다. 그는 진지를 요새화함으로써 당시 전 세계를 주름잡던 영국 군대에 맞서 싸웠다. 이 전투에서 영국군 2,000명 이상이 전사했는데, 미군 전사자는 20여 명에 불과했다. 앤드루 잭슨 대통령은 커피를 병사들에게 전투식량으로 제공한 인물로 기록되었다.

남북전쟁의 승패를 가르다

커피의 위력은 1861년부터 1865년까지 치러진 남북전쟁에서 더욱 돋보인다. 북군을 이끈 링컨 대통령은 1862년 남군 지역의 항구를 봉쇄했다. 이로 인해 남군은 전쟁 내내 커피를 공급받지 못했다. 커피에 굶주린 남군은 고구마나 사탕무를 커피처럼 진하게 볶아 물에 넣어 끓여 마시기도 했지만, 카페인의 위대한 효과를 누리지 못해 애간장을 태워야 했다.

담배 생산지를 끼고 있던 남군은 휴전이 이어질 때면 담배와 커피를 맞바꾸자고 북군에 매달리기도 했다. 남군은 커피를 마시고 싶은 욕구를 들꽃과 허브를 채취해 끓여 마시는 것으로 달랬는데, 이 덕분에 미국이 허브차 강국으로 발돋움했다는 우스갯소리도 있다.

실제 커피가 남북전쟁의 승패를 갈랐다는 견해도 있다. 북군을 이끈 벤저민 버틀러Benjamin F. Butler 장군은 북군이 승리한 이유 중 하나로 커피를 꼽았다. 그는 병사들에게 물통에 커피를 담아 수시로 마시게 하면서 각성 상태가 극에 달했을 때 공격을 지시하는 전략으로 전투의 승기를 잡아나갔다.

그가 다른 부대 장군들에게 "병사들이 이른 아침에 커피를 마시면 그날 전투에서 승리할 수 있을 것"이라며 커피 음용을 권했다는 기록이 남아 있다. 북군은 노예제도를 없애려 남군과 전쟁을 치렀는데, 이길 수 있도록 그들에게 힘을 준 것이 브라질 커피 농장으로 잡혀간 아프리카 노예들이 재배한 커피였다는 사실은 남북전쟁의 아이러니라 하겠다.

남북전쟁 당시 병사들에게 커피가 얼마나 중요했는지는 스미스소니언 박물관에 보관된 한 병사의 일기에서 엿볼 수 있다. 북군의 기습부대 요원인 에베네저 넬슨 길핀Ebenezer Nelson Gilpin은 전쟁이 막바지로 치달은 1865년

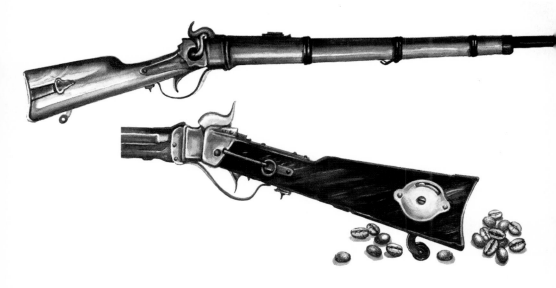

북군은 전투를 벌이는 와중에도 커피 원두를 재빨리 갈아 마시려고 개머리판에 그라인더를 장착했다.

4월의 일기에 이렇게 적었다. "모든 것이 혼란스럽다. 긴장감을 견딜 수 없을 정도다. 보급품이 전보다 4분의 1로 줄었으며 커피 보급 자체가 끊겼다. 커피 없이는 임무 수행이 불가능하다."

북군은 전투 교범에 "커피는 강인함과 에너지의 원천이다"라고 천명하고, 병사들에게 적극적으로 커피를 공급했다. 남북전쟁 당시 북군은 병사 1명이 하루 평균 1.8리터의 커피를 마셨다고 전해진다. 병사 1명당 제공된 커피는 1년에 16킬로그램에 달했다. 그들의 커피 사랑은 지극했다. 전투를 벌이는 와중에도 커피 원두를 재빨리 갈아 마시려고 아예 소총의 밑동, 일명 '개머리판'에 그라인더를 장착했다. 병사들이 든 모든 총에 커피 그라인더가 장착되었던 것은 물론 아니다. 오랜 시간을 참고 기다려야 하는 저격병에게는 카페인의 각성 효과가 필요할 때가 많았다.

저격병을 위해 1848년 특허 등록이 된 무기가 '샤프스 소총Sharps Rifle'인데, 적중률이 뛰어났다. 명중률이 좋음에 따라 기마병도 사용하게 되고 점차 보병에게도 확산되었는데, 커피 그라인더도 옵션처럼 따라 붙으며 '커피를 마시며 싸우는 총'으로 인기 속에 널리 퍼져나갔다. 그라인더를 탑재한 당시의 샤프스 소총이 전시된 미국 매사추세츠주 스프링필드아머리국립 사적지Springfield Armory National Historic Site에는 이를 보려는 커피 애호가들의 발길이 이어지고 있다.

조지 워싱턴 커피

남북전쟁이 끝난 뒤, 미국 사람들로서는 총알이 빗발치는 가운데 소총 개머리판에 달린 그라인더로 커피 원두를 가는 병사들의 모습을 떠올릴수록 아찔할 수밖에 없었다. 그래서 '전쟁과 같은 극한 상황에서 재빨리 끓여 마실 수 있는 커피'를 화두로 풀어낸 게 인스턴트커피다.

1901년 뉴욕 버펄로에서 열린 '범미국박람회Pan American Exposition'에서 일본계 미국인 과학자 사토리 가토는 분말 형태의 인스턴트커피를 처음 선보였다. 그는 앞서 차를 가루로 만들어 간편하게 마실 수 있는 법을 개발했는데, 이를 커피에 적용한 것이다. 남북전쟁 이후, 긴박한 상황에서 빨리 커피를 마시려는 노력이 이어졌다.

대체로 커피를 진하게 추출한 후 갖고 다니며 물에 타 마시는 방식이 있었지만, 이는 미리 추출해둔 원두커피일 뿐이지 인스턴트커피는 아니었다. 인스턴트커피는 커피 원두를 갈아 뜨거운 물로 성분을 추출한 뒤 물을 다시 날려 보낸 가루를 뜻한다. 커피 원두는 70퍼센트가량이 물에 녹지 않기에 원두가루를 물에 넣으면 절반 이상이 찌꺼기로 남는다.

이 때문에 커피를 추출해도 필터로 찌꺼기를 걸러내거나 가만히 가라앉혔다가 액체만 살짝 따라내는 번거로운 과정을 거쳐야 한다. 사토리 가토는 물에 녹아내리는 성분만 가려내기 위해 커피를 추출한 뒤 물만 날려 보내는 방식으로 가용성可溶性 가루만 정제해냈다. 따라서 그의 인스턴트커피는 뜨거운 물만 부으면 찌꺼기 없이 가루를 모두 녹여 간편하게 마실 수 있었다.

사토리 가토가 이를 대량생산하지 않고 특허도 내지 않는 사이 미국 초대 대통령과 이름이 같은 조지 워싱턴이 기술특허를 받고 1910년 '조지 워싱턴 커피'라는 브랜드로 사업을 시작했다. 사토리 가토의 인스턴트커피는 끓인 커피를 분무噴霧 건조해 가루로 만드는 방식이어서 향이 거의 날아가는 바람에 맛이 떨어졌다.

반면 조지 워싱턴 커피는 수율이 떨어지더라도 낮은 온도에서 수분을 증발시키는 방식으로 향미를 붙잡았다. 그는 뉴욕의 브루클린에 공장을 차린 뒤 1914년 제1차 세계대전이 발발하자 기회를 잡았다. 4년간 지속된 전쟁에서 미군 보급품으로 제공된 인스턴트커피를 조지 워싱턴 커피가 독점한 것이다.

사실 인스턴트커피라는 용어는 제2차 세계대전 후 광고 슬로건으로 사용되어 1951년에야 널리 알려졌다. 그전까지 인스턴트커피는 물에 쉽게 녹는다는 의미에서 솔루블 커피Soluble Coffee로 불렸다. 조지 워싱턴 커피는 제

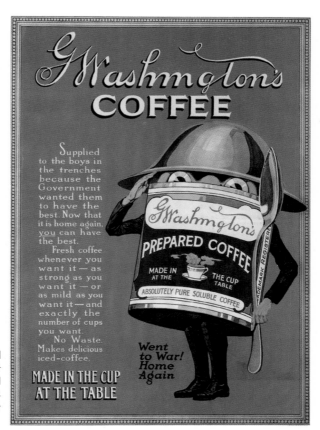

조지 워싱턴 커피회사는 제
1차 세계대전이 끝나자
1919년 신문광고를 통해
"용사들이여! 이제는 집으
로!"라며 자사의 커피를 즐
길 것을 홍보했다.

1차 세계대전이 끝난 뒤 일반 소비자를 겨냥한 상품을 만들었다.

알루미늄 튜브에 1~2컵 용량의 인스턴트커피를 담은 고급형 '배링턴
홀Barrington Hall' 브랜드를 만들었는데, 일반 원두커피에 비해 매우 비쌌다.
더욱이 세계는 1930년대 세계 대공황Great Depression의 늪으로 빨려들고 있
었다. 조지 워싱턴은 제1차 세계대전 때 커피 독점 공급으로 번 돈을 이 시
기를 견디느라 소진할 수밖에 없었다.

네슬레의 인스턴트커피, 네스카페

1765년 브라질산 커피가 처음 포르투갈 리스본으로 수출된 이후 생산량이 매년 급증하면서 1920년대에는 정점에 달해 세계에서 소비되는 커피의 80퍼센트를 브라질이 감당했다. 세계 최대 커피 소비국 미국과 최대 커피 생산국 브라질의 만남은 인스턴트커피로 이루어졌다. 2016년 기준으로 미국은 세계에서 소비된 93억 4,278만 톤의 커피 중 16.3퍼센트를 혼자 먹어치웠다.

반면 브라질은 점유율이 예전에 비해 줄었지만, 2016년에 생산된 커피 90억 9,720만 톤 가운데 36.3퍼센트인 33억 톤을 공급했다. 소비와 생산에서 각기 엄청난 부분을 차지한 두 '공룡'은 상생을 위해 서로 돕지 않으면 안 되는 관계였다. 브라질 커피 값의 폭락과 폭등이 미국 시장을 뒤흔드는 위험으로 작용해서다.

브라질과 금융거래를 하던 유럽의 큰 은행들과 미국은 스위스의 네슬레에 브라질 잉여 커피에 대한 대책 마련을 요구했다. 네슬레는 이에 화답해 1938년 조지 워싱턴 커피보다 생산 비율과 향미를 높인 인스턴트커피를 개발해 잉여 커피를 해결했다.

인스턴트커피를 만드는 자, 하늘이 돌보는 것인가? 네슬레가 남아도는 브라질 커피를 헐값에 구매해 인스턴트커피를 만들어 창고를 가득 채울 때쯤인 1939년 제2차 세계대전이 발발해 6년간의 긴 전쟁에 돌입했다. 미군에 보급되는 커피는 네슬레가 독점했다. 전쟁이 길어지면서 인스턴트커피는 바닥이 날 지경이어서, 미국은 군인에게 주기 위해 1944년부터 인스턴트커피의 시중 판매를 금지할 정도였다. 그럼에도 네슬레가 공급하는 커피만

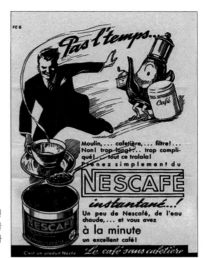

네스카페가 첫 선을 보인 1938년 스위스의 신문에 실린 광고다. 인스턴트커피는 커피가루에 뜨거운 물을 붓고 물에 녹지 않는 성분을 걸러낼 필요가 없어 손님들에게 빠르게 제공할 수 있다는 점을 강조했다.

으로는 부족하자 제너럴 푸드General Foods, 스탠더드 브랜드Standard Brands, 보든Borden 등이 인스턴트커피 제조에 뛰어들었다.

　제2차 세계대전에는 미군 1,200만 명이 전선을 누빈 것으로 기록되었다. 이들뿐 아니라 연합군에도 인스턴트커피가 제공되었다. 전쟁이 끝난 뒤 고향으로 돌아간 군인들을 통해 인스턴트커피의 간편함이 지구촌 구석구석에 소개되었다.

　뜨거운 물을 부어 간단히 마시는 인스턴트커피의 간편함은 많은 사람에게 깊은 인상을 주었고, 세계적인 히트 상품이 되었다. 이는 7세기 메카의 신전을 찾은 세계 각지의 무슬림들이 '커피를 몸속에 넣고 죽는 자는 지옥에 떨어지지 않는다'는 말을 듣고 커피를 가져가 아라비아반도 전역에 퍼뜨린 것과 비슷한 현상이다.

　인류 문명사에서 두드러진 대변혁을 '물결'에 비유한 앨빈 토플러의 화법을 커피 역사에 적용하면, 인스턴트커피의 확산은 가히 '제1의 물결'에 견줄 만하다. 인류가 농업기술을 익혀 산업혁명과 정보지식혁명의 물결을 차례로 일으켜왔듯이 인스턴트커피는 반작용이든 순작용이든 스타벅스로 상징되는 프랜차이즈 커피와 스페셜티 커피의 물결을 일으키는 힘으로 작용했다.

　이제 제3의 물결에 이어 제4의 물결이라 할 만한 대변혁이 어떤 형태로 전개될 것이냐에 관심이 쏠린다. 커피의 물결은 간편함과 편의성에서 좀 불편하더라도 본연의 가치를 추구하려는 움직임으로 일고 있다. 인스턴트커피의 매력으로 평가되던 '신속함과 간편함'은 불과 반세기를 지나면서 '견딜 수 없는 가벼움과 경박함'으로 비친다는 의견도 나오고 있다.

커피와
식민지

'노예 참혹사'를 불러온 커피

국가의 등장과 더불어 비롯된 노예제는 유럽 열강의 식민지 침략 루트를 따라 전파된 커피로 인해 참극을 더했다. 세계 각지로 뻗어간 커피밭은 곧 그들에 대한 착취의 결과물이었다. 인류는 집단생활을 통해 '협력의 위대한 가치'를 깨달았다. 씨족과 혈족으로 구성된 원시공동체 사회는 농경문화를 꽃피웠고, 집단이 모여 마침내 국가를 등장시켰다. 하지만 이 과정에서 '권력'이 생겨나면서 협력을 강제하는 횡포가 기승을 부리게 되었다.

권력자들은 다른 나라를 침략해 재산과 노동력을 강탈함으로써 세력을 빠르게 불려나갔다. 권력과 부富는 인류애를 오염시켰다. 전쟁 포로와 식민지인들은 권력을 쥔 측에는 손쉽게 부를 불리는 도구에 불과했다. 인류가 저지른 가장 잔인한 짓으로 꼽히는 노예제는 이렇게 시작되었다. 커피의 역사도 잔혹한 노예사로 점철되어 있다.

노예는 자유와 권리를 빼앗기고 다른 사람의 소유가 되는 자 또는 계층을 말한다. 그 뿌리는 인류 최초의 국가가 형성된 메소포타미아의 수메르 문명에까지 닿는다. 고대 이집트는 거대한 피라미드를 건설할 노예를 확보하려고 전쟁까지 치렀다. 고대 그리스 시대에는 아테네 인구의 40퍼센트가 노예였다는 기록도 있다.

기원전 4세기 아리스토텔레스는 이방인을 그리스인의 태생적 노예로 규정했다. 그는 특히 "그리스인들은 다른 민족을 지배할 사명을 받았다"며 노예제에 철학적 정당성을 부여했다. 아리스토텔레스는 최초의 인종차별적 사상가라는 오명을 입기도 하는데, 이러한 주장이 인류사에 얼마나 끔찍한 일을 초래할지 상상조차 못했을 것이다. 로마 시대에는 노예가 제도로 굳어졌다. 공화정 시대의 로마가 세력을 확장하면서 지배한 지역의 민족들이 노예로 로마에 대량 공급되었다. 노예와 그 소유주인 시민 간 계급관계는 이 시대를 규정하는 하나의 지표라고 할 만하다. 제정시대 로마에만 노예가 40만 명이 넘었다고 한다. 로마 건국부터 쇠퇴기까지 거의 1,000년 동안 노예로 팔리거나 잡힌 사람이 최소 1억 명에 달했다는 견해도 있다.

아리스토텔레스는 "그리스인들은 다른 민족을 지배할 사명을 받았다"며 노예제에 철학적 정당성을 부여했다.

오스만제국과 '터키시 커피'

　　5세기 로마제국이 몰락하면서 싹트기 시작한 중세 국가들은 왕과 영주 간 계약에 의해 이루어진 봉건사회였다. 하층계급인 '농노'는 사실상 노예의 다른 이름이었을 뿐이다. 이 시기 노예의 역사는 무슬림과 기독교 간 전쟁으로 인한 포로의 역사이기도 하다. 중세 초기 노예 공급처는 그리스도교와 이슬람교가 맞닥뜨린 중부 유럽과 동유럽이었다. 셀주크튀르크Seljuk Türk족이 차지한 예루살렘을 두고 1096년부터 1291년까지 200여 년간 지속된 십자군전쟁은 한편으로는 양 진영이 주거니 받거니 한 노예의 참혹사이기도 했다. 십자군전쟁 초기, 영국 인구의 약 10퍼센트가 노예였다는 기록은 그 처참함을 웅변하는 듯하다.

　　로마 가톨릭교회는 노예제를 금지하면서 최소한 기독교도 노예를 비기독교 지역으로 수출하는 행위만은 강력히 막았다. 그러나 부를 안겨주는 노예는 그들에게 결코 떨칠 수 없는 유혹이었다. 카를 마르크스Karl Marx가 규정한 노예제 사회 (고대) - 봉건제 사회(중세) - 자본주의 사회 (근대) 등 역사 발전 단계를 관통하는 공통된 키워드가 노예다.

커피가 대량으로 이스탄불에 들어오면서 터키 사람들이 즐기는 방식이라는 의미의 '터키시 커피'가 유행했다.

터키 이스탄불에 있는 성소피아 성당의 내부는 이슬람교의 흔적이 역력하다. 기원후 360년에 지어진 뒤 오랫동안 이슬람사원으로 사용되었기 때문이다. 오스만제국이 성소피아 성당을 차지하기 위해 기독교 세계와 충돌하는 과정에서 이집트와 예멘에서 가져온 커피가 유럽에 알려지기 시작했다.

     십자군전쟁을 치르는 동안 이슬람의 음료인 커피가 유럽의 기독교 국가들로 전해졌다는 일각의 주장은, 기록은 차치하더라도 정황 증거조차 부족하다. 커피가 유럽에 전해진 것은 십자군전쟁이 끝나고도 320년쯤 더 지난 17세기 초였기 때문이다.

유럽의 전쟁사에서 커피는 오스만제국 전성기에 등장한다. 수니파 이슬람 왕조인 셀주크튀르크는 십자군전쟁 이후 세력이 약해지고 내부 혼란을 겪게 된다. 이 틈을 타서 셀주크튀르크의 지배를 받던 오스만 1세Osman I 가 1299년 터키를 중심으로 제국을 수립한다. 오스만제국은 터키공화국이 수립된 1923년까지 624년간 세력을 떨치면서 에스파냐와 합스부르크(오스트리아) 왕가의 영토를 비롯한 상당 부분의 유럽 땅과 아라비아반도, 북아프리카를 지배하기도 했다.

오스만제국은 1453년에 비잔티움제국을 정복하면서 콘스탄티노플을 이스탄불로 고쳐 수도로 삼았다. 이스탄불은 유럽과 아시아를 잇는 지정학적 위치 덕분에 양측 간 무역이 왕성했던 곳이다. 그 후 1519년 에티오피아에서 발견된 커피가 예멘을 거쳐 이스탄불에 도착했다. 오스만제국이 예멘을 지배한 16세기 초부터 커피가 대량으로 이스탄불에 들어오면서 터키 사람들이 즐기는 방식이라는 의미의 '터키시 커피Turkish Coffee'가 주변 국가에 퍼져 크게 유행했다.

교황이 허락한 노예제

1615년 커피는 이스탄불을 오가던 이탈리아 베네치아 상인들에 의해 처음으로 유럽 땅을 밟게 된다. 6~7세기 에티오피아의 커피가 예멘으로 전해진 뒤 1,000여 년간 아라비아반도에 갇혀 있던 커피가 마침내 유럽의 그리스도 국가들에 전파되기 시작한 것이다. 커피는 유럽으로 전해진 뒤 세계적 무역상품으로 급부상한다. 그것은 물론 각성 효과와 치료 효과라는 커피

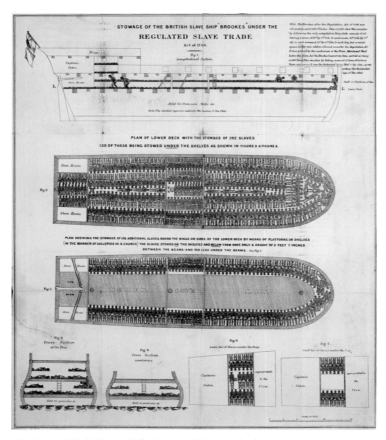

영국이 1788년에 제작한 노예선 '브룩스Brookes'의 내부도다. 아프리카인들을 조금이라도 많이 싣기 위해 숨을 쉴 여유조차 주지 않은 듯하다. 이렇게 배에 실린 아프리카인들의 약 30퍼센트가 목적지에 닿지 못하고 숨져 바다에 던져졌다.

의 본질적 매력 때문이었지만, 17세기 유럽 국가들이 부를 안겨줄 새로운 상품을 찾고자 했던 시대적 요구도 한몫을 한 결과였다.

소금, 향신료, 설탕, 담배, 면화 등 오랜 기간 엄청난 이익을 안겨주던 상품들의 구매력이 점차 떨어질 때쯤 커피가 등장했다. 타이밍이 절묘했다.

니콜라우스 5세는 '둠 디베르사스 칙서'를 공포해 노예제의 정당성을 부여했다.

유럽이 커피에 빠져들면서 포르투갈, 에스파냐, 영국, 프랑스, 네덜란드 등 강국들은 커피를 확보하는 데 혈안이 되었다. 이들 국가는 기존 식민지만으로는 물량이 달리자 커피가 자랄 수 있는 새로운 땅을 점령해 커피나무를 심었다. 커피나무는 아열대와 열대 지역에서만 자라기에 유럽 국가들로서는 재배할 수 없는 노릇이었다.

아프리카를 떠나 아라비아반도를 거쳐 오스만제국으로, 이어 이탈리아 베네치아를 통해 영국, 네덜란드, 프랑스로 전해진 커피는 유럽 강국들을 통해 아시아와 아메리카 대륙에서 대량생산 시대를 열게 된다. 현재 세계적으로 커피 공급의 80~90퍼센트를 책임지는 아시아 · 아프리카 커피의 전파 경로는 곧 유럽 열강의 식민지 침략 루트와 일치한다.

커피나무를 많이 심고 키우고 열매를 많이 수확하려면 그만큼 인력이 필요한데, 힘 있는 유럽 강국들은 손쉽게 식민지의 인력을 노예로 동원하는 방법을 떠올렸다. 노예를 부리려는 유럽 강국들의 못된 버릇은 중세시대에 다소 주춤하는 듯했지만, 대항해 시대의 개막과 함께 다시 고개를 쳐든다. 더욱이 교황청까지 나서서 노예제에 정당성을 부여하는데, 그것이 1452년 공포된 교황 니콜라우스 5세Nicolaus V의 '둠 디베르사스Dum Diversas 칙서'다. 그는 포르투갈의 알폰소 5세Alfonso V에게 '사라센인, 이교도, 신앙이 없는 자들을 세습 노예로 삼을 수 있는 권리'를 부여함으로써 노예무역을 합법화했다.

참극의 전주곡, 대항해

기원전 4세기 아리스토텔레스가 노예제를 정당화한 이후 고대와 중세에서 벌어진 참상은 말로 형언하기 힘들 정도였다. '아리스토텔레스의 망언'이 나온 지 1,800여 년이 지나 마침내 근대가 열리던 시기에, 그것도 교황의 입에서 노예를 국제적으로 거래하는 무역 합법화 방침까지 나온 지경이니 장차 벌어질 참극이 어떠했을지는 어렵지 않게 상상할 수 있겠다. 인간성이 말살된 중세 암흑시대를 르네상스Renaissance로 마감하고 근대로 넘어가고자 했던 시대정신에 정면으로 역행하는 '칙서'가 교황에게서 나온 것은 아이러니였다.

포르투갈과 에스파냐는 15세기 지중해 패권 다툼에서 밀리자 향신료의 나라 인도로 닿는 다른 루트를 찾으려고 대항해에 나섰다. 오스만제국이 이스탄불을 장악해 후추, 계피, 카르다몸 등을 들여오던 실크로드가 차단되었기 때문에 동양과 연결하는 통로가 절실한 터였다. 포르투갈은 북아프리카 주변 바닷길을 탐험하다가 1488년에 희망봉을 발견한다. 이어 9년 뒤인 1497년에는 바스쿠 다 가마Vasco da Gama가 이끈 4척의 배가 희망봉을 돌아 1년 뒤 마침내 인도에 도착한다.

포르투갈은 향신료 무역으로 막대한 이득을 챙겨 급속도로 해상제국이 되었다. 후추가 금보다 비싸게 거래되던 시절이었다. 포르투갈은 서아프리카를 휩쓸며 노예와 금을 선박에 꽉 채워 들여왔다. 노예무역을 허락한 교황의 칙서 탓에 아프리카에서는 잔인한 노예 사냥이 버젓이 벌어졌다. 포르투갈에 질세라 에스파냐는 이탈리아 탐험가인 크리스토퍼 콜럼버스 Christopher Columbus를 끌어들여 아메리카 대륙을 발견하고 서인도제도와 남

향신료는 15세기 포르투갈과 에스파냐로 하여금 대항해 시대를 열게 한 동력이었다. 향신료의 가격이 떨어지면서 17세기 대체 무역품으로 주목을 끈 것이 커피였다. 터키 이스탄불의 그랜드 바자르Grand Bazaar에는 전 세계의 모든 향신료가 모인다.

아메리카에서 수많은 식민지를 거머쥐었다.

　　포르투갈과 에스파냐를 통해 아시아와 아메리카에서 후추, 금, 노예 등 막대한 이익을 보장하는 '상품'들이 유럽으로 유입되자, 영국·프랑스·네덜란드도 안달이 났다. 네덜란드는 동남아시아로 눈을 돌렸다. 16세기 말 인도네시아 말루쿠 제도Maluku Islands 등 정향과 육두구肉荳蔲의 주요 산지와 동맹을 맺고 수백 톤의 향신료를 유럽으로 실어 날랐다. 1641년에는 포르투갈령 말루쿠 제도를 아예 점령했다. 영국은 1786년 말레이반도 서해안의 피낭Pinang섬에 후추 항구를 설립했다. 프랑스도 1668년 동인도회사를 차리고 향신료 전쟁에 뛰어들었다. 그리고 모리셔스, 기니, 도미니카, 캄보디아,

라오스, 베트남을 식민 지배하며 부를 챙겼다. 특히 서인도제도에는 사탕수수밭을 일궈 설탕 무역을 벌였다.

향신료 수요가 늘면서 가격이 폭등했지만, 점차 시간을 두고 향신료를 생산하는 나라들이 속속 등장해 재배지가 넓어졌다. 이에 따라 17세기 중반쯤에는 향신료 가격의 거품이 빠지기 시작해 무역상품으로서 그 매력이 예전과 달리 떨어졌다. 반면 설탕은 여전히 고가에 거래되어 유럽 열강은 경쟁적으로 식민지에 사탕수수의 재배 면적을 늘려갔다. 설탕을 만드는 일은 사탕수수를 수확하는 일뿐 아니라 50~60도의 고열에서 가마솥 작업을 벌여야 하는 매우 고된 일이라 노동력을 확보하기가 쉽지 않았다. 유럽 열강은 아메리카 원주민들을 강제로 동원했지만, 전염병으로 거의 사라질 정도가 되자 아프리카로 눈을 돌려 흑인들을 데려다 쓸 전략을 세운다.

유럽인들이 아메리카를 점령한 지 약 200년 만에 원주민은 10분의 1로 급격히 줄었다. 그나마 생존한 원주민들은 산속 깊숙이 숨어들었다. 아메리카 대륙에는 설탕 주문이 쇄도했지만, 이를 만들어낼 인력이 턱없이 부족한 상황이었다. 유럽은 인도나 중국에서 향신료와 차를 수입하느라 쌓인 적자를 아메리카에서 약탈하는 금과 은으로 메웠다. 이것만으로는 부족하자 담배, 커피, 사탕수수, 면화 재배에 매달렸다. 그것을 재배하기 위해 많은 인력이 필요해지면서 노동력을 조달하는 노예무역도 큰 수익거리로 떠올랐다. 포르투갈은 이미 서아프리카 탐험을 하면서 구축한 노예 사냥을 더욱 본격화했다. 거기에 에스파냐, 영국, 네덜란드, 프랑스도 노예 사냥에 가세했다.

'식민지 커피'의 탄생

노예무역이 부를 약속하는 아이템이 된 것은 삼각무역Triangular Trade 때문이기도 했다. 유럽은 면직물이나 총, 화약을 싣고 아프리카 서해안에 이르러 흑인 노예와 교환했다. 다시 그 배를 타고 아메리카 대륙으로 건너가서는 노동력이 필요한 농장에 노예를 팔고 빈 배에 설탕, 커피, 담배, 면화를 싣고 돌아왔다. 한 번의 항해에서 3개 품목을 대량 거래하는 삼각무역 기법은 최고 500퍼센트의 엄청난 이익을 안겨주었다. 노예무역이 가장 심했던 시기가 계몽주의의 싹이 터 프랑스혁명과 미국독립혁명의 기운이 충만했던 18세기라는 사실 또한 역사적인 아이러니다. 이 시기에 아메리카 대륙으로 끌려간 아프리카 원주민들은 한 해 8만 명에 달했던 것으로 전해진다.

노예 노동이 필요한 사탕수수 농사가 사탕무에서 설탕을 추출하는 기술 개발로 그 기세가 잦아질 수 있는 기회가 찾아왔다. 1805년 트라팔가르Trafalgar 해전에서 영국의 넬슨 함대에 패한 나폴레옹은 대륙 봉쇄령을 내려 영국을 고립시키려고 했다. 이로 인해 영국의 선박이 묶이면서 오히려 프랑스를 비롯한 대륙 국가들이 수많은 곤란을 겪게 되었다. 배편이 부족해 서인도제도에서 싣고 오던 설탕 유입이 차단된 것도 그중 하나다.

이때 나폴레옹이 사탕무로 설탕을 만들도록 한 것이 결과적으로 사탕수수를 둘러싸고 벌어진 치열한 무역 경쟁을 차분하게 만든 계기가 되었다. 그러나 안타깝게도 노예의 수난사는 멈추지 않았다. 커피가 사탕수수를 대신해 유럽 국가들에 부를 안겨주는 새로운 상품으로 급부상했기 때문이다. 아프리카에서는 이제 커피밭에 보내기 위한 흑인 사냥이 예전보다 참혹하게 진행되었다.

1805년 에스파냐 남부에서 벌어진 트라팔가르 해전에서 영국의 넬슨 함대에 패한 나폴레옹은 대륙 봉쇄령으로 영국을 고립시키려고 했다. 윌리엄 터너William Turner의 〈트라팔가르 해전The Battle of Trafalgar〉(1822년).

 무역상품으로서 커피는 그 존재감이 빠르게 커졌다. 이탈리아 베네치아 상인들이 1615년 커피를 처음 유럽으로 들여갈 때는 오스만제국을 통한 간접무역 방식이었다. 아라비아반도 상인들이 오스만제국에 전한 커피를 받아오는 형식이었다. 그러나 이후 반세기 만에 네덜란드 상인들이 예멘의 모카항에서 정기선을 띄워 커피를 직접 수입하게 된다. 런던(1652년), 빈

나폴레옹은 사탕무의 대량 생산으로 사탕수수의 가격을 떨어뜨림으로써 커피의 가치를 높였다. 조세핀 Joséphine은 중남미 커피의 시원지로 꼽히는 마르티니크섬에서 태어났다. 자크 루이 다비드Jacques Louis David의 《나폴레옹 1세와 조세핀 황후의 대관식》(1804년).

(1683년), 파리·프라하·뉘른베르크(1686년), 함부르크(1687년), 라이프치히(1694년) 등 도시마다 최초의 카페들이 문을 열면서 유럽인들은 커피에 빠져들었다. 수요량이 폭증하는 상황에서도 커피 공급원은 여전히 예멘뿐이었다.

　　유럽 각국은 커피가 한때의 유행에 그치지 않을 것이라는 확신이 서자 아예 식민지에 커피나무를 심게 된다. 네덜란드가 1616년 예멘에서 커피나무를 몰래 빼내 암스테르담의 온실에서 성공적으로 키워냈다. 이를 1658년 실론에 옮겨 재배한 것이 신호탄이 되어 유럽 강국들의 커피 재배 경쟁이 시작되었다. 1696년부터 인도네시아 자바섬에서 커피를 재배한 네덜란드는 1712년 처음으로 커피 400킬로그램가량을 자국으로 들여온다. 아라비아반도 상인을 통하지 않고 자급자족한 이른바 '식민지 커피'가 탄생한 순간이었다.

그러나 15년 뒤 자바섬의 커피 유입량은 700톤, 1855년에는 7만 7,000톤에 달했다. 자바섬 주민들이 식량난을 겪을 정도로 그곳은 온통 커피밭으로 바뀌었다. 프랑스는 네덜란드에서 커피 묘목을 받아 1723년 카리브해의 마르티니크Martinique섬에서 재배를 시작한다. 여기서 자란 커피나무가 브라질로 옮겨지고 연이어 퍼져나가면서 사실상 라틴아메리카 대륙의 커피의 원조가 된다.

16~19세기 노예선에 실려 아프리카에서 아메리카 대륙의 농장으로 끌려간 흑인은 4,000만 명에 달했다. 이들을 착취해 유럽 열강과 미국은 큰돈을 벌었다. 영국에서 시작된 산업혁명의 동력은 삼각무역에서 조달되었고, 삼각무역은 아프리카 흑인들에게는 인권유린과 참혹의 상징이었다.

노예 이야기는 아메리카 대륙에서 끝나지 않는다. 19세기 영국과 독일이 아프리카 개척에 나서면서 케냐, 우간다, 탄자니아 등지에서 커피밭을 일군다. 아프리카에서도 흑인들의 처참한 아픔이 새겨진 것이다. 아프리카 노예는 인류가 만들어낸 최악의 참상이었다.

커피 대국 브라질을 만든 '미인계'

세계 최대의 커피 생산국, 브라질

세계 최대의 커피 생산국하면 떠오르는 나라는 단연 브라질이다. 커피 생두를 수출할 만큼 충분히 커피나무를 재배하는 나라는 70개국 정도다. 불과 몇 년 전만 해도 브라질을 제외한 커피 수출국의 물량을 모두 합해도 브라질의 생산량에 미치지 못했다. 하지만, 국제커피협회ICO에 따르면 세계적으로 커피 붐이 일면서 커피를 재배하는 나라가 늘어나 2016년 커피 생두 생산량에서 브라질이 차지하는 비중은 36.3퍼센트로 예전에 비해 크게 낮아졌다. 그래도 브라질의 커피 생산량은 2위인 베트남(565만 포대)에 비해 1.7배나 많다.

질적인 측면에서 브라질이 베트남보다는 우수하다는 평가를 받는다.

로부스타 품종(카네포라종)을 빼고 품질이 우수한 아라비카종만 따진다면 브라질의 위력은 여전히 대단하다. 아라비카를 생산하는 나라들의 것을 모두 합쳐도 브라질의 생산량을 따라잡지 못한다. 아라비카 생산량은 세계적으로 1,923만 포대인데, 이 중 브라질의 아라비카가 50퍼센트(993만 포대)를 넘는다. 그래서 브라질의 커피 작황 상태에 따라 세계의 커피 값이 요동을 치는 것이다. 커피를 마시는 3명 중 1명이 브라질 커피를 마시고 있다. 그러나 그 영향력에 비해 브라질의 커피 역사는 깊지 않다.

브라질의 역사 이야기는 대체로 16세기쯤부터 시작된다. 이웃한 콜롬비아의 역사는 수도인 보고타Bogota만 하더라도 1만 년 전 농경시대까지 거슬러 올라가지만, 브라질은 15세기까지 인디오 300만 명가량이 구석기 문화를 가지고 생활한 것으로 추정된다. 아마존강 하류에 거주하던 투피Tupi족이 상당한 수준의 도시를 형성했다는 기록이 있기는 하지만, 이것 역시 16세기 초 포르투갈에 의해 기록된 것이다.

라틴아메리카 커피의 기원을 만든 루이 14세

브라질은 포르투갈의 무역업자이던 페드루 알바르스 카브랄Pedro Alvares Cabral에 의해 1500년에 발견된다. 당시 유럽은 붉은색을 내기 위한 염색제로 애용하던 '브라질우드Brazilwood'가 브라질에서 많이 자랐기 때문에 눈독을 들였다. 포르투갈은 1531년 브라질 북동부부터 식민 지배를 시작했으며, 브라질우드가 많이 자란다고 해서 나라 이름도 브라질이라고 불렀다.

포르투갈은 점차 남부로 식민 지역을 확장해나갔다. 저항하는 원주민

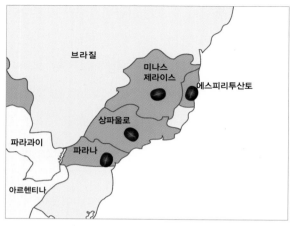

세계 최대의 커피 생산국인 브라질의 커피 작황에 따라 세계의 커피 값이 요동을 친다. 브라질의 대표적인 커피 생산지.

을 없애거나 추방하고 부족한 노동력은 아프리카 흑인들을 잡아다 노예로 부리며 보충했다. 16~17세기에는 세계적으로 사탕수수가 비싸게 팔렸기 때문에 흑인 노예들은 브라질의 사탕수수밭에서 혹사를 당했다. 그러다 18세기에 중동부에 있는 미나스제라이스Minas Gerais에서 금과 다이아몬드 광산이 발견되면서, 브라질은 진귀한 지하자원의 보고寶庫로도 명성을 떨쳤다.

　포르투갈이 사탕수수와 금 무역으로 벌어들이던 돈이 점차 줄어들 즈음 네덜란드와 프랑스가 커피 재배로 큰 수익을 올리고 있다는 이야기가 전해졌다. 포르투갈도 식민지에 커피를 재배하려고 했지만 쉽지 않았다. 커피를 재배하는 국가들이 묘목을 유출하는 사람들을 사형에 처하는 등 엄격하게 관리했기 때문이다.

　포르투갈은 안달이 났다. 당시 프랑스는 브라질과 북쪽에 접한 기아나Guiana를 지배하고 있었는데, 바로 그곳에 커피나무가 자라고 있다는 정보를

브라질은 커피 열매를 통째로 말린 뒤 과육과 파치먼트를 제거하고 '생두 선별기'에 넣어 디펙트빈을 골라내 크기별로 분류한다. 브라질이 커피를 대량 생산하기 시작한 20세기 초에 사용한 '생두 선별기'.

알게 된 것이다. 프랑스가 이곳에 커피나무를 심게 된 사연은 커피 애호가들에게 흥미로운 대목이다.

당시 프랑스 왕립식물원에는 커피나무가 풍성하게 자라고 있었다. 앞서 1714년 네덜란드 암스테르담 시장인 헤릿 호프트Gerrit Hooft가 프랑스 루이 14세에게 선물로 바친 것을 육종해 온실재배에 성공한 것이다. 여기에 있던 커피나무가 가브리엘 드 클리외Gabriel de Clieu라는 프랑스 해군 장교에 의해 카리브해의 작은 화산섬인 마르티니크로 옮겨진다. 클리외는 프랑스령 마르티니크에 주둔하면서 섬의 환경이 네덜란드가 지배하던 동인도와 유사한 점에 착안해 커피를 재배하기로 마음을 먹었던 것이다.

클리외가 왕립식물원에 있던 커피 묘목 3그루를 3개월여 항해 동안 폭풍우와 해적의 위협을 극복하고 마르티니크섬에 성공적으로 옮겨 심은 이

클리외는 커피 묘목을 카리브해의 작은 화산섬인 마르티니크에서 재배하기로 마음을 먹었다.

야기는 프랑스인들에게 커다란 자긍심을 안겨준다. 그가 목이 타들어가는 고통 속에서도 자신이 마실 물을 커피 묘목에 주며 생명력을 유지한 열정에 세계의 커피 애호가들은 경의를 표한다. 노르망디에 있는 그의 생가에는 근사한 기념관이 들어섰고, 세계 각지에서 추모의 행렬이 이어지고 있다.

그가 이토록 세계적인 인물이 된 것은, 클리외가 마르티니크섬으로 옮긴 커피나무가 브라질을 비롯해 콜롬비아, 페루, 파나마, 과테말라, 코스타리카 등 라틴아메리카 대륙에서 생산되는 모든 커피의 원조가 되었기 때문이다. 클리외가 없었다면 커피 대국이라는 브라질의 명성도 없었다는 말을 하기를 프랑스인들은 좋아한다.

브라질의 카사노바, 팔헤타

클리외가 마르티니크섬에 커피나무를 심은 지 10년쯤 지나 커피나무는 수만 그루에 달했던 것으로 전해진다. 프랑스는 커피나무를 브라질과 국

경을 맞대고 있는 기아나에 옮겨 심었다. 1727년 마침내 브라질에 기회가
찾아왔다. 기아나를 두고 국경 분쟁을 벌이던 네덜란드와 프랑스가 브라질
에 중재를 요청했던 것이다. 브라질을 통치하던 포르투갈은 잘생긴 군인을
수소문했다. 프랑스의 총독 부인을 꼬드겨 커피 묘목을 들여오자는 이른바
'미인계美人計'를 꾸민 것이다.

은밀한 심사 과정을 거쳐 프란시스코 데 멜로 팔헤타Francisco de Melo
Palheta가 선정되었다. 그가 군인인 것은 분명한데, 대령인지 특무상사인지
그 직책은 명확하지 않다. 실존 인물이 아니라는 주장도 있지만, 브라질 사
람들은 콧대 높은 프랑스 총독의 부인을 브라질 군인이 홀렸다는 이야기에
열광한다.

표면적으로는 국경 분쟁을 중재한다는 명분으로 기아나에 들어간 팔
레타는 업무는 뒷전이고, 우선 총독 부인의 시녀를 꼬드겨 '목표'에 접근한
다. 멋진 외모와 007 뺨치는 매너와 매력으로 총독 부인의 마음을 사로잡는
다. 브라질 사람들은 이 대목에서 '낮에는 총독 부인, 밤에는 팔헤타의 연
인'이라고 풍자한다. 밀회가 계속되던 어느 날, 팔헤타는 총독 부인에게 이
별을 고한다. 본국에서 호출 명령이 내려져 이제 가면 언제 다시 올지 모른
다고 '수작'을 부린다.

총독 부인은 가슴 아파하며 "당신의 기억에 남을 선물을 하고 싶다"고
말한다. 아니 그런 말이 나오도록 팔헤타가 작전을 펼친 것이겠다. 팔헤타
는 "부인의 그 마음만으로도 충분하다"고 하면서도 커피나무는 자신에게
소중하다는 알듯 말듯 한 그러나, 간절함이 배인 메시지를 던졌다. 마지막
만찬장에서 총독 부인은 팔헤타에게 꽃다발 사이에 커피 묘목을 몇 그루 섞
어 건넸다. '연정戀情의 표시'로 팔헤타의 품에 안긴 커피 묘목들이 훗날 브

프랑스 총독 부인의 '연정의 표시'로 팔헤타의 품에 안긴 커피 묘목들이 브라질을 커피 대국으로 만들었다.

라질을 커피 대국으로 만들고 엄청난 부를 선사한다.

　팔헤타는 어렵게 얻은 커피 묘목이 죽을까 싶어 기아나에 인접한 브라질의 파라Para 지역에 심었다. 환경을 되도록 바꾸지 않아야 재배에 성공할 가능성이 높기 때문이었다. 파라 지역은 아마존강 하구의 삼각주에 형성되어 있으며 열대우림 기후로 그늘에서 잘 자라는 커피나무가 생육하기에 적절했다. 일단 브라질에 안착한 커피나무는 최적의 재배지를 찾아가는 과정을 거치게 된다. 에티오피아 고산지대에서 발견되어 예멘, 네덜란드, 프랑스를 거쳐 브라질에 오기까지 커피나무는 적어도 해발고도 1,000미터가 넘는 고지대에서 재배되었다. 그런데 커피나무가 브라질에 와서는 이보다 낮은 지역에서 자라기 시작했으니, 높은 지역을 찾아가는 것은 커피나무로서는 본능적인 것이며 운명적인 행로였다.

커피 재배지는 브라질 북부에서 남동쪽으로 퍼졌는데, 브라질의 지형으로 보면 지대가 높아지는 쪽이다. 브라질 국토의 60퍼센트가량은 해발고도가 200미터가 넘지 않는 저지대다. 해발고도가 900미터가 넘는 면적은 전체의 3퍼센트에 불과하다. 북쪽 베네수엘라와 접한 곳에 우뚝 솟은 브라질의 최고봉 '피코 다 네블리나Pico da Neblina'도 높이가 3,000미터 정도에 그친다. 높은 곳을 찾아가던 커피나무는 남동부에서 149만 제곱킬로미터에 달하는 브라질 고원Brazilian Highlands을 만나게 된다.

미나스제라이스와 상파울루에 걸쳐 펼쳐진 해발고도 300~900미터의 이 지역에서 브라질 커피는 전성기를 맞는다. 1765년에 브라질산 커피가 처음으로 포르투갈 리스본으로 수출된 이후 생산량이 매년 급증하면서 1920년대에는 정점에 달해 세계적으로 소비되는 커피의 80퍼센트를 브라질이 감당했다.

재나 흙의 향미를 지닌 브라질 커피

브라질의 주요 커피 경작지인 미나스제라이스, 상파울루, 이스피리투산투Espírito Santo, 파라나Paraná, 바이아Bahia, 리우데자네이루 등은 대서양에 접한 고원지대에 펼쳐져 있다. 미나스제라이스는 브라질 커피의 절반가량을 생산하는 지역으로, 대규모 기계식 커피 재배가 이루어지는 곳이다. 80퍼

커피 열매는 대부분 빨간색이지만, 브라질에서 잘 자라는 버번종에서는 노란색 '옐로 버번종'을 어렵지 않게 볼 수 있다.

센트 정도가 아라비카종이고, 나머지는 고급화를 시도하고 있는 로부스타 품종이다. 브라질 커피는 대부분 햇볕에 놔두는 건조 가공을 한다. 브라질 은 자연 건조 가공이 적합한 몇 안 되는 나라 중 하나다. 건기와 우기의 구별 이 분명해 농작물을 수확하면 꽤 긴 시간을 자연 건조할 수 있다.

　　브라질 커피는 종종 재나 흙의 향미를 지니며 감미롭고 부드럽기로 정 평이 나 있다. 이 때문에 에스프레소 블렌딩의 기본 재료가 된다. 브라질 커 피를 넣은 블렌딩은 부드럽고 바디감과 단맛을 높여준다. 버번bourbon종과 일부 특별한 작은 밭(마이크로랏microlot)에서 생산되는 생두를 제외하고, 브 라질 커피는 콜롬비아나 중앙아메리카에서 생산되는 밝은 산미의 스페셜티 커피를 선호하는 사람들에게는 향미가 부족하다는 말을 듣는다. 그렇다고 브라질이 스페셜티 커피를 생산하지 않는 게 아니다. 세하두Serrado 지역에 있는 샤파당 데 페후Chapadão de Ferro와 세하 데 사리타Serra de Salita는 스페셜티 커피를 즐기는 애호가들이 주목하는 산지다.

브라질의 커피 생두 등급 분류법

브라질 커피는 디펙트빈Defects Bean(결점두, 생두에 혼합되어 있는 불완전하면서도 품질이 떨어지는 커피콩)의 수에 따라 등급이 나뉜다. 커피 재배지의 해발고도가 큰 차이가 없고, 경작지마다 평균기온 역시 생두 생육에 차이를 유발할 정도로 편차가 크지 않기 때문이다. 재배지의 환경이 이런 경우 생두의 크기나 밀도를 측정해 분류한다는 것은 차별성이 떨어진다.

이에 따라 브라질은 생두 300그램을 기준으로 상하거나 부서지는 등흠이 있는 디펙트빈이 4개 이하면 No.2, 12개 이하면 No.3, 26개 이하면 No.4, 46개 이하면 No.5, 86개 이하면 No.6로 명한다. 등급 명칭에서 No.1이 없는데, 이는 커피 생두에 디펙트빈이 하나도 없을 수 없다는 판단에 따른 것이다.

브라질은 커피의 품질을 고급화하는 노력을 기울이고 있다. 이를 위한 노력의 하나로 향미에 따라 커피 생두의 등급을 6가지로 분류하기도 한다. 품질이 좋은 것부터 Strictly soft(자극적이지 않고 부드럽고 맛이 좋음), Soft(잡맛이 없어 맛이 균형을 이루어 부드러움), Softish(소프트급보다는 향미가 조금 모자람), Hard(쓰고 떫은 자극적인 맛이 있음), Rioy(요오드와 같은 신맛이 남), Rio(쓴맛과 요오드 냄새가 강함) 등이다.

브라질에서는 커피나무에 그늘을 드리우지 않고 태양을 그대로 받게 하는 재배법을 활용한다. 개화기이면 커피밭이 태양을 반사하는 꽃들로 눈이 부실 정도다.

그러나 브라질 커피의 향미를 표현하는 리오Rio는 등급이 낮은 커피를 묘사하는 결점으로만 사용되는 것은 아니다. 브라질 리우데자네이루Rio de Janeiro 지방의 이름에서 따온 이 용어는 요오드 성분을 함유해 떫은맛이 나는 커피를 묘사한다. '소독내'와도 유사하다. 커피 열매를 나무에 달린 채 건조하는 과정에서 미생물이 작용해 생성되는 향미적 특징인데, 로부스타 품종에서 잘 발생한다. 그러나 북유럽의 커피 애호가 등 이 맛을 즐기는 사람들을 위해 재배자들이 일부러 요오드 향을 불러일으키기 위한 재배와 가공을 하기도 한다. 이런 커피를 총칭해 '카페 리오테Cafe Riote'라고 부르기도 한다.

커피와
성

모세는 '선악과'를 '사과'라고 하지 않았다

커피는 매력적인 향기와 카페인의 각성 효과, 항산화 물질의 정화 작용 등 긍정적으로 오감을 자극하는 기능 덕분에 남녀간의 사랑 이야기에서 빼놓을 수 없는 자리를 차지한다. 커피 애호가라면 커피의 존재감을 드높이는 데 목청을 돋우기 마련인데, 커피의 기원을 구약성서 「창세기」에서 찾으려는 열정 또한 그 발로이겠다.

구약성서를 아는 사람들은 태초에 모든 생명체가 만들어졌으니, 커피나무 또한 에덴의 동산에서 이미 자라고 있었다고 주장한다. 그러나 이브가 뱀의 유혹에 빠져 따먹은 열매가 사과가 아니라 커피 체리일 수 있다는 점에는 동의하기를 주저한다.

이브가 뱀의 유혹에 빠져 따먹은 열매가 사과가 아니라 커피 체리일 수 있다.

커피가 빚어낸 수많은 '러브 어페어love affair'의 시작을 에덴의 동산 시대에서 찾는 게 과연 억지이기만 한 것일까? 구약성서의 「창세기」는 기원전 1446~1406년 모세에 의해 쓰인 것으로 의견이 모아진다. 따라서 「창세기」는 '모세 5경Five Books of Moses'의 제1경이라고도 불린다. 주목할 것은, 모세가 여기에 이브가 하나님의 말씀을 어기고 따먹은 열매를 '사과'라고 적시하지 않았다는 사실이다.

모세는 이 나무를 '선악을 알게 하는 나무Tree of Knowledge of good and evil'로, 그 열매를 '선악과'로 표기했다. 선악과가 사과로 표기되기 시작한 것은 「창세기」가 쓰인 지 약 3,000년이나 지난 뒤였다. 영국의 시인이자 사상가인 존 밀턴John Milton이 1667년 펴낸 대서사시 『실락원Paradise Lost』에서 「창세기」의 선악과는 비로소 '사과'라고 표현된다. 밀턴 이전까지 선악과는

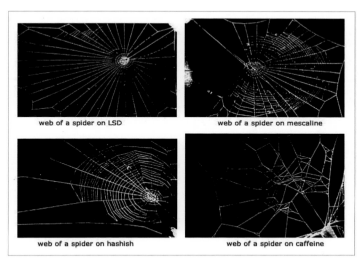

web of a spider on LSD

web of a spider on mescaline

web of a spider on hashish

web of a spider on caffeine

1982년 미국 프린스턴대학의 피터 위트Peter N. Witt와 제롬 로브너Jerome S. Rovner 연구팀은 거미에게 카페인을 투입해 거미줄이 엉성하게 짜여지는 것을 보여줌으로써 카페인의 영향을 가시적으로 보여주었다.

실체를 알 수 없는 모호한 나무였다. 그가 선악과를 사과라고 적은 이후 수많은 예술가가 아담과 이브를 다루는 작품에서 선악과를 사과로 그렸다.

하지만 구약성서나 종교 관련서에 묘사된 선악과를 보면, 그 성격이 사과보다는 차라리 커피 열매와 잘 들어맞는다. 「창세기」에 선악과는 이를 먹는 자는 눈이 밝아지고, 하나님처럼 선과 악을 구별할 줄 알게 된다고 적혀 있다. 따라서 선악과나무는 '지식의 나무'로, 그 열매는 '지혜의 열매'로 불리기도 한다. 커피에 들어 있는 카페인의 각성 효과를 연상케 하는 대목이다.

커피에 신체를 활성화하고 정신을 맑게 하는 동시에 집중력까지 높여주는 카페인 성분이 들어 있다는 사실이 알려진 것은 1819년 독일 화학자 프리들리프 페르디난트 룽게에 의해서였다. 여기에 카페인의 분자구조가 신경전달물질인 아데노신Adenosine과 유사해 뇌에 직접 작용할 수 있다는 메커니즘이 밝혀진 것은 60여 년이 더 흐른 1881년이다. 역시 독일의 유기화학자인 에밀 헤르만 피셔Emil Hermann Fischer의 연구 덕분이었다.

인류는 카페인의 존재를 모른 채 수천 년간 즐기면서 기이한 신체 반응에 고개를 갸우뚱했을 것이다. 도대체 커피의 무엇이 부당함에 맞서는 용기와 에너지를 솟구치게 하는지, 왜 무엇이든 해내야 한다는 마음이 생기게 하는지를……. 선과 악을 구별하는 선악과의 기능은 혹시 카페인이 발휘하는 '지적 계몽知的 啓蒙'을 은유한 것은 아닐까?

커피나무는 아라비아반도에서 이집트, 터키, 이탈리아, 오스트리아, 프랑스로 퍼지면서 '지식의 나무'로, 커피 체리는 '지혜의 열매'로 불렸다. 또동전 한 닢 정도만으로 커피를 마시며 다양한 토론을 마음껏 경청할 수 있던 카페를 '페니 대학'이라고 부른 것은 단지 우연일까? 어쨌든, 카페를 중심으로 지식인들이 펼친 계몽활동이 프랑스혁명과 미국독립혁명의 도화선

커피 체리는 2개의 씨앗을 지니고 있지만 1개인 피베리peaberry와 3개인 트라이앵글러 빈triangular bean 또는 트리플 빈triple bean이 있다. 그러나 향미에는 큰 차이가 없으며 카페인의 함량 역시 같다.

이 되었다고 보는 견해에서, 카페인의 각성 효과는 시대적 계몽을 이끌어낸 주역으로 높은 평가를 받는다.

커피의 향기로 솔로몬 왕을 유혹한 시바의 여왕

모세가 「창세기」를 쓴 지 500년쯤 지나 솔로몬 왕의 시대가 열리는데, 커피의 또 다른 면모가 드러난 때이기도 하다. 시바의 여왕이 아라비아반도 남쪽에서 멀리 지중해에 접한 이스라엘까지 찾아가 당시 세상을 지배하던 솔로몬 왕을 유혹해 아들까지 낳을 수 있던 데에는 '커피의 최음 효과'가 한 몫을 했다고 전해진다.

시바의 여왕은 감람과 식물에서 채취하는 몰약myrrha과 용나무의 수지를 응결시킨 유향frankincense 등의 온갖 향신료와 귀금속, 약재 등 진귀한 물

커피나무 주변에는 잡초를 제외하고 다른 식물이 자라지 못한다. 뿌리를 통하거나 떨어지는 잎을 통해 주변 토양에 카페인을 분비하면서 다른 나무가 자라지 못하게 하는 것이다.

품을 솔로몬 왕에게 바쳤다. 진상품이 어찌나 많았던지 첫 번째 낙타에서 마지막 낙타가 출발하기까지 3일이 걸렸다고 한다. 이쯤 되면 당시 귀하다고 하는 물건들은 모두 모아 바쳤다는 것인데, 거기에 커피가 빠졌을 리 없다. 이런 심정에서 무슬림과 적지 않은 에티오피아 사람들은 커피의 기원을 말할 때 지금부터 3,000년 전 '솔로몬 왕과 시바의 여왕설'을 내세우기를 좋아한다. 에티오피아 사람들이 이 이야기를 즐겨 말하는 것은 둘 사이에 태어난 메넬리크 1세가 에티오피아의 초대 황제가 되었기 때문이다. 다시 말해 에티오피아 사람들에게 솔로몬 왕과 시바 여왕의 상열지사相悅之詞는 건국신화인 셈이다.

솔로몬 왕이 꾀를 내어 시바 여왕과 사랑을 나누었다는 이야기가 있지만, 만만치 않게 입 도마에 오르는 것이 시바 여왕이 육감적인 커피향과 뇌색적인 맛으로 솔로몬 왕을 유혹했다는 이야기다. 이를 근거로 초콜릿이나 사향musk보다 커피를 인류 최초의 최음제aphrodisiacs라고 부르는 사람들도 있다.

최음제란, 한마디로 남녀의 생식기능에 작용해 성적 욕구를 자극하는 약이다. '아프로디지액'이라는 영어 표기는 그리스신화의 아프로디테Aphrodite에서 따온 말이다. 여성의 성적 아름다움과 사랑의 욕망을 관장하는 여신으로, 로마신화의 비너스Venus와 동일시된다. 제우스의 아버지인 크로노스Cronus가 태초의 신 우라노스Uranus의 남근을 잘라 바다에 버렸는데, 그때 정액이 바닷물과 섞이면서 생긴 거품 속에서 아프로디테가 태어났다. 최음제를 뜻하는 용어가 될 만한 기이한 사연이다.

커피의 무엇이 최음 효과를 유발하는 것일까? 이 문제는 다른 최음제들의 작용 기작作用機作을 알면 풀릴 수 있다. 최음제는 강정제強精劑라고도 불리는데, 이탈리아의 가에타노 도니체티Gaetano Donizetti가 쓴 희가극『사랑의 묘약L'Elisir d'amore』에서 약장수 둘카마라가 순진한 청년 네모리노에게 여성의 마음을 사로잡을 수 있다며 속여서 판 것이 최음제다.

최음제는 사랑뿐만 아니라 목숨에도 치명적이다

국내에서 쉽게 사례를 찾아볼 수 있는 최음제는 메스암페타민 methamphetamine이다. 일본 도쿄대학 나가이 나가요시長井長義 교수가 1888년 천식약으로 사용하기 위해 마황麻黃에서 에페드린ephedrine을 추출하면서 발견했다. 일본의 한 제약회사가 졸음을 쫓고 피로를 없애는 효과를 빗대 '노동을 사랑한다'는 뜻의 그리스어 '필로포노스Philoponos'에서 이름을 따와 약품명을 '필로폰Philopon'이라고 지었다.

메스암페타민은 중추신경을 강력하게 자극하는 각성 효과와 성에 대한 두려움과 수치심을 없애주는 최음 효과를 발휘한다. 1960년대 가정상비약으로 재배되기도 했던 양귀비의 즙과 이를 가공한 아편Opium과 농축한 모르핀Morphine도 대뇌로 이어지는 신경 전달에 관여하면서 최음 효과를 낸다. 커피의 카페인도 이 무시무시한 마약들과 같이 신경 전달에 개입한다.

그럼에도 커피가 환각과 중독을 유발하는 향정신성 의약품으로 분류되지 않는 것은 이른바 '불법과 합법의 담벼락을 걷는 기막힌 성질' 때문이다. 카페인은 아데노신과 유사하게 생겨 대뇌가 신체를 잠재우려고 보내는 신호를 거꾸로 각성하도록 바꾸는 '위험한 작용'을 하지만, 3~4시

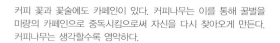

커피 꽃과 꽃술에도 카페인이 있다. 커피나무는 이를 통해 꿀벌을 미량의 카페인으로 중독시킴으로써 자신을 다시 찾아오게 만든다. 커피나무는 생각할수록 영악하다.

간이면 절반가량이 자연스레 체내로 배출되어 효과가 사라진다. 게다가 카페인은 중독 현상뿐 아니라 금단 현상마저 없는 것으로 인정받는다. 하루 섭취량만 준수한다면 되레 심혈관계 등을 촉진하는 약으로 쓰인다. 따라서 카페인은 '합법적인 마약'이라고 표현되기도 한다.

중추신경 전달에 작동하는 것이 항상 카페인처럼 지적 각성을 유도하거나 최음을 통해 사랑의 마음을 불러일으키는 낭만적인 것만은 결코 아니다. 세상의 수많은 독약은 대부분 신경전달 체제에 작용한다. 단적인 예가 북한의 김정남을 독살한 'VX', 즉 '독성물질 엑스Venomous agent X'다. 1950년대 영국의 화학자가 살충제로 특허 출원했다가 인체에 치명적이라는 사실이 확인되어 용도 폐기되었다. 그러나 냉전시절에 끝내 화학전 무기로 개발되었다.

VX는 순식간에 중추신경계를 손상시킨다. VX의 화학구조를 보면, 그야말로 독성물질의 집합체다. 여러 독성물질에서 특징적으로 나타나는 질소, 황, 인, 메틸 등의 분자들이 동시에 들어 있다. VX의 독성은 사린sarin 가스의 100배에 달한다. VX는 신경전달물질인 아세틸콜린의 작용을 멈추게 하는 효소를 억제한다. 이로써 아세틸콜린은 계속 신경신호를 전달하게 되고 근육들은 심한 경련을 일으키다가 결국 숨통 근육 마비로 질식을 유발한다.

식물이 오랜 진화 과정을 통해 살아남기 위해 선택한 방어 시스템은 다양하다. 장미와 선인장, 오가피나무의 가시도 방어 기작의 하나다. 고추는 알칼로이드의 일종인 캡사이신으로 매운 자극을 발산하면서 자신을 보호한다. 가려움과 염증을 유발하는 옻나무의 화학물질도 이와 유사하다. 소나무가 뿜어내는 피톤치드는 벌레뿐 아니라 땅속에 스며들어 경쟁하는 식물들이 자라지 못하게 막는다. 그러나 식물이 내는 독성물질은 인위적으로 농축시키지 않는 한 인간에게 치명적이지 않다. 오히려 식물의 독은 적절한 농도에서는 인간의 건강에 유익하다. 그래서 '진하면 독, 연하면 약'이라는 말이 나온다.

커피가 몸에 유익하다는 연구결과들을 종합하면, 그 성분들은 대부분 커피나무가 자신을 방어하기 위해 만들어내는 화학물질들이다. 커피나무의 방어 기작 역시 다양하다. 잎과 열매 표면의 왁스층은 수막을 형성하지 못하게 함으로써 곰팡이 포자가 발아하거나 세균이 증식할 수 없도록 한다. 화학물질로는 폴리페놀이 식물들에게 보편적인 방어 무기다. 폴리페놀은 식물이 광합성 과정에서 당분에서 만들어내는 2차 산물이다. 커피에 들어 있는 대표적인 폴리페놀이 클로로겐산인데, 활성산소를 제거함으로써 인체의 노화를 방지하는 것으로 유명하다.

커피나무에는 쓴맛과 떫은맛을 유발함으로써 초식동물의 공격을 물리치게 해준다. 클로로겐산 등의 폴리페놀은 또 벌레나 곤충의 소화기관에서 침전을 유발하는 방식으로 치명상을 안긴다. 카페인 역시 다른 식물이 주변에 자라지 못하게 하거나 쓴맛과 자극으로 살충·살균 효과를 낸다. 역시 농축해 주입하면 치명적이지만, 하루 섭취량을 지키면 암과 치매를 치료하는 성분으로도 주목 받고 있다.

약인지, 독인지를 두고 자연을 탓할 일이 아니다. 인간의 악의와 욕심이 독을 만들어내는 것이다. 최음제도 마찬가지다. 사랑을 얻기 위해 약에 의존한 사람들이 그 사랑을 이루었다는 이야기는 들리지 않는다. 되레 극약 처방에도 상대의 마음을 얻지 못한 상실감에 스스로 목숨을 끊는 비련의 주인공이 되고 마니, 최음제란 결국 치명적이다.

커피가 필수품인 터키와 에티오피아의 결혼식

시간이 흐르면서 이성의 마음을 사로잡는 도구로 커피를 사용하려는 행위는 사라졌지만, 남녀관계에서 커피가 중요한 오브제였다는 흔적은 14세기 오스만제국(터키)에서 찾아볼 수 있다. 이 시기 터키의 부부들에게 커피는 관계를 유지하는 매우 중요한 요소였다. 남편이 아내에게 커피를 제대로 제공하지 못하면 이혼 사유가 될 정도였다. 커피를 사이에 두고 펼쳐지는 남녀간의 긴장감은 상대를 간택하는 과정에서부터 비롯된다.

터키에서 결혼을 결정하는 데 중요한 대목이 신랑과 그 가족이 예비신부의 집을 방문하는 단계다. 이때 신부측에서는 커피를 대접하는데, 신랑이 마음에 들면 설탕을 잔뜩 넣어 '신랑이 마음에 든다'는 신호를 보냈다. 거꾸로 마음에 들지 않으면 설탕 대신 소금이나 후추를 넣어 거절의 의사를 표시했다. 신랑측에서도 선택권은 있다. 신부와 그 가족이 마음에 들면, 내놓은 커피를 기쁜 마음으로 비웠다. 그렇지 않다면 커피에 거의 입을 대지 않는 것으로 혼인성사의 뜻이 없음을 넌지시 전했다.

터키에는 "커피 한 잔의 추억은 40년 동안 잊히지 않는다"는 속담이 있다. 소량의 커피 한 잔이지만 두 사람의 관계를 돈독하게 맺어주는 데 부족함이 없다는 의미를 지니는 것이다. 이런 의식을 포함한 터키 특유의 커피 문화는 인류가 보존할 가치가 있다.

커피의 시원지인 에티오피아에는 '첫날밤 의식'에 커피콩이 필수적이다. 미국의 여행가인 스튜어트 리 앨런Stewart Lee Allen이 1999년 에티오피아를 여행하고 펴낸 『커피견문록: 에티오피아에서 브라질까지 어느 커피광이 5대륙을 누비며 쓴 커피의 문화사The Devil's Cup: A History of the World According to Coffee』에는 오로모족이 치르는 부나 칼라가 묘사되고 있다. 부나는 커피를, 칼라는 제물 의식을 뜻한다. 죽음과 섹스를 찬양하는 의식으로도 알려져 있다. 아프리카의 부족들이 대부분 고기를 제물로 바치는데, 오로모족은 커피를 제물로 올린다. 오로모족은 지금도 주술사의 무덤에 커피나무를 심는 풍습을 간직하고 있다. 에너지를 넘치게 하는 커피의 신통함이 신과 인간을 연결해준다고 믿기 때문이다.

카페인 섭취를 싫어하거나 두려워하는 사람들이 종종 찬물로 서서히 성분을 추출하는 콜드 브루 커피나 더치 커피를 즐긴다. 하지만 이 방식으로 카페인을 의미 있게 줄일 수는 없다.

제사장이 여러 차례 입으로 커피 열매의 껍질을 벗기며 중얼거린다. 이는 짐승을 도살하고 머리를 베어내는 행위를 대신하는 것이다. 의식이 끝나면 부족들이 생두를 나눠 씹음으로써 각성을 체험하는데, 카페인으로 인해 에너지가 솟아오르며 깨어나는 듯한 느낌이 드는 것을 신이 영적인 권능을 부여하는 것으로 받아들인다. 결혼식을 올린 신혼부부도 첫날밤에 입으로 커피 열매를 벗기고 나눠 씹는 의식을 치른다. 신의 축복을 받기 위한 행위라고 하지만, 오랜 세월 속에서 커피의 최음 효과를 깨우치면서 굳어진 관습처럼 보인다.

"남자들이 커피 때문에 침대에서 참새처럼 나약해졌다"

커피가 남녀의 사랑을 돈독하게 만들어준 것만은 아니다. 남편들의 습관적인 커피 음용에 대한 아내들의 걱정과 불만이 17세기 후반 영국에서 터져나왔다. 이 사건은 '커피가 정력에 나쁘다'는 인식을 퍼트린 진원지인 것으로 지목된다.

1674년 런던의 여성들은 남편들의 커피 음용을 금지시켜달라는 청원서Women's Petition Against Coffee를 시에 제출했다. 이에 대해 남성들은 "모함이다"며 '여성 청원서에 대한 남성의 답변The Men's Answer to the Petition Against Coffee'이라는 성명을 내며 대응했다.

여성들은 남편들을 '사막처럼 메마르게 하고 쇠약하게 하는 음료'로 커피를 묘사하면서 국가적인 차원의 대책을 호소했다. 청원서에는 커피를 자주 마시는 남편들이 수분을 빼앗기는 바람에 잠자리에서 제 역할을 못하고 있다는 노골적인 불만도 적혀 있었다. 여성들은 "기독교 세계에서 가장 강인하다고 칭송 받던 영국 남자들이 커피 때문에 침대에서 참새처럼 나약해졌다"며 "남편들이 단지 턱수염만으로 남자임을 증명하려 해서는 안 된다"고 비아냥거리기도 했다. 커피로 인해 줄어든 부부관계를 회복하기 위해, 여성들은 60세 미만 남성들에게 맥주 판매만 허용해달라는 문구를 넣었다. 이 대목 때문에 커피에 손님을 빼앗긴 주류 업계의 '작업'으로 보는 시각도 있지만, 진위를 확인할 길은 없다.

영국 국왕 찰스 2세Chalres II는 기다렸다는 듯 커피하우스 폐쇄령을 내리고 커피 음용을 금지했다. 단지 여성의 욕구를 충족시키기 위한 조치가 아니었다. 지식인들이 커피하우스에 모여 정보를 공유하고 시민들을 교육

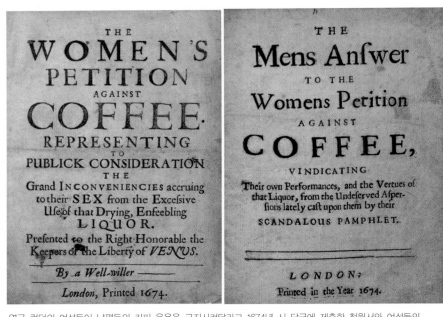

영국 런던의 여성들이 남편들의 커피 음용을 금지시켜달라고 1674년 시 당국에 제출한 청원서와 여성들의 청원서에 대해 "모함이다"며 남성들이 1674년 발표한 성명서.

시키는 것을 두려워했던 것이다. 최초의 시민혁명으로 기록된 청교도혁명 (1640~1660년)에서 부친인 찰스 1세가 처형당하는 일을 겪은 그에게 '시민의 계몽'은 트라우마로 작용할 만했다.

　커피 금지령은 시민들의 거센 반발을 불러일으켰다. 지식인들이 먼저 나서서 부당성을 외쳤는데, 그 시작이 여성들의 청원서에 대한 반대 성명이 었다. 남성들은 성명에서 "커피는 무해하고 치유 효과가 있는 음료"라고 선언했다. 커피의 긍정적인 면모를 역사 인물과 사건에 은유한 멋진 대목들이 즐비한데, "맥주는 남자를 염소처럼 음란하게 만들지만, 커피는 정신을 집중시키고 안정시킨다. 그렇게 함으로써 발기를 더욱 왕성하게 하며 사정도 풍성해진다"라고 했다.

　여성들의 진지한 청원은, 카페인의 각성 효과를 누리며 커피하우스에서 밤새 세상을 논했던 남성들에게 눌려 해프닝으로 끝났다. 이 사건으로 커피는 되레 면죄부를 얻었다. 여성들을 앞세워 '계몽의 주역'인 커피를 금하려 했던 정부의 전략도 수포로 돌아갔다.

카페인이 고개 숙인 남성들에게 위안이 될까?

　커피가 남성의 정력을 떨어뜨린다는 '모함'은 3세기를 넘기면서 과학적으로 풀리고 있다. 미국 텍사스대학의 건강과학센터가 남성 3,700명을 대상으로 카페인과 발기력의 상관관계를 조사해 2016년 결과를 발표한 뒤로 분위기가 바뀌고 있다. 하루 85~170밀리그램의 카페인을 섭취하는 경우, 그렇지 않은 경우보다 발기 불능이 42퍼센트나 적었다. 하루 커피를 2~3잔을 마시면 발기 불능을 겪지 않을 가능성이 높아진다는 결과다. 다만 발기 불능을 유발하는 비만, 과체중, 고혈압, 당뇨 등 여러 요인 가운데 당뇨성 발기 불능에는 커피가 별 영향을 미치지 못하는 것으로 밝혀졌다.

　카페인이 성기의 혈관을 이완시켜서 혈액 공급을 늘어나게 함으로써 발기력을 향상시켜주는 것으로 보인다고 연구팀은 설명했다. 특히 카페인과 성기능 간의 상관관계는 과체중인 남성들에게서 두드러졌다. 커피는 발기의 지속 시간도 늘려주는 것으로 나타났는데, 이는 비축된 지방분의 방출을 도와 발기가 지속되는 데 필요한 에너지를 공급하기 때문으로 풀이된다.

　정력을 높이는 것 또는 발기 불능을 치료하는 비결은 혈관 확장 능력에

미국 텍사스대학의 건강과학센터는 하루 85~170밀리그램의 카페인을 섭취하는 경우, 그렇지 않은 경우보다
발기 불능이 42퍼센트나 적었다고 발표했다.

있다. 발기는 음경에 혈관이 확장되고 혈액이 쏠리는 과정을 거친다. 따라서 혈관을 확장시키는 음식은 성기능 개선에 일정 부분 영향을 미칠 수 있다는 견해가 우세하다. 특히 음식은 발기 불능 치료제들이 갖는 안면 홍조, 소화 장애, 두통 등의 부작용을 해결할 수 있다는 점에서 더욱 매력적이다. 교감신경을 활성화함으로써 심장박동과 혈관 팽창 등의 효과를 불러일으키는 카페인이 고개 숙인 남성들에게 위안을 넘어 대안이 될 수 있을까? 적어도 정력 증진을 위해 커피를 마실 일은 아니다. 과유불급過猶不及의 덕목을 명심해야 한다. 더욱이 카페인을 너무 많이 섭취하면 몸에 치명적일 수 있기 때문이다.

코피 루왁은 그리움이어야 한다

코피 루왁kopi luwak이 고가 논란과 함께 동물 학대라는 비난을 받고 있다. 코피 루왁은 진정 손가락질을 당해야만 할 대상인가? 코피 루왁은 우리에게 반드시 어떤 의미가 있을 것이라는 믿음을 갖는다. 그것은 그리움이다. 인간의 손이 닿지 않는 깊고 깊은 야생의 한 구석에서 살며시 맺은 커피 열매를 긴꼬리 사향고양이를 통해 맛보고 싶어 하는 원초적 그리움이다.

코피 루왁과 시벳 커피는 모두 긴꼬리 사향고양이가 소화시키지 못한 커피 씨앗을 정제해 만든 커피를 일컫는 말이다. 인도네시아어로 '코피'는 '커피', '루왁'은 '긴꼬리 사향고양이(영어로는 시벳Civet)'를 의미한다. 예전에는 동물의 소화기관을 거쳐 발효되는 커피라고 하면 단연 코피 루왁이었지만, 이제는 아니다. 희소성 탓에 돈이 된다고 하니, 베트남은 족제비 배설물에서 골라낸 '위즐weasel 커피'와 다람쥐에게 커피 열매를 먹이고 받아낸 '다람쥐똥 커피'를 내놓았다. 예멘에는 '원숭이똥 커피'가, 필리핀에서는 토종 사향고양이가 만들어내는 알라미드Alamid 커피가 있다. 여기에 태국과 인도에서는 코끼리까지 가세하면서 코피 루왁 대량생산 시대를 열 태세다.

코끼리가 한 번에 배설하는 양이 200킬로그램에 달하는 것을 감안하면, 인도네시아에서 야생 코피 루왁을 채집하는 농민들이 반년 동안 열심히 산속을 뒤지며 모아야 할 분량을 단숨에 해결하는 양이다. 에티오피아의 염소 커피, 베트남의 당나귀 커피, 서인도제도의 박쥐 커피까지 있다는 말이 있으니 웃음이 절로 나온다.

도대체 누가, 언제부터, 왜 코피 루왁을 찾아 마셨는지 궁금하다. 그 시작이 인도네시아라는 점에 대해서는 이견이 없어 보인다. 시기는 적어도 네덜란드가 인도네시아를 식민 지배하며

자바섬에 커피나무를 경작한 1696년 이후다. 이 무렵 유럽은
커피의 매력에 푹 빠져 있었다. 유럽의 모든 나라를 거쳐 미국
에도 보스턴과 뉴욕에 잇따라 커피 전문점이 상륙했다.

긴꼬리 사향고양이는 매우 민감하기 때문에 인기척이 있으면
아예 모습을 감춘다. 더욱이 야행성이어서 구경조차 하기 힘들
다. 따라서 인도네시아 사람들도 처음에는 어떤 동물의 배설물
인지 모르고, 커피 생두를 찾다가 고육책으로 말라비틀어진 배
설물로 커피에 대한 한을 풀었으리라. 그런데 이게 웬일인가?
코피 루왁의 향미가 한마디로 기가 막혔다. 자신들이 키워낸
커피를 마실 때와는 비교가 되지 않는 그윽하고 우아한 맛과
향이 우러났다.

세월이 흘러 커피가 남아돌 정도가 되었어도 인도네시아 사람
들은 코피 루왁의 풍미에 매료되어 산속을 누볐다. 이렇게 한
데에는 또 하나의 이유가 있다. 긴꼬리 사향고양이가 뱃속에서
커피 체리의 과육을 자연스레 제거해준 덕분에 힘들게 가공
과정을 거치지 않아도 되는 편리성이 있었던 것이다. 그래서

코피 루왁에 '게으름의 커피'라는 별칭이 붙었다.

코피 루왁의 이런 면모가 프랑스, 네덜란드, 독일 등 유럽에 널리 전해져 인기를 끌자 가격은 치솟았다. 그럼에도 갈수록 찾는 사람들이 늘면서 물량이 부족하자 긴꼬리 사향고양이를 가두고 억지로 커피 열매를 먹이며 배설물을 받아내는 참상이 지금까지 이어지고 있다.

많은 사람이 사육해 만든 코피 루왁과 야생 코피 루왁의 맛이 다를 것이라고 기대하지만, 사람의 관능으로 이를 구별해내기란 사실상 불가능하다. 야생인지 아닌지를 분간하는 장치 중 하나가 인도네시아 정부나 커피 전문가 단체들이 발급한다는 인증서일 수 있다는 희망도 접어두는 게 현명하다.

긴꼬리 사향고양이를 가둬놓고 혹사시키고는 '야생의 자유로운 영혼들이 빚어낸 커피 향미의 하모니'라고 속이는 뻔뻔한 상술이 통하지 않을 날도 멀지 않았다. 잡식성인 긴꼬리 사향고양이는 이른바 디저트로 잘 익은 커피 열매만을 가려내 먹는다. 따라서 배설되는 커피의 향미는 긴꼬리 사향고양이가 무엇을 먹고 커피 열매를 후식으로 먹었느냐에 따라 그 뉘앙스가 달라진다. 따라서 코피 루왁을 채집하는 곳이나 시기에 따라 향미의 향연이 달라지게 마련이다.

그런 자연의 맛과 멋이 창살 아래에서 만들어질 리 없다. 자유를 빼앗고 억지로 입을 벌려 먹이고 배설하게 해서 만드는 커피라면 '저주의 커피'다. 과학의 힘이 아니라 문화의식으로 학대받는 긴꼬리 사향고양이의 비명이 사라지길 기대한다.

제4장

커피 인문 여행

자메이카와
자메이카 블루마운틴 커피

'커피의 황제'와 '왕실의 커피'로 불리는 이유

값이 비싼 고급 커피를 고르라면, 특히 국내에서는 거의 20년째 3종이 손꼽힌다. '커피의 황제'로 불리는 '자메이카 블루마운틴Jamaica Blue Mountain', 마크 트웨인이 사랑한 '하와이안 코나 엑스트라 팬시Hawaiian Kona Extra Fancy', '커피의 귀부인'으로 지칭되는 '예멘 모카 마타리Yemen Mocha Mattari' 등이다. 이 중 자메이카 블루마운틴 커피는 오크통 모양의 특별한 통에 담겨 판매됨으로써 고급스러운 이미지를 자아낸다. 18세기 들어서야 커피를 재배하기 시작한 짧은 역사의 자메이카가 어떻게 블루마운틴 커피를 세계적인 브랜드로 키워냈을까?

자메이카 블루마운틴 커피를 맛이 최고라고 해서 '커피의 황제'라고

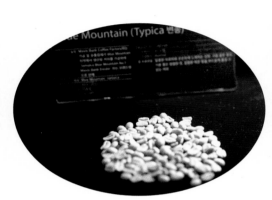

자메이카 블루마운틴 커피는 오크통에 담겨 판매된다. 일본인이 아이디어를 낸 고급화 전략의 하나인데, 긍정적인 평가와 함께 가격을 높이는 '꼼수'라는 지적도 받는다. 파치먼트 상태인 자메이카 블루마운틴 커피.

부르는 것은 마케팅적인 요소가 다분하다. 일본인의 교묘하면서도 대담한 상술에서 시작된 것으로 보인다. 그 진원지를 알 수 없지만, 영국 엘리자베스 2세 여왕이 즐겨 마셨다는 소문도 나돌면서 이 커피에 '왕실의 커피'라는 닉네임도 붙었다. '황제의 커피'라는 비유까지 가끔 등장하는데, 이 묘사는 다소 억지스럽다.

　　많은 커피 애호가가 좋아하지만 비싼 값 때문에 선뜻 주문하기 힘든 에티오피아 예가체프Ethiopia Yirgacheffe 내추럴 커피가 1만 원이라고 할 때, 자메이카 블루마운틴 커피는 5만 원을 훌쩍 넘게 대접받는 정도다. 포장이 멋지거나 마시는 곳의 분위기가 근사하면 10만 원까지 치러야 하는 경우도 있다. 이 때문에 자메이카 블루마운틴 커피는 거품이 많이 낀 커피 중 하나로 꼽히기도 한다.

그러나 기꺼이 치를 만한 가치가 있다면서 자메이카 블루마운틴 커피를 사랑하는 마니아도 적지 않다. 그들은 비싸다는 눈총은 다른 커피 산지들의 질투에 불과한 것이라고 간주한다. 커피 향미가 선사하는 관능적 행복을 획일적으로 값을 매겨 '바가지 시비'를 거는 것도 적절치 않다고 본다. '가치 소비'란 말로 이들의 태도를 이해할 구석이 없지는 않다. 사실 커피에 담긴 가치는 스토리텔링을 통해 더욱 부각되기도 한다. 블루마운틴 커피의 싹을 틔워내는 자메이카의 자연과 재배의 역사, 스타 마케팅처럼 기발한 마케팅 기법과 같은 이야기에서 말이다.

루이 14세, 커피나무를 심다

자메이카 커피의 기원을 찾아 거슬러 올라가면 태양왕 루이 14세를 만난다. 그는 1714년 네덜란드 암스테르담 시장인 헤릿 호프트에게서 교역 협상을 체결해준 데 대한 감사의 선물로 1.5미터 정도 자란 튼튼한 커피나무를 받았다. 이 나무가 자메이카 커피의 시조가 된다. 루이 14세는 이 나무를 프랑스 왕립식물원에 심고 저명한 식물학자인 앙투안 드 쥐시외Antoine de Jussieu에게 직접 관리하도록 했다. 그러나 루이 14세는 그 다음 해 숨져 커피나무가 널리 전파되는 것을 보지 못했다.

태양왕이라 불리며 절대왕정의 정점에 있던 루이 14세 시대에 프랑스는 앉아서 진귀한 것으로 대접받던 커피나무를 네덜란드에서 선물 받았다.

루이 14세는 커피나무를 프랑스 왕립식물원에 심고 식물학자인 앙투안 드 쥐시외에게 직접 관리하도록 했지만, 그 다음 해 숨져 커피나무가 널리 전파되는 것을 보지 못했다.

프랑스 베르사이유궁전에 전시된 루이 14세의 와인 잔에는 바로크 시대와 로코코 시대의 화려함이 배어 있다. 5세에 왕위에 오른 루이 14세의 증손자인 루이 15세 때 커피나무들이 번성해 해외로 퍼져나가기 시작했다. 물꼬를 튼 주역은 프랑스령인 카리브 해의 화산섬 마르티니크에 근무하던 해군 장교 가브리엘 드 클리외였다. 그는 1723년 프랑스 왕립식물원에서 10년째 자라며 번식하던 커피나무들 중 2그루를 받아 마르티니크섬에 옮겨 심었다. 이후 다시 10년이 지나 1734년에는 마르티니크섬에서 커피가 대량 생산되어 이슬람 국가에 수출될 정도가 되었다.

프랑스 베르사이유궁전에 전시된 루이 14세의 와인잔은 바로크 시대와 로코코 시대의 화려함이 배어 있다.

자메이카 커피는 아픔이다

마르티니크섬의 커피나무가 자메이카로 전해지는 과정은 앞선 역사에서부터 짚어 나와야 잘 풀린다. 콜럼버스가 서인도제도의 산살바도르San Salvador섬에 상륙함으로써 아메리카 대륙을 발견한 것이 1492년이다. 이로부터 2년이 지난 뒤에야 자메이카가 서구에 소개된다. 발견자는 역시 콜럼버스였다. 그는 2차 대항해를 통해 자메이카를 발굴해냈다. 에스파냐는 1509년 원주민을 정복하고 1655년까지 146년간 자메이카를 지배했다. 에스파냐는 자메이카에서 당초 기대했던 금이 발견되지 않자 식량 생산을 위한 농업 개발에 집중했다. 원주민들은 사탕수수와 카카오 재배 등에 동원되어 혹사당하면서 인구수가 급격히 줄어들었다. 에스파냐는 부족한 노동력을 조달하기 위해 아프리카 흑인들을 노예로 잡아왔다.

남아메리카와 유럽을 잇는 지정학적 위치 때문에 서구 열강은 자메이카에 눈독을 들였다. 북쪽으로 145킬로미터 거리에 쿠바가 있고, 동쪽으로 161킬로미터 거리에 아이티가 있었다. 제주도의 6배 크기로 서인도제도에서는 쿠바, 히스파니올라Hispaniola(현재의 아이티와 도미니카공화국)에 이어 세 번째로 큰 섬이다. 강대국으로 부상한 영국이 1655년 올리버 크롬웰Oliver Cromwell을 파병시켜 자메이카를 에스파냐에서 빼앗았다.

자메이카는 이후 307년간 영국의 식민 지배를 받다가 1962년 영국 연방의 일원으로 독립했다. 지금도 자메이카의 국가원수는 영국의 엘리자베스 2세 여왕이다. 따라서 자메이카 블루마운틴 커피를 영국 여왕이 즐겨 마신 '왕실의 커피'라고 평가하며 찬사를 보내는 것은 다시 생각해볼 여지가 있다. 중국의 진시황제가 불로초를 찾듯이, 엘리자베스 2세 여왕이 세계 곳곳을 뒤져 가장 맛있는 커피로 자메이카 블루마운틴을 찾아낸 것은 아니기 때문이다.

영국은 자메이카를 점령한 뒤에 이를 전초기지로 삼아 도미니카연방, 가이아나, 바하마, 벨리즈, 트리니다드 토바고 등 중남미 12개 국가를 식민지로 삼았다. 자메이카는 1830년대 중남미에서 노예제도가 폐지되기까지

1655년 올리버 크롬웰이 자메이카를 정복한 이후 영국은 307년간 자메이카를 식민 지배했다. 1651년 올리버 크롬웰이 영국 우스터Worcester 전투에 출정하고 있다.

40여 만 명의 아프리카 흑인을 식민지 농장에 공급한 노예무역의 중심지로 전락했다. 17세기 중엽부터 아메리카뿐만 아니라 아시아, 아프리카, 오세아니아 등 세계 인구와 영토의 25퍼센트가량을 차지한 영국에 자메이카 커피는 여러 식민지 국가에서 착취한 수많은 커피 중 하나에 불과했다. 이런 정황들을 고려할 때, 자메이카 블루마운틴 커피를 '여왕의 커피' 또는 '왕실의 커피'라고 부르는 것은 결코 품질에 대한 자랑일 수 없다. 그것은 차라리 아픔이다.

자메이카 커피의 부흥과 프랑스혁명

자메이카에 커피가 처음 전해진 것은 영국의 지배를 받던 시기다. 1728년 자메이카 총독으로 파견된 니콜라스 라스Nicholas Lawes가 마르티니크섬에서 커피 묘목을 가져왔다. 북위 10도에 있는 자메이카는 커피벨트(남위 24도~북위 24도)에 속해 전 국토에서 커피를 재배할 수 있다. 라스 총독은 자신이 소유한 세인트앤드루Saint Andrew주의 템플홀Temple Hall 지역에 커피나무를 심었는데, 운명적으로 이곳이 블루산맥Blue Mountains 경사면이었다.

블루산맥은 수도인 킹스턴Kingston 북쪽에서 동쪽으로 카리브해 연안의 포트안토니오Port Antonio까지 50킬로미터가량 길게 뻗어 있다. 블루산맥은 히스파니올라에서 자메이카, 쿠바를 거쳐 온두라스까지 거대한 지류를 형성하는데, 최고봉인 해발고도 2,256미터의 '블루마운틴'이 자메이카에 있다. 이에 따라 자메이카에서 생산되는 최고급 커피에 블루마운틴이라는 명칭이 붙게 되었다.

세인트앤드루에서 성공적으로 재배된 커피는 인접해 있는 포틀랜드Portland, 세인트토마스Saint Thomas, 세인트메리Saint Mary 등으로 주로 퍼져나갔다. 블루산맥에 걸쳐 있는 이들 4개 주가 블루마운틴 커피의 대표적 산지다. 서인도제도에 커피가 퍼진 시기는 18세기 초반으로 카리브해 연안 국가들마다 서로 비슷한데, 유독 자메이카에서 커피 산업이 빠르게 부흥한 데는 '프랑스혁명'이 한몫을 했다.

콜럼버스가 자메이카에 앞서 발견한 섬이 히스파니올라였으며, 따라서 에스파냐가 서인도제도에서 처음으로 식민지를 건설한 곳도 이 섬이다. 오늘날 서쪽의 30퍼센트 정도가 아이티이고, 나머지가 도미니카공화국인

블루산맥의 최고봉인 해발고도 2,256미터의 '블루마운틴'이 자메이카에 있다. 이에 따라 자메이카에서 생산되는 최고급 커피에 블루마운틴이라는 명칭이 붙게 되었다. 자메이카의 대표적인 커피 생산지.

섬이다. 영국이 당초 갖고 싶어 안달했던 섬도 자메이카가 아니라 히스파니올라였다. 프랑스는 에스파냐가 세력이 약해지자 1659년 이 섬을 공격해 아이티를 빼앗고, '생도밍그Saint-Domingue'라고 불렀다.

생도밍그는 프랑스에 엄청난 부를 안겨주었다. 섬 동쪽의 에스파냐령은 방치되다시피 했지만, 프랑스령인 생도밍그에서는 사탕수수, 면화, 커피 등 농산물의 생산이 활발했다. 1750년대에는 생도밍그의 커피가 세계 총생산량의 절반을 차지할 정도였다. 1780년대의 기록을 보면, 벨기에 크기 정도인 생도밍그가 유럽에서 소비되는 설탕의 40퍼센트, 커피의 60퍼센트를 공급한 것으로 적혀 있다. 생도밍그가 서인도제도에 있는 영국의 모든 식민지를 합친 것보다 많은 설탕과 커피를 생산한 것이니, 영국으로서는 설탕과 커피를 생산하는 자메이카를 가졌다고 해도 배가 아픈 노릇이었다.

그러나 프랑스혁명 때문에 자메이카에 기회가 온다. 1789년 발발한 프랑스혁명은 생도밍그 식민지의 흑인 노예들을 들끓게 했다. 자신들도 프랑스 인권선언의 적용을 받는 프랑스 시민이라면서 평등한 대우를 요구했던 것이다. 1791년 8월 22일 북부 카프아이시앵Cap Haïtien에서 흑인 노예들이 반란을 일으키면서 14년간의 '아이티 혁명Haitian Revolution'이 시작되었다. 이 혁명은 아프리카 사람들이 지배하는 최초의 공화국이 만들어졌다는 큰 의미를 지닌다.

어쨌든, 이 과정에서 커피와 사탕수수 등 이른바 선진 농업기술을 지닌 수천 명이 자메이카로 탈출해 기반을 잡는다. 그 덕분에 자메이카는 1800년 대에 들어서면서 커피 생산량이 연간 4만 톤을 넘어서면서 유럽에 공급되는 커피의 대부분을 차지했다. 국제커피협회가 집계한 2008년 자메이카의 커피 총생산량이 2만 4,000톤인 점을 감안하면, 당시 자메이카 커피의 파워를 가늠해볼 수 있겠다.

블루마운틴 커피를 '커피의 황제'로 포장한 일본

자메이카 커피 생산은 상승가도를 달려 1932년 최정점을 찍는다. 그해 커피 생산량이 15만 톤을 훌쩍 넘은 것으로, 자메이카 커피 역사에서 이 기록은 아직 깨지지 않고 있다. 무차별적 과잉 생산에는 품질 하락의 위험이 도사리는 법이다. 여기에다 1929년 시작된 사상 최악의 대공황까지 겹쳐 자메이카 커피 농장은 줄도산에 처했다. 이후 1960년대까지 30여 년간 자메이카의 커피 산업은 끝없이 추락했다. 19세기 중반 대대적인 병충해의 급습으로 아예 커피나무를 모두 뽑아버리고 차茶 생산국으로 탈바꿈한 실론처럼 자메이카도 영원히 커피를 포기해야 할 것 같았다. 품질이 엉망이 된

레게 음악은 1960년대 자메이카의 수도 킹스턴에서 탄생했다. 이때 일본이 자메이카와 수교를
맺으며 블루마운틴 커피를 세계적 상품으로 성장시켰다. 자메이카 사람들에게 레게와 블루마
운틴 커피는 비슷한 시대의 추억을 불러일으킨다. 레게를 세계적으로 퍼트린 밥 말리의 벽화.

자메이카 커피를 아무도 거들떠보려고 하지 않았다.

이처럼 암울한 상황에서 1964년 자메이카와 수교를 맺은 일본이 커피의 영광을 재현시킬 줄을 아무도 몰랐다. 일본은 1868년부터 추진한 하와이 이민 정책을 통해 커피에 대한 농업기술을 축적한 상태였다. 세계 제일의 커피로 손꼽히는 하와이안 코나 커피의 70~80퍼센트가 일본인 재배자들의 손에 의해 생산되는 상황이었다. 일본은 1969년 자금난에 처한 자메이카 정부에 외환을 지원해주고, 그 대가로 블루마운틴 커피를 전량 인수하다시피 했다. 일본은 하와이 코나에서 실시한 품질 관리법을 그대로 자메이카에 적용해 명품 산지를 만들었다. 이것이 바로 최고봉 블루마운틴 주변 지역에서 나는 커피들만이 블루마운틴 커피라는 이름을 달 수 있었다.

일본은 자메이카커피산업협회Jamaica Coffee Industry Board로 하여금 품질 보증서 제도를 도입함으로써 커피의 고급화를 꾀하도록 했다. 생두 크기(3개

일본 아오모리현 히로사키시에 있는 커피 전문점 '브루망'의 미야모토 다카노리는 40여 년째 자메이카 블루마운틴 커피를 제공한다. '브루망'은 블루마운틴의 일본식 표기다.

등급)와 재배지 고도(4개 등급)에 따라 등급을 부여하는 방식으로, '자메이카 블루마운틴 넘버 원Blue Mountain No.1'이라는 최고 등급의 커피를 만들어냈다. 당시 세계 최고의 커피로 찬사를 받던 하와이안 코나 엑스트라 팬시와 어깨를 나란히 할 수 있는 품질과 스토리를 지닌 커피를 만들어낸 것이다.

　　일본은 한걸음 더 나아가 블루마운틴 커피를 하와이안 코나 커피보다 비싸게 팔 수 있는 기발한 마케팅 전략을 구사했다. 일본은 블루마운틴 커피 중에서도 최상급인 '넘버 원' 커피를 전량 선점해 90퍼센트를 일본으로 가져가고, 나머지 10퍼센트만을 세계에 유통시켰다. 예를 들어, 1992년 일본이 확보한 자메이카 블루마운틴 넘버 원은 688톤이었는데, 미국과 영국이 가져간 물량은 각각 75톤과 59톤에 불과했다.

자메이카 블루마운틴 넘버 원은 이와 같은 '인위적인 희소성' 덕분에 값이 치솟아 단숨에 하와이 코나 커피를 제치고 비싸게 팔리며 '커피의 황제'라는 닉네임을 얻게 되었다. 생두를 마대자루가 아닌 오크통에 담아 팔아, 시쳇말로 '비싸게 보이게 꾸미는 전략'도 통했다는 평가도 받는다.

블루마운틴 커피의 등급과 '자블럼'

자메이카 커피의 등급 체계는 다소 복잡하다. 일단 재배지의 고도에 따라 '하이 퀄리티High Quality(해발고도 1,100미터 이상)'와 '로 퀄리티Low Quality(해발고도 1,100미터 미만)'로 나뉜다. 하이 퀄리티 커피에 블루마운틴이라는 명칭이 붙는데, 생두의 크기(가로 폭)에 따라 3개 등급으로 나뉜다. 품질은 스크린 사이즈screen size가 17~18인 블루마운틴 No.1, 16인 블루마운틴 No.2, 15인 블루마운틴 No.3 등의 순이다. 스크린 사이즈 1은 1/64인치(약 0.4밀리미터)이므로, 블루마운틴 No.1 생두의 크기는 폭이 최소 6.75밀리미터를 넘어야 한다.

로 퀄리티는 생두의 크기가 아니라 재배고도에 따라 하이 마운틴High Mountain(해발고도 1,100미터 이하), 프라임 워시드Prime Washed

블루마운틴 명성 때문에 가짜가 극성을 부리는데, 블루마운틴이라고 표기되어 있어도 산지가 자메이카인지 확인해야 한다.

(해발고도 750~1,000미터), 프라임 베리Prime Berry(저지대) 등으로 나뉜다.

블루마운틴 급의 커피에는 '자블럼Jablum'이라는 명칭이 있다. 이는 로스팅된 뒤 포장까지 마친 완제품을 말한다. 블루마운틴 명성 때문에 가짜가 극성을 부리는데, 블루마운틴이라고 표기되어 있어도 산지가 자메이카인지 확인해야 한다. 더불어 자메이카 블루마운틴 원두가 몇 퍼센트 들어 있는지도 따져야 한다. 혹 볶은 커피를 포장한 완제품에 '자블럼' 표기가 없다면 진품이 아니다.

신이 내린 자메이카 블루마운틴 커피

자메이카 블루마운틴 커피의 우수성을 단지 일본의 마케팅 전략의 결과만으로 치부하는 것은 적절하지 않다. 그것은 무엇보다도 그 맛을 찾아 즐기는 세계의 수많은 커피 애호가를 무시하는 태도이기도 하기 때문이다.

블루마운틴 커피를 만들어내는 테루아, 다시 말해 지리적·기후적 요소와 재배자의 열정은 높은 평가를 받는다. 블루마운틴은 강렬한 태양이 비칠 때 안개가 낀 해발고도 2,256미터 봉우리를 중심으로 한 넓은 지역이 푸른 바다처럼 보인다고 해서 붙은 명칭이다. 동북 무역풍의 영향을 받아 열대 해양성 기후를 이루는데, 이것이 큰 일교차를 만들어내면서 아라비카 커피의 향미를 높여준다.

낮에는 바다에서 육지 쪽으로 바람이 불고, 밤에는 육지에서 바다 쪽으로 풍향이 바뀌어 고도가 높은 지역에서는 밤과 이른 아침의 기온이 급속하게 떨어진다. 연평균 강수량도 2,000밀리미터 정도로 티피카typica 원종이 성장하기에 최적이다. 토질도 석회암으로 미네랄이 풍부하고 물 빠짐이 좋다.

자메이카 블루마운틴 커피는 프랑스, 네덜란드, 예멘 등 기원을 거슬러 올라가면 에티오피아의 원종인 것이다. 원종은 병충해에 약해 키우기 힘들고 생산성이 떨어지지만, 인위적으로 조작한 품종은 넘볼 수 없는 풍성한 향미를 자랑한다. 블루마운틴 커피는 습식가공하기 때문에 맛이 깨끗하다. 잼처럼 끈적이는 듯한 단맛이 뒤를 받쳐주어 산미가 잘 익은 귤이나 복숭아, 살구처럼 부드럽고 활달하다. 풍성한 성분들이 균형을 이루면서 목을 넘긴 뒤에도 향미가 길게 이어진다. 하와이안 코나 커피와 예멘 모카 마타리 등 세계적 품질을 과시하는 커피들이 이와 같은 티피카 원종이다.

자메이카 블루마운틴 커피는 커피 애호가들 사이에서 종종 육상선수 우사인 볼트 Usain Bolt에 비유된다. 품종이 원종인 티피카로 생두가 크고 윤곽이 명확한 것이 군살이 없는 그를 닮았기 때문이다.

최고의 커피는 결코 인간의 노력만으로 만들어지는 것이 아니다. 자연이 허락하지 않은 면모를 인간이 만들어낼 수는 없다. 자메이카 블루마운틴 커피의 명성은 신이 내린 진면목을 잘 표현해낸 재배자들의 빛나는 소득이다.

파나마 에스메랄다의
게이샤 커피

천혜의 커피 재배지, 바루화산

　"세상에서 가장 비싼 커피는 무엇일까?" 이 질문을 받으면, 많은 사람이 긴꼬리 사향고양이가 커피 열매를 먹고 배설한 '코피 루왁kopi luwak'을 떠올린다. 반면 고개를 저으며 나폴레옹이 유배되었던 대서양의 작은 섬 '세인트헬레나Saint Helena'에서 생산되는 커피를 첫손가락에 꼽는 사람들도 있다. 그 대답들 중에는 영국 엘리자베스 2세 여왕에게 진상되었다는 자메이카 블루마운틴 커피와 마크 트웨인이 찬사를 아끼지 않은 하와이안 코나 커피도 빠지는 법이 없다. 정답이 무엇이냐를 두고 꽤 오랫동안 갑론을박이 펼쳐져왔지만, 5~6년 전부터 이런 논란은 잦아들고 있다.

　파나마 게이샤Geisha 커피의 등장 때문이다. 그 명칭이 시쳇말로 '일본

사람들은 "세상에서 가장 비싼 커피는 무엇일까?"라는 질문을 받으면, 긴꼬리 사향고양이가 커피 열매를 먹고 배설한 '코피 루왁'을 떠올린다.

파나마는 커피를 품질 좋게 생산할 수 있는 천혜의 환경을 갖추었는데, 바루화산
국립공원 주변은 게이샤 커피를 명품으로 길러낸 땅이다.

'기생'을 일컫는 게이샤藝者와 같지만, 게이샤는 에티오피아의 어느 마을 뒷
산의 이름에서 유래한 것이다. 게이샤 커피 덕분에 생산량으로는 60여 커
피 생산국 가운데 30대 중반에 머무는 파나마가 순식간에 '커피 품질 제1위
의 나라'라는 명성을 얻었다. 한마디로 게이샤 커피는 파나마를 부흥시킨
커피다.

파나마는 커피를 품질 좋게 생산할 수 있는 천혜의 환경을 갖추었다.
풍부한 강수량과 시원한 그늘을 만들어주는 풍성한 구름이 커피나무를 건
강하게 자라도록 도와준다. 이런 조건을 두루 갖춘 파나마 최고의 커피 산
지는 서부 지역에 펼쳐져 있는 치리키Chiriquí주다. 그중에서도 바루화산국립
공원Volcán Barú National Park 주변이 게이샤 커피를 명품으로 길러낸 땅이다.

커피의 향미를 복합적이고 흥미롭게 만들어주는 요인으로는 단연 '고
지대'와 '화산 토양'이 꼽힌다. 바루화산국립공원은 평균 고도가 1,800미터
이며, 정상은 3,474미터로 중앙아메리카에서는 최고의 높이를 자랑하는 성
층화산이다. 현지인들은 "맑은 날이면 바루화산 정상에서 좌우로 태평양과

대서양을 동시에 감상할 수 있는 유일한 곳이다"라고 자랑한다. 1550년쯤 분출했던 활화산으로 보케테Boquete, 보케론Boquerón, 부가다Bugada 지역에 걸쳐 있는데, 면적이 약 14제곱킬로미터로 서울의 동대문구만 하다. 바루화산이 속한 탈라망카Talamanca산맥은 코스타리카의 바예 센트랄Valle Central과 연결되어 있다.

보케테는 바루화산을 찾는 여행객들에게 정상에 오르기 위한 베이스 캠프가 되는 마을로 유명하다. 그러나 커피 애호가들에게는 게이샤 커피 품종을 세계 최고의 경지로 끌어올린 에스메랄다Esmeralda 농장이 있는 곳으로 사랑받는다. 보케테는 북위 8도에 있어 당연히 커피벨트에 속해 있으며, 적도와 가까워 더 높은 곳에서도 커피나무가 자랄 수 있다. 에스메랄다 농장은 바루화산 지역의 해발고도 1,700미터 지점에 걸쳐 형성되어 있다.

보케테는 사실 에스파냐 식민지시대(1501~1821년)에 금광업자들이 태평양 해안까지 금을 운반하는 길을 만드는 과정에서 생겼다. 에스파냐에서 독립하면서 농민들이 정착하기 시작해 20세기 초 작은 마을들이 생겨나 타운을 이루었으며, 1911년이 되어서야 행정구역으로 정식 등록되었다.

보케테는 파나마 사람들에게 코스타리카 국경지대의 마을로 불린다. 이곳은 코스타리카와는 직선거리로 불과 60킬로미터가량 떨어져 있다. 게이샤 품종이 코스타리카에서 전해진 것은 지리적으로는 그리 어려운 일이 아니었다. 더욱이 2,000미터 고산들이 즐비해 새로운 품종들이 안착하기 좋다. 연간 칼데라강Caldera River이 풍성하게 흐를 정도로 물 사정이 좋아 커피 농사에도 유익하다. 보케테는 특히 평균 고도가 1,200미터로 기후가 한국의 쾌적한 가을 날씨와 비슷하다. 그래서 미국, 캐나다, 유럽 사람들이 은퇴 후 살고 싶어하는 마을로 손꼽힌다. 게이샤 커피를 명품으로 길러낸 주

파나마 보케테의 커피 농장에서 햇볕에 건조되고 있는 커피 열매(왼쪽)와 가공 과정을 거친 생두.

역도 미국의 은퇴자였다. 보케테에서는 매년 10월 커피 축제가 열리는데, 세계 최상품의 게이샤 커피가 특산품으로 세계적인 주목을 끈다.

처음으로 커피 꽃을 피운 보케테

게이샤가 에티오피아에서 파나마로 전해지는 과정을 좀더 이해하기 위해서는 먼저 파나마의 커피 역사를 짚어보는 것이 유익하겠다. 파나마는 1501년 에스파냐 탐험가인 로드리고 데 바스티다스Rodrigo de Bastidas에 의해 발견되었다. 콜럼버스도 1502년 파나마에 도착했지만, 바스티다스가 이미 에스파냐 왕실에서 점유를 인정받은 상태였다. 파나마는 이후 1821년 독립 하기까지 320년간 에스파냐의 지배를 받는다. 독립된 뒤에도 바로 콜롬비 아 연방국으로 편입되었다가 82년 만인 1903년에야 미국의 지원을 받아 분리·독립해 파나마공화국으로 출범할 수 있었다.

콜롬비아에는 1730년대 에스파냐의 예수회 소속 신부에 의해 커피가 전해졌다. 이어 1835년에는 산탄데르Santander에서 대규모 커피 경작이 이루어졌지만, 당시 연방국의 일원이던 파나마에는 커피가 전해지지 않았다. 파나마 커피의 시작은 19세기, 콜롬비아에 의해서가 아니라 은퇴한 영국인 선장에 의한 것으로 전해진다. 1800년대 후반에 유럽인의 파나마 이민이 붐을 이룬 시기가 있었는데, 이때 익명의 선장이 커피 묘목을 가져와 파나마 서남부 해안의 낮은 지역에 심은 것으로 전해진다.

시간이 흐르면서 커피나무는 병충해를 피해 고지대로 옮겨졌다. 재배자들은 경험적으로 고지대에서 품질이 좋은 커피가 생산된다는 사실을 깨우치면서 마침내 바루화산지대인 보케테 계곡에 커피 농장의 군락이 형성되었다. 훗날 파나마 게이샤 커피가 탄생하는 보케테가 커피의 시원지인 셈이다.

'풍부하다'는 뜻처럼 커피를 잘 키워낸 파나마

파나마의 국명國名은 '풍부하다', '풍성하다', '많다'는 뜻에서 유래했다. 다양한 나무들로 이루어진 숲과 수많은 곤충, 풍부한 어류 자원은 파나마를 상징하는 특징이기도 하다. 커피 재배와 관련한 부분만 살펴보면, 파나마 보케테는 같은 품종이라도 특별하게 키워내는 신비한 힘을 지닌 듯하다.

그 힘은 테루아에서 비롯된다. 지구온난화로 인해 품질이 우수한 스페셜티 커피를 생산하려면 해발고도가 적어도 1,200미터를 넘어야 하는 것으

파나마 커피 주요 수출국(2013~2015년)					(단위 : 달러)
	미국	타이완	일본	호주	한국
2013년	6,525,845	809,239	1,418,397	2,288,003	276,663
2014년	9,749,699	2,264,202	2,332,175	2,670,557	1,598,653
2015년	7,732,477	3,016,981	2,879,637	2,415,103	1,767,016

(출처: Global Trade Atlas)

로 의견이 모아진다. 보케테는 기본적으로 해발고도가 1,200미터이고, 주변에 냉해를 입지 않는 범위 내에서 가장 높은 재배지가 될 수 있는 2,000 ~2,200미터의 고산지 농장이 즐비하다. 토양은 바루화산지대에 속한 화산 토양으로 비옥하고 미네랄이 풍부하다. 미네랄은 커피나무가 왕성하게 자라며 영양 성분이 가득 찬 커피 생두를 만들어내는 데 필수적이다.

기온은 최저 18도, 최고 28도에 형성되며 연간 강수량이 2,500밀리미터로 고급 품종인 아라비카가 결실을 맺는 데 최적이라는 평가를 받는다. 특히 태평양과 대서양의 열대 해양성 기후의 영향을 받고 있어, 일조량이 풍부하면서도 하와이 코나에서처럼 자연적인 구름이 잘 만들어진다. 땅이 뜨거운 시기에 바다에서 불어오는 바람은 그야말로 커피나무를 시원하게 자라도록 해준다. 평균기온이 낮은 곳에서 커피의 품질이 더욱 좋아진다는 것은 널리 알려진 사실이다. 풍성한 구름은 커피나무에 그늘을 드리워준다. 그 덕분에 토양의 미생물들이 잘 서식하고 인위적으로 비료나 농약을 뿌리지 않아도 커피나무가 병충해를 이겨내며 튼튼하게 자라날 수 있다. 토양을 보호하는 것은 대를 이어 지속적으로 커피를 생산할 수 있다는 측면에서도 바람직하다.

19세기 영국인 선장이 파나마에 처음 심은 커피는 티피카종이었다. 이 품종은 에티오피아에서 예멘으로 전해진 뒤 네덜란드에 의해 인도, 실론, 인도네시아로 전파되었다. 다시 프랑스를 거쳐 카리브해의 마르티니크섬을 통해 중남미에 퍼졌다. 18세기에 세계를 장악했던 품종인데, 마침내 파나마의 보케테에도 심겨지게 된 것이다. 파나마 커피는 보케테에서 티피카로 시작되었지만, 게이샤를 만나면서 전환점을 맞게 된다.

게이샤 커피로 전성기를 열다

2013년 7월 파나마에서 충격에 가까운 외신이 세계로 송출되었다. 파나마 제1의 커피를 선발하는 '베스트 오브 파나마Best of Panama'에서 우승을 차지한 에스메랄다 스페셜 내추럴 커피 씨브이Esmeralda Special Natural Coffee C.V.가 생두 1파운드에 350.25달러로 일본 업체에 낙찰되었다는 소식이다. 이는 1킬로그램에 미화 771달러에 해당하는 것으로 우리 돈으로는 87만 원에 달한다. 많은 커피 애호가가 맛이 좋다는 평가와 함께 애음愛飮하는 에티오피아 예가체프나 케냐 니에리Nyeri의 스페셜티 커피 생두 가격이 산지 기준으로 1만 원에서 1만 3,000원에 형성되는 것을 고려하면 이보다 최대 87배나 비

에스메랄다 농장에서 가공한 커피 생두는 볶기도 전에 생두 자체에서 멜론을 연상하게 하는 단맛을 뿜어낸다. 일반 커피 생두와 비교해 길쭉하며 날렵한 모양을 한 게이샤 커피 생두.

싼 가격에 판매된 것이다.

　게이샤 커피가 대중에게 처음으로 모습을 드러낸 순간도 충격적이었다. 게이샤 커피는 이보다 10년 앞선 2004년 베스트 오브 파나마 대회에 처음으로 커피 경연에 출전해 바로 우승을 차지했다. 그 이전까지는 세계 커피시장에서 게이샤 품종이 거래된 바 없으며, 그 이름을 부른 사람조차 없었다. 하지만 에스메랄다 농장이 베스트 오브 파나마에 '자라밀로 스페셜 Jaramillo Special'이라는 명칭으로 게이샤 커피를 출전시켜 우승을 차지하고 단숨에 1파운드에 21달러라는 유래를 찾을 수 없는 비싼 가격에 낙찰되었다. 그 이전까지는 커피 생두 가격이 1파운드에 1달러에도 미치지 못했다. 게이샤의 경매 기록 행진을 추적하기 전에 에스메랄다 농장이 어떻게 해서 이 품종을 재배하게 되었는지를 살펴보는 것이 좋겠다.

게이샤 커피의 고향, 에티오피아

　처음으로 게이샤 품종이 발견된 곳은 에티오피아의 카파 지역이다. 이곳은 고대 인류의 요람으로 알려져 있는 그레이트리프트 계곡Great Rift Valley 의 북쪽으로, 커피가 처음 발견된 곳으로 지목되기도 하는 곳이다. 1931년 영국의 학자들이 에티오피아에서 커피 종자를 수집하면서 게샤Gesha로 불리는 카파 지역의 한 숲에서 커피 씨앗을 받아내 케냐농업연구소로 옮겼다. 이때는 명칭이 게이샤가 아니라 에티오피아의 옛이름인 아비시니아였다. 이듬해 그 숲에서 커피 씨앗이 수집되어 케냐농업연구소로 옮겨졌는데, 이때는 게이샤Geisha라는 표기가 붙었다. 그 숲의 명칭을 영어로 옮기는 과정

고대 인류의 요람으로 불리는 에티오피아 그레이트리프트 계곡의 북쪽에 게이샤 커피 품종이 발견된 카파 지역이 있다.

에서 표기가 잘못된 것인데, 오늘날까지 이 품종은 게이샤로 불리고 있다.

케냐에서 자란 게이샤는 1936년 탄자니아커피연구소로 전해져 여러 농장에 심겨졌다. 이어 우간다에도 전해져 성공적으로 자라났다. 탄자니아는 게이샤 커피의 자손을 잡종hybrid 교배해 커피 녹병Coffee Leaf Rust에 강한 VC-496 품종을 탄생시켰다. 그리고 이 품종이 아메리카 대륙에서도 발생하기 시작한 커피 잎사귀 녹병인 '로야Roya'를 이겨낼 것이라는 희망을 안고 코스타리카로 전해졌던 것이다. 이것을 파나마 농림부 직원이던 돈 파치Don Pachi가 파나마로 가져가 심었으며, 에스메랄다 농장에서 명품으로 거듭났다.

왜 에티오피아, 케냐, 탄자니아, 우간다, 코스타리카 등 게이샤 품종이 거쳐온 나라에서는 명품의 맛이 나지 않았던 것일까? 현재 중남미에서 자라는 게이샤 품종은 1931년 영국이 에티오피아 게샤숲에서 채집한 종자의 후손임이 분명하다. 이 부분에 대해 프랑스의 저명한 식물육종학자인 장 피에르 라부시Jean Pierre Labouisse는 "에스메랄다 농장을 비롯해 파나마에서 자라고 있는 게이샤 커피는 에티오피아 게샤숲에서 자라는 커피나무들과 공통된 유전자가 있지만, 그렇다고 서로 동일한 품종은 아니다"고 밝혔다. 게이샤 품종이 파나마의 풍토에 맞게 적응하면서 향미가 풍성해지는 신의 축복을 받았다는 것이다.

게이샤 커피의 사연은 귤화위지橘化爲枳라는 고사성어를 떠올리게 한다. 같은 귤이라도 심겨지는 곳의 풍토가 좋지 않으면 탱자가 되는 것과 같은 이치로, 게이샤 품종은 파나마에서 천혜의 환경을 만나 명품 커피로 거듭난 것이다.

왜 에스메랄다 농장의 게이샤가 특별했을까?

파나마를 비롯해 니카라과, 과테말라, 온두라스, 코스타리카 등 중앙아메리카는 1960년대에 들어서면서 '로야'라고 불리는 커피 잎사귀 녹병으로 인해 심각한 해를 입었다. 나뭇잎이 곰팡이균의 번식으로 인해 녹색 반점 형태로 타들어가는 병이다. 19세기 중반 실론을 급습해 전 지역의 커피나무

를 모두 뽑아버리게 만든 무시무시한 병충
해가 중앙아메리카에 상륙한 것이다.

파나마는 정부 차원에서 대책 마련에
나섰다. 1963년 농림부 직원이었던 돈 파
치가 인접한 코스타리카로 가서 병충해에
저항력이 있는 게이샤 품종을 가져와 농장
에 보급했다. 그러나 당시 '게이샤 프로젝
트'는 성공을 거두지 못했다. 돈 파치가 가
져온 게이샤 품종은 수확량이 적고 맛도 티
피카나 카투라caturra 등 기존의 품종들과 그
다지 다를 바 없어 상품화에는 실패했다.

게이샤 품종의 진가는 보케테에 있는
에스메랄다 농장의 주인인 프라이스 피터
슨Price Peterson을 만나면서 비로소 빛을 발
휘한다. 그의 부친인 루돌프 피터슨Rudolph
A. Peterson은 1964년에 보케테의 팔미라
Palmira와 카나스 베르데스Canas Verdes 지역

곰팡이가 잎을 철이 녹슨 듯 만든다
고 해서 커피 잎사귀 녹병이라는 명
칭이 붙었다. 파나마는 이 병을 이
겨내기 위해 인접한 코스타리카에서
게이샤 품종을 들여와 심게 되었다.

에 있는 커피 농장을 구입했다. 이들은 자신들의 농장에 '에메랄드 보석'을
뜻하는 에스메랄다는 이름을 붙였다. 중남미에는 에스메랄다라는 이름을
가진 커피 농장이 적지 않다. 유네스코가 100년 전통의 커피 재배법을 보존
하고 있어 세계문화유산으로 지정한 콜롬비아 킨디오에도 에스메랄다 농장
이 있는데, 2016년 국제대회에서 이 농장의 커피가 우승을 차지하기도 했
다. 갓 수확한 신선한 커피 생두의 빛깔이 에메랄드와 비슷하다고 해서 재

배자들은 이 명칭을 좋아한다.

루돌프 피터슨은 1970년 뱅크오브아메리카Bank of America의 은행장을 지낸 인물로, 리처드 닉슨Richard Nixon 대통령의 해외원조 정책에 경제원조 부분을 이끈 세계금융계의 거물이었다. 1973년 아들인 프라이스 피터슨이 파나마로 건너가 본격적으로 커피를 재배했다. 농장을 키워나가던 그는 1996년에 보케테 자라밀로Jaramillo 지역에 있는 한 농장을 경매로 구입했는데, 바로 이 농장에 훗날 큰 영광을 안겨줄 게이샤 품종이 자라고 있었다. 이 농장은 한스 엘리엇Hans Elliot이라는 스웨덴 사람이 1940년부터 커피나무를 심어왔는데, 뭔가 색다른 맛을 내는 커피나무가 있다는 소문이 돌고 있었다. 프라이스 피터슨은 전략적으로 이 농장을 사들이자마자 소문의 주인공인 커피나무를 자신이 운영하는 농장 곳곳으로 옮겨 심었다.

그는 이들 커피나무가 같은 농장이라고 해도 자란 장소에 따라 향미가 달라질 정도로 민감하다는 사실을 알게 되었다. 프라이스 피터슨은 게이샤 품종이 원종이어서 병충해에 약하지만 그늘에서 서서히 자라게 하는 등 특별한 환경을 만들어 재배하면 다른 품종이 따라올 수 없는 인상적인 향미를 뿜어낸다는 사실을 체득한 것이다.

에스메랄다 농장은 현재 프라이스 피터슨의 둘째 아들인 대니얼 피터슨Daniel Peterson이 관리하고 있다. 파나마에서 태어난

로스팅한 에스메랄다 농장의 내추럴 커피 원두. 센터 컷에 흰색의 실버 스킨이 남지 않은 것으로 내추럴 커피임을 알 수 있다.

그는 스웨덴 농장주에게서 자라밀로 농장을 사들일 때부터 적극적으로 커피 농사에 참여했다. 그는 2004년 베스트 오브 파나마 대회에서 게이샤 품종으로 처음 우승을 일궈낸 주역인데, 얼마 전 당시 뒷이야기를 언론에 밝혀 주목을 끌었다.

그는 2004년 대회에 게이샤 품종을 출품하면서 맛이 너무나 특별했기 때문에 자신의 가족들이 키워낸 품종이 게이샤 품종이 아닐 수도 있다는 생각을 했다. 그 때문에 출품작에는 게이샤라는 표기를 하지 않고 '에스메랄다 자라밀로 스페셜Esmeralda Jaramillo Special'이라고 적었다. 대회가 끝난 뒤 유전자 분석을 통해 게이샤 품종으로 확인이 되었지만, 다른 국가의 게이샤 품종들과 달리 특별한 향미를 지닌 원인에 대해서는 아직 명확하게 밝혀지지 않고 있다.

그 이유는 다양한 품종의 커피가 자랄 수 있는 파나마의 재배환경이 큰 영향을 끼친 데 따른 것으로 모아지고 있다. 보케테의 많은 커피 농장은 티피카와 게이샤를 비롯해 카투라, 카투아이catuai, 버번, 산 라몬san ramon, 파체pache, 문도노보mundo novo 등 여러 종의 커피가 함께 자랐다. 이런 상황에서 게이샤 품종이 에스메랄다의 치밀한 농법과 어우러지면서 긍정적인 형질을 받아들여 복합미가 좋아진 것이라는 가능성도 제기되었다. 하지만 게이샤 향미의 비밀은 아직 과학적으로 명확하게 풀리지 않고 숙제로 남아 있다.

대회 심사위원들은 기존 커피와는 차원이 다른 향미를 뿜어내는 게이샤에 매료되었다. 한 모금 머금으면 꽃밭의 한가운데로 순간 이동을 한 듯 그윽하게 풍겨나는 장미 · 재스민 · 오렌지꽃 같은 꽃향기, 꿀처럼 끈적이는 듯한 농밀한 단맛, 향수를 뿌린 듯 좀처럼 가시지 않는 긴 여운, 패션푸르츠passion fruits나 잘 여문 감귤처럼 부드러운 산미와 깊은 복합미 등이 인상

게이샤 커피는 꽃향기, 단맛, 패션푸르츠나 잘 여문 감귤처럼 부드러운 산미와 깊은 복합미 등이 인상적이다. 한마디로 '신의 커피'라는 별칭이 붙을 만하다.

적인 게이샤의 향미에 심사위원들은 유래없이 높은 점수를 매기며 찬사를 보냈다.

　　세계적인 커피 품평가인 돈 홀리Don Holly가 2006년 베스트 오브 파나마 대회에서 우승한 에스메랄다의 게이샤 커피를 맛보고는 "에스메랄다의 특별한 커피에서 나는 신을 만났다"고 극찬한 이후 게이샤 커피에는 '신의 커피'라는 별칭이 붙었다. 미국스페셜티커피협회 회장을 지낸 릭 라인하트 Ric Rhinehart는 "게이샤 커피는 강렬한 아로마와 복합미가 잘 어우러지는데다 산미와 묵직한 바디감, 단맛까지 완벽하게 가미되면서 이제껏 내가 마셔본 커피 중 가장 완벽했다"고 토로했다. 인텔리젠시아를 세계적 커피 전문점으로 일궈낸 생두 바이어 제프 와츠Geoff Watts는 게이샤 커피를 마시고는 "향이 풍성해 커피잔에서 빛줄기가 쏟아져나오는 듯했다"고 묘사했다.

르완다 커피와
우간다 커피

천 개의 언덕, 르완다

"식민 지배에 이은 전란으로 인해 가난과 배고픔을 경험했고, 이렇다 할 지하자원도 없어 근면과 교육열로 난관을 돌파하겠다고 의지를 불태우고 있는 나라." 한국에 관한 이야기처럼 들릴지 모르지만, 아프리카 중앙에 있는 르완다를 두고 하는 말이다. 국토 면적이 한국의 경상남북도를 합한 크기에 불과해 그야말로 '작지만 강한 나라'를 꿈꾸고 있다.

르완다는 명칭이 '점점 커진다'는 의미를 지닌 동사에서 비롯되었다고 하니 큰 땅을 갖고 싶은 그들의 열망이 느껴진다. 그러나 이 작은 나라는 종족 간 대립으로 인해 1990년부터 1994년까지 약 150만 명이 학살되는 참극과 국민의 30퍼센트가 난민으로 주변국을 떠돌아다니는 고난을 겪어야 했다.

2004년 개봉한 영화 〈호텔 르완다〉는 그 아픔을 고스란히 스크린에 담아냈다. 영화의 배경이 되었던 곳이 수도 키갈리Kigali에 있는 '밀 콜린스 호텔Hotel des Mille Collines'인데, 밀 콜린스란 '천 개의 언덕'이라는 뜻으로 르완다를 부르는 또 다른 이름이기도 하다. 전 국토가 해발고도 1,500미터 이상 고지대이기 때문에 적도에 가깝지만(남위 2도) 연평균 기온이 19도로 선선해 '아프리카의 스위스'라는 애칭을 갖고 있다. 연평균 강수량도 1,270밀리미터 정도로 커피 중에서도 향미가 좋은 아라비카 품종을 재배하기에 천혜의 조건을 갖추고 있다.

그러나 르완다 커피에는 또 다른 아픔이 있다. 커피의 향미를 표현하는 단어들 가운데 '감자맛potato taste'이라는 것이 있다. 커피에서 '감자 향미potato flavor'는 굽거나 삶은 감자에서 나는 은은한 향으로 다른 향들과 어우러지면서 좋은 느낌을 자아내는 매력적인 요소다. 그러나 '포테이토 테이스트'라고 하면 사정이 달라진다. 이것은 '포테이토 디펙트potato defect'와 같은 말로, 르완다에서 생산되는 커피가 대체로 갖는 고질적인 향미적 결점을 꼬집는 용어가 되었다.

부정적인 의미의 감자맛이란, 잘 추출된 커피에서 생감자의 아린 맛과 자극적인 향이 나는 결점이다. 생감자를 썰거나 껍질을 씹었을 때 느껴지는 거친 감각이자 입을 마르게 하는 떫은 뉘앙스라고 묘사하기도 한다. '생두 상태에서는 전혀 감지되지 않는 향미적 결점'이며, 한 알만 있어도 컵 전체를 망치는 파괴력을 품고 있는 무시무시한 존재인 것이다. 전문가들은 대체로 "감자맛 결함potato taste defect이 한 잔에 담기는 커피에 썩은 감자를 떠오르게 하는 악취와 향미를 부여한다"고 지적한다.

영화 〈호텔 르완다〉는 1990년부터 1994년까지 약 150만 명이 학살되는 참극을 고스란히 담아냈다.

잘 익은 르완다 커피 체리를 펄퍼Pulper에 넣어 과육을 벗겨내는 과정이다. 르완다는 물이 풍부해 이런 방식으로 과육을 벗겨내고 물로 씻어 말리는 '워시드 가공법'을 주로 사용한다.

르완다 커피를 테이스팅할 때 산미와 단맛이 잘 어우러지고 적절한 쓴맛과 부드러운 바디감이 기분을 좋게 만들어 엄지손가락을 치켜들려는 순간 생감자 또는 말린 인삼을 질근 씹었을 때 느껴지는 아린 맛이 스치면서 주춤하는 경우가 적잖다. 감자맛 결함이 부리는 심술 때문이다.

이처럼 치명적인 결점이 1994년 대학살을 겪고 난 뒤 전 국민이 커피를 생산하며 희망의 불을 지핀 르완다에 천형天刑처럼 내려졌다는 게 더욱 안타깝다. 미국이 2000년부터 '펄PEARL 프로젝트'라는 지원프로그램을 통해 농가마다 커피나무 70그루를 나누어주고 재배토록 했다. 품종은 대부분 버번으로 40여 만 농장에서 매년 30~40만 포대를 생산하고 있다.

르완다 커피에서 나는 감자맛

르완다는 2008년부터 세계적인 스페셜티 커피 바람에 부응하기 위해 아프리카 국가로는 처음으로 '컵 오브 엑설런스'를 유치하고 품질이 좋은 커피를 생산하기 위해 팔을 걷어붙였다. 이는 21세기에 들어서면서 커피의 향미를 따지며 소비하려는 이른바 '제3의 물결'이 일면서 커피 재배지에서 나타난 공통적인 움직임이다.

그러나 르완다의 이런 노력이 되레 족쇄가 되었다. 전문적인 향미 평가를 받지 않고 대량 판매할 때는 없었던 감자맛 결함이 커피 테이스터들의 전문적인 평가를 받게 되면서 감지되기 시작한 것이다. 품질을 높이기 위해

커피 테이스터 교육 과정을 공동 창안한 세계적인 커피 석학 숀 스테이먼 박사(오른쪽)와 저자가 르완다 커피를 테이스팅하고 있다. 르완다 커피에서는 품질이 좋은 커피일수록 생감자의 아린 맛이 나는 결점이 상대적으로 잘 드러날 수 있다.

디펙트빈을 골라내는 등 노력을 기울이면 기울일수록 르완다 커피에 미세하게 섞여 있던 감자맛 결함은 더욱 두드러지게 나타났다. 이게 무슨 역설이란 말인가? 세계 각지의 전문가들이 르완다 산지로 달려가 원인 규명에 매달렸지만, 아직도 명쾌한 답을 구하지 못하고 있다.

르완다가 일시에 전국적으로 커피나무를 재배하는 바람에 토양의 영양분이 소진된 데 따른 현상이라는 의견이 제기되어 땅을 '객토客土'하려는 움직임도 있었다. 그리고 감자맛 결함의 원인은 안테스티아Antestia Bug라는

르완다 커피의 감자맛 결함은 안테스티아로 불리는 벌레 때문인 것으로 추정되고 있다.

벌레로 모아지고 있다. 방귀벌레Stink Bug라고도 불리는 이 곤충은 몸이 납작하며 거의 여섯모꼴인데, 몸에서 고약한 냄새가 나기 때문에 '노린재'라는 별칭이 붙었다. 이 벌레가 감자맛을 내게 하는 원인이라고 연구되었지만, 아직은 가설 수준이다. 그 가설은 이렇다.

첫째, 커피 열매가 안테스티아의 공격을 받으면 씨앗까지 손상을 입게 된다. 둘째, 손상된 곳으로 미세한 박테리아가 침입해 기생한다. 셋째, 박테리아가 기생하면서 분비하는 물질이 생두에 축적되어 감자맛 결함을 내게 된다.

감자맛 결함을 내는 생두를 분석해보니, 실제 메톡시 피라진Methoxy Pyrazine이 검출되었다. 이 물질은 생감자에 존재하는 성분으로 미묘한 흙냄새의 원인 물질이기도 하다. 감자가 자랄 때 토양 박테리아에 의해 생성되어 감자에 흡수되는 성분으로 알려졌는데, 생감자를 썰 때 향미가 두드러진다. 안테스티아로 인한 감자맛 결함은 외견상 생두에 아무런 흔적을 남기지 않는다는 데에 더 큰 문제가 있다. 추출해 맛을 봐야만 비로소 결함이 있는 줄 알 수 있기 때문에 재배자로서는 생두 값을 제대로 받을 수 없게 된다.

감자맛 결함으로 인해 대학살의 악몽을 딛고 재기의 꿈을 키워준 커피가 르완다 국민들에게 양날의 칼이 되고 있는 형국이다. 이런 안타까움을 보다 못해 일각에서는 감자맛 결함을 르완다 커피의 향미적 특징으로 받아들이자는 주장까지 나오고 있다.

세계는 르완다가 반드시 이 문제를 해결해낼 것으로 기대하고 있다. 특히 한국이 르완다를 바라보는 눈은 따뜻하다. 르완다의 국민성은 종종 한국인과 비교되기 때문이다. '우무간다Umuganda(함께 노력한다는 뜻)'라는 전통적인 풍습이 우리의 새마을운동과 흡사하다. 국제투명성기구가 2013년 발표한 국가별 부패인식지수를 보면, 르완다는 177개 국가 중 49위로 한국(46위)과 근소한 차이를 보이며 아프리카 국가로서는 드물게 OECD 국가에 버금가는 청렴도를 자랑한다. 세계은행이 2014년 발표한 기업환경평가에서도 르완다는 189개 국가 중 32위를 차지했다.

검은 대륙의 진주, 우간다

나일강의 근원인 빅토리아 호수를 품고 있으며, 해발고도 5,000미터가 넘는 루웬조리Ruwenzori산에는 인류가 아직 찾아내지 못한 수많은 생명이 살고 있다. 그 어떤 문명의 힘으로도 정복하지 못한 거친 대평원이 펼쳐져 있는 곳이자, 빼어난 자연경관으로 영국의 윈스턴 처칠Winston Churchill 수상이 '검은 대륙의 진주'라고 찬사를 아끼지 않은 나라다. 영화 〈타잔〉의 촬영지로도 널리 알려진 이곳은 '우간다'다.

동아프리카에서는 흔치 않은 수자원과 풍성한 산림, 지천에 널린 바나나를 비롯한 각종 과일 덕분에 다양한 종족이 정착 생활을 시작한 곳이기도 하다. 14세기 철을 다루는 기술을 갖춘 종족들이 제국 형태의 조직체를 형성하기 시작해서 16세기에는 빅토리아 호수 주변에 잘 조직된 강력한 '부간다Buganda 왕국'이 등장해 주변의 세력을 규합했다.

부간다 왕국의 역사가 곧 우간다의 역사라고 할 수 있다. 1894년 영국이 부간다를 통치하면서 발음하기 어려워 우간다로 불렀던 것이 나라 이름으로 굳어졌다. 우간다의 수도인 캄팔라Kampala를 중심에 두고 형성된 부간다 왕국은 독특한 문화를 형성했는데, '카수비 부간다족 왕릉 단지Tombs of

우간다는 적도가 지나는 곳으로 1년 내내 커피가 생산된다. 한 산지에서도 낮은 곳에서 열매가 무르익었다고 해도 위로 올라갈수록 나무의 성장이 늦어져 꽃이 피고 열매가 달리는 나무가 있다. 커피 꽃에서 열매까지를 한 산지의 것을 모아 촬영한 것으로 우리로 치면 사계절이 한자리에 모여 있다.

Buganda Kings at Kasubi'는 2001년 유네스코 세계문화유산으로 지정될 만큼 그 가치를 인정받았다.

우간다에는 이와 함께 수많은 멸종위기의 식물종이 확인된 '루웬조리 산지국립공원Ruwenzori Mountains National Park'과 사라지기 직전인 마운틴고릴 라와 여러 유형의 조류 등이 서식하는 '브윈디천연국립공원Bwindi Impenetrable National Park'이 1991년부터 유네스코 세계문화유산으로 지정되 어 보호를 받고 있다.

부간다 왕국은 1844년 아랍 노예 상인들을 시작으로 외세의 침략을 받 게 되었다. 나일강을 역류해 수단과 이집트가 노예 사냥을 본격화하던 1858년 영국의 탐험가 존 해닝 스피크John Hanning Speke가 빅토리아 호수를 발견해 부간다 왕국의 실체를 세계에 알렸다. 영국이 프랑스와 공동으로 1869년에 수에즈운하가 개통된 뒤 잔지바르Zanzibar섬을 장악하면서 케냐와 우간다 등 동아프리카는 그야말로 영국의 뒷마당이 되었다. 1901년 케냐의 몸바사Mombasa항과 수도인 나이로비Nairobi, 빅토리아 호수변 키수무Kisumu

를 잇는 철로가 완성되자, 우간다의 자원은 고스란히 유럽으로 흘러가게 되었다.

우간다는 1962년 독립한 뒤 내부적인 혼란을 겪다가 요웨리 무세베니 Yoweri Museveni가 1986년 쿠데타를 통해 대통령이 된 후 4선으로 장기집권하고 있다. '아프리카의 비스마르크'라고 평가받는 그의 지도력에 따라 연간 7퍼센트대의 경제성장률을 보이기도 했지만, 아직 선진국의 원조 규모가 아프리카 대륙에서 10위 안에 머물고 있다. 지도층의 부정부패가 문제다. 2012년 총리실 관계자들이 원조사업의 예산을 횡령한 것이 밝혀져 주요 공여국供與國들의 예산 지원이 중단되기도 했다.

로부스타의 천국

우간다 커피의 맛을 한마디로 요약해 말하는 사람이 있다면, 그것은 곱씹어볼 여지가 있다. 우간다에서는 성격이 완전히 다른 2가지 종류의 커피나무가 재배되고 있기 때문이다. 하나는 카페인의 함량이 높아 병충해를 잘 견디는 덕분에 낮은 지역에서도 자라는 로부스타 품종이고, 또 하나는 병충해가 적은 고산 지역에서만 자랄 수 있는 대신 향미가 좋은 아라비카종이다.

로부스타는 향기와 산미가 적고 쓴맛과 바디감이 강해 흔히 인스턴트 커피용이라고 말하며, 값이 통상 아라비카의 절반에도 못 미친다. 반면 아라비카는 향미가 좋아 커피 애호가들은 대부분 드립 방식으로 추출해 즐긴다. 최근 세계적으로 일고 있는 '스페셜티 커피'는 모두 아라비카종이다.

우간다 로부스타는 로부스타 중에서도 품질이 좋기로 소문이 나 인스턴트커피용보다는 에스프레소 블렌딩용으로 특히 유럽의 카페에서 인기가 높다. 베트남이나 인도에서 생산되는 로부스타에 비해 향미와 단맛이 좋기 때문이다. 로부스타 원종은 처음 발견된 곳이 1858년 빅토리아 호수(해발고도 1,134미터) 서쪽인 콩고민주공화국으로 알려져 있다. 하지만 우간다는 자신들이 로부스타의 태생지라고 주장한다. 로부스타는 우간다에서 1년 내내 생산되며 아라비카보다 면적당 2배 이상 생산량도 많아 가히 '로부스타의 천국'이라고 할 수 있다.

우간다는 로부스타 품종을 주로 재배했지만, 수년 전부터 품질이 좋은 아라비카종을 재배하는 곳이 늘고 있다. 정의윤 커피비평가협회 트레이너가 우간다의 한 재배자가 품질 평가를 의뢰한 아라비카종의 내추럴 커피(오른쪽)와 워시드 커피 생두를 살펴보고 있다.

국내에서는 로부스타를 질이 낮은 커피로 간주하면서 공업용이라고 업신여기는 분위기가 팽배한데, 사실 로부스타는 다이어트에 효과적인 클로로겐산의 함량이 아라비카보다 2배나 많고 단백질과 지방도 풍부하기 때문에 향미가 부족할지언정 요긴한 쓰임새가 있는 품종이다.

우간다는 2013년 기준으로 28억 5,000만 달러(약 3조 3,230억 원)를 수출했는데, 절반이 커피이고 나머지는 시멘트·면화·농산물 등의 순이었다. 한국의 2.4배만 한 땅에서 상대적으로 고도가 낮은 서쪽 지역에서는 로부스타가 생산되고, 동쪽 고산지대에서는 초콜릿과 캐러멜의 단맛이 인상적인 아라비카가 생산된다. 7,000여 농가가 참여하는 커피협동조합 '구무틴도Gumutindo'가 커피 품질의 선진화를 이끌고 있으며, 샴바스Shambas라고 불리는 30여 만 개의 소규모 자영농장이 대부분 품질 좋은 로부스타를 내세워 유럽시장을 공략하고 있다. 우간다 현지에서 마시는 로부스타 커피는 그릇된 통념을 바꿔놓기에 충분할 정도로 맛이 매력적이다.

아라비카 품종은 1900년 세기가 바뀌면서 식민 통치를 하던 영국을 통해 재배되기 시작했다. 17세기 바바 부단이라는 인도 수도승이 예멘에서 몰래 인도로 들여와 재배에 성공한 것을 영국이 우간다에 옮겨심은 것이다. 따라서 품종은 아라비카 원종 중에서도 티피카로 잼처럼 끈적이는 단맛과 재스민 향과 초콜릿 향이 일품인 커피다. 티피카 품종은 하와이안 코나 커피와 자메이카 블루마운틴 커피를 세계적 명품으로 만든 주역이기도 하다.

우간다에서 주로 생산되는 로부스타종과 아라비카종 중 부기수bugisu는 소량 생산이 되나 품질이 매우 뛰어나 커피 애호가들의 선호도가 높은 편이다. 부기수는 케냐와 접경지인 엘곤산Elgon Mountain이 있는 북동 지역과 서쪽의 루웬조리산 근처에서 생산되며 와인과 과실의 맛, 깊은 향미를 지닌 아프리카의 전형적인 커피다. 케냐 커피와 비슷하지만 원두의 크기가 조금 작고 거친 느낌을 준다는 평가를 받는다.

우간다에서 많이 재배되는 로부스타종의 원두는 아라비카종과는 달리 볼록하고 둥글며 홈이 곧고 회색빛이 도는 푸른색이다. 로부스타종은 전 세계 생산량의 20~30퍼센트를 차지하지만, 아라비카종에 비해 카페인 함량이 많으며 쓴맛이 강하고 향이 부족해 스트레이트 커피Straight Coffee(우수한 품질의 원두 한 가지만을 추출한 커피)로 만들기에 적합하지 않다. 하지만, 경제적 이점이 있기 때문에 상업적으로 재배해 인스턴트커피의 주원료로 이용되고 있다.

커피나무는 지구의 온도 상승을 막을 수 있다

우간다의 커피 생산량은 1960년대 연간 350만 포대를 기록했지만, 정치적인 문제로 1989년 중반까지 생산량이 감소했다. 최근 우간다의 기후변화가 수십 년 내 동아프리카 국가들의 핵심 수출품목인 커피를 멸종시킬 수도 있다는 보고서를 영국의 구호단체 '옥스팜Oxfam'이 발표했다. 우간다는 에티오피아에 이어 아프리카에서 두 번째로 커피 생산량이 많은 나라이며, 로부스타종의 주요 생산국이기도 하다.

옥스팜의 보고서는 "지구 평균기온이 2도 이상 상승하면 우간다는 커피를 재배하기 어려운 환경이 된다. 최소 30년에서 40년 내 그렇게 될 것"이라며 어둡게 전망했다. 기온상승은 변덕스러운 기상상태를 야기하기 때문이다. 대부분의 우간다 지역에는 우기가 두 번 찾아온다. 3월부터 6월까

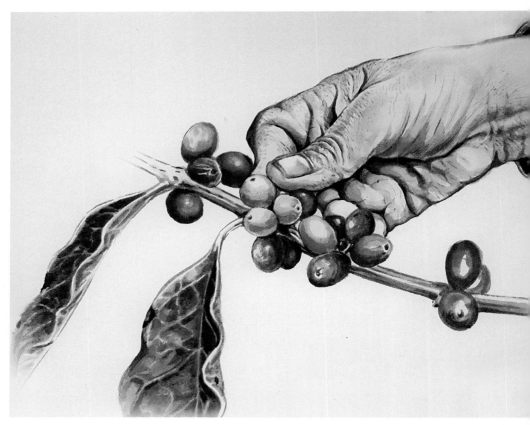

옥스팜은 평균기온이 2도 이상 상승하면 우간다는 커피를 재배하기 어려운 환경이 된다고 발표했다. 따라서
지구의 온도 상승을 막기 위해 커피나무를 심어야 한다.

지의 첫 번째 우기와 10월부터 12월까지의 두 번째 우기가 그것이다. 이 보고서는 기온이 상승하면서 3월 우기에는 강수량이 줄어들어 가뭄이 들며 농작물의 종류와 수확량도 줄어들 것이라고 밝혔다. 반면 두 번째 우기에는 격렬한 폭우와 폭풍이 찾아와 홍수와 산사태를 유발하고 토지를 침식시킬 것이라고 예상했다.

절망적인 예측이지만, 필립 지타오Philip Gitao 동아프리카커피협회 회장은 커피 농가에 커피 재배를 계속해줄 것을 부탁했다. 더 많은 커피나무가 지구의 온도 상승을 막을 수 있기 때문이다. 그는 또 옥스팜의 보고서를 인용해 "더 튼튼한 커피나무를 재배하는 등 기후에 적응하려는 노력도 할 수 있을 것"이라며 커피 농가를 격려했다.

우간다커피개발청UCDA은 커피를 책임지고 있는 정부 기관으로 민영화된 수출 부문, 생산자, 상인들을 감독할 뿐 아니라 커피 생산을 저해하고 있는 커피나무가 시드는 병을 직접 관리하고 있다. 또한, 중국과 덴마크에 우간다 커피 소매 전문점을 오픈해 국제적으로 우간다의 커피를 판매하는 데 힘쓰고 있다.

하와이와
하와이안 코나 커피

하와이와 하와일로아

미국은 커피를 가장 많이 소비하는 나라다. 2015년 10월부터 2016년 9월까지 1년간 소비량 932만 8,140톤 중에서 253만 3,660톤을 소비해 전세계 소비량의 27.2퍼센트를 차지한 것으로 국제커피협회는 집계했다. 한국(12만 9,660톤)보다 무려 19.5배나 많은 양이다. 인구수를 고려해도 한국보다 마시는 양이 압도적이다. 미국의 인구수는 3억 2,399만 명(2016년)으로 한국(5,171만 명)의 6.3배인데, 단순비교를 해보면 미국인 1명이 우리 국민 1명보다 커피를 3배 이상 마시는 셈이다.

미국 본토와 한반도는 커피를 재배할 수 있는 커피벨트의 북쪽 한계선인 북위 24도 위에 있기 때문에 커피나무가 자라지 못한다. 물론 비닐하우

하와이 코나 커피가 세계적으로 높은 평가를 받는 것은 압축적으로 커피나무의 개화 시기를 맞추는 기술 덕분이라고 할 수 있다.

스에서 재배되는 것은 예외다. 비닐하우스에서 수확하는 커피는 양이 적기 때문에 '생두 비즈니스'를 할 수 없다.

　그러나 하와이에서는 커피가 재배된다. 미국의 유일한 커피 산지다. 특히 하와이 코나 지역에서 생산되는 커피는 품질이 우수해 자메이카 블루마운틴 커피와 더불어 '세계 2대 커피'로 손꼽힌다. 코나에서 생산되는 커피는 연평균 500톤이다. 전 세계 커피 생산량(2016년 90억 9,720만 톤)의 0.000005퍼센트, 즉 20만 분의 1을 차지한다. 하지만 그 존재감은 무시할 수 없어 '작지만 큰 커피 생산지'라고 할 수 있다.

　하와이는 지리적으로나 인종적으로 폴리네시아Polynesia에 가깝다. 수

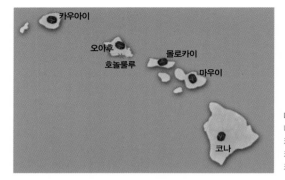

미국의 유일한 커피 산지인 하와이 코나 지역에서 생산되는 커피는 자메이카 블루마운틴 커피와 함께 '세계 2대 커피'로 손꼽힌다. 하와이의 대표적인 커피 생산지.

천 개 섬으로 이루어진 폴리네시아는 육지 총 면적이 약 2만 6,000제곱킬로미터로 제주도(1,849제곱킬로미터)의 약 1.4배에 불과하지만, 해역은 태평양의 절반가량을 차지한다. 흔히 하와이 남단, 뉴질랜드 북단, 이스터섬을 잇는 삼각지대를 일컫는다. 폴리네시아인들은 광대한 해역에 퍼져 살지만, 남서단의 뉴질랜드 원주민인 마오리족과 최북단의 하와이 원주민인 카나카족의 언어가 서로 통한다. 폴리네시아인들은 현저한 동질성을 보인다.

폴리네시아인이 넓게 퍼질 수 있던 것은 뛰어난 항해술과 카누 덕분인 것으로 추측된다. 기원전 150년쯤부터 폴리네시아에는 인류가 거주한 증거가 있다. 이스턴섬에는 4세기, 하와이는 9세기, 뉴질랜드는 14세기부터 인류가 살았던 흔적이 방사성탄소에 의한 연대 측정을 통해 확인되었다. 역사가들은 기원후 300~400년 하와이제도에 폴리네시아인이 정착하기 시작했을 것으로 본다. 1,700년 역사에서 하와이는 하와일로아Hawaiiloa라는 영웅을 주인공으로 하는 탄생 신화를 갖고 있다.

태평양의 이름 모를 섬에서 태어난 하와일로아는 거친 바다를 헤쳐나갈 수 있는 카누를 만들어 항해를 하다가 일련의 섬들을 발견한다. 섬의 아름다움에 매료된 하와일로아는 고향으로 돌아가 가족들과 항해전문가 8명을 대동하고 원정을 떠나 자신이 발견했던 섬에 정착한다. 후손들은 그의 이름을 따 이 섬들을 '하와이'라고 불렀다. 주요 섬들에는 하와일로아의 세 아들인 카우아이Kauai, 마우이Maui, 오아후Oahu의 이름이 붙었다.

미국, 하와이를 약탈하다

하와이제도는 1778년 스코틀랜드계 영국인 탐험가 제임스 쿡James Cook이 유럽인으로서는 처음으로 최북단에 있는 카우아이섬에 상륙하면서 세상에 알려지게 된다. 영국은 당시 세계적 무역상품인 설탕을 조달하기 위해 하와이에 사탕수수 농장을 추진하고 원주민을 효율적으로 동원하기 위해 하와이 왕국 수립을 지원한다. 카메하메하 1세Kamehameha I는 1795년 하와이 왕국을 선포하는데, 수도를 빅아일랜드 북쪽에 접한 마우이섬의 라하이나Lahaina로 정한다. 카메하메하는 하와이어로 '고독한 자'를 뜻한다.

그는 당시 하와이섬에서 가장 세력이 큰 부족의 족장이었다. 영국은 카메하메하 족장에게 소총과 대포 등 신식무기를 제공하면서 통일 전쟁을 치르게 한다. 그는 1810년 카우아이섬의 족장에게서 항복을 받아내면서 하와이제도를 통일하고 스스로 국왕의 자리에 오른다. 하와이 왕국은 7대 국왕과 리디아 카메케하 릴리우오칼라니Lydia Kamekeha Liliuokalani 여왕의 시대를 거치면서 지정학적 중요성 때문에 영국과 프랑스, 미국의 각축장이 된다. 그러나 1840년대 대영 제국의 빅토리아Victoria 여왕과 프랑스의 루이 필리프Louis Philippe 국왕은 하와이 왕국의 독립과 주권을 보장하겠다고 선언한다.

칼라카우아 국왕은 영국 빅토리아궁전을 모방해서 이올라니궁전을 짓느라 재정을 거의 탕진했다. 이때 미국 자본가들은 하와이 왕국의 자산을 하나둘씩 챙겨갔다.

하와이는 사탕수수 판매를 통해 큰돈을 벌지만, 7대 국왕인 데이비드 칼라카우아David Kalākaua가 영국 빅토리아궁전을 모방한 이올라니궁전을 짓느라 재정을 상당 부분 날려버린다. 이 시기가 1880년대인데, 미국 자본가들은 이를 비집고 왕국의 자산을 하나둘씩 챙겨나간다. 미국은 1848년부터 골드러시gold rush가 시작되어 거대 자본가가 등장하고 서부 해안에 도시가 생기면서 본격적인 태평양 시대가 열렸다. 하와이 왕국의 자산을 대거 확보한 미국은 1887년 칼라카우아 국왕에게 의회 권한을 강화하는 개헌안을 내민다. 당시 하와이 의회는 미국에서 건너간 사람들이 장악하고 있었다. 하와이를 병합하려는 속내를 마침내 드러낸 것이다. 사실 미국은 하와이를 편입하기 전에 이미 진주만에 해군기지를 설치했다.

칼라카우아 국왕이 1891년 지병으로 사망하자 여동생인 릴리우오칼라니가 국왕이 된다. 하와이 역사에서 유일한 여왕이자 최후의 국왕이다. 여왕은 오빠 시절에 미국과 맺은 불평등조약을 무효화하려고 애를 썼다. 하지만 이미 기운은 미국으로 넘어간 상태였다. 권력을 강화하려는 여왕에 대항해 미국의 정치세력은 1893년 민병대를 동원해 여왕을 감금하고 임시정부를 구성하는 '쿠데타'를 일으켰다. 이때 하와이 원주민들이 무장봉기하지

커피 열매를 잘 키워내 수확해도 건조할 때 비가 오거나 습기 찬 날씨가 계속되면 품질이 떨어진다. 하와이 코나에서는 구름이 끼고 급작스럽게 비가 올 때가 잦기 때문에 비닐하우스에서 커피를 말린다.

만 3일 만에 제압되었다. 하와이 왕국은 영토를 통일한 지 83년, 건국된 지 103년 만에 사라졌다.

　　미국 자본가 세력은 '왕제王制 타도를 위한 혁명'이라고 주장하며, 호놀룰루에서 태어난 미국인 선교사의 아들이자 법률가인 샌퍼드 돌Sanford Dole 을 1894년 초대 대통령으로 선출하고 하와이공화국을 출범시킨다. 그는 대통령이 된 뒤 4년 만인 1898년 하와이를 미국령으로 편입시킨다. 하와이가 미국의 50번째주가 된 것은 이로부터 60여 년이 지난 1959년이다. 샌퍼드 돌 가문은 '돌Dole' 상표를 만들어 과일, 채소, 해운업을 독점하다시피 하며 세계적인 기업으로 키우고 대대로 상원의원을 배출한다. 미국 공화당의 밥 돌Bob Dole 전 상원의원이 그의 후손이다.

하와이 왕국의 전성기를 연 사탕수수

하와이가 18세기 말 서구에 알려진 뒤 처음에는 무역선이나 고래잡이 어선들의 기항지로 관심을 끌었다. 그러나 하와이에서 사탕수수가 야생으로 자라고 있다는 사실이 미국 선교사들에 의해 알려지면서 하와이의 운명이 바뀐다. 사탕수수는 8,000년 전쯤 남태평양의 뉴기니에서 경작되기 시작해 인도네시아와 필리핀을 거쳐 인도에 상륙했다. 인도인들이 기원전 4세기 사탕수수에서 설탕을 제조하는 기술을 깨우쳤다.

기원전 327년에는 알렉산더가 인도를 침략해서 사탕수수를 보고 "벌 없이 꿀을 만드는 갈대"라고 탄복했다. 기원후 500년쯤 페르시아에서도 사탕수수를 재배했고, 그 후 이곳을 점령했던 마호메트 군대가 이집트로 재배 농법을 전해 이집트를 통해 755년 지중해를 건너 에스파냐로 퍼졌다.

설탕은 11~13세기 십자군전쟁을 통해 유럽 전역에 확산되며, 아메리카 대륙을 발견한 콜럼버스는 1493년 두 번째 항해에서 카리브해의 아이티섬에 사탕수수를 전한다. 이후 페루, 브라질, 콜롬비아, 베네수엘라 등 남미의 거대한 땅에서 사탕수수가 재배되었다. 1600년쯤에 설탕은 엄청난 돈벌이 수단으로 부상해 세계적으로 생산량이 늘었지만, 여전히 유럽에서는 사치품으로 분류될 만큼 귀했다.

이런 마당에 18세기 말부터 거대한 미국 시장이 부상했으니, 하와이 왕국으로서도 사탕수수 생산에 총력을 기울일 수밖에 없었다. 하와이에 사탕수수 농장이 최초로 들어선 것은 하와이 왕국의 전성기로 꼽히는 카메하메하 3세 통치하인 1837년이었다.

사탕수수보다 먼저 재배된 커피나무

흔히 "하와이 커피는 미국인들이 브라질에서 옮겨 심은 것"이라고 말하지만, 이는 잘못된 견해다. 하와이 커피의 유래에 대해서는 여러 가지 설이 있는데, 분명한 것은 그 시기가 하와이 왕국 때라는 사실이다. 가장 앞선 것은 하와이 왕국의 초대 국왕인 카메하메하 1세 시절, 국왕의 고문으로 있던 에스파냐 의사 돈 프란시스코 마린Don Francisco Marin이 1813년 오아후에 커피 묘목을 심었다는 기록이다.

10여 년 후인 1825년 카메하메하 2세 국왕 부부가 영국 방문 중에 홍

하와이 왕국 시절 오아후섬을 관리하던 보키와 그의 아내. 1824년 영국의 초상화가인 존 헤이터John Hayter의 작품이다.

역으로 사망하는데, 시신을 운구해오던 오아후의 행정관인 보키Boki가 중간 기착지인 브라질의 리우데자네이루에서 커피 묘목을 구해 오아후에 심었다는 기록이 있다. 당시 영국에서부터 동행한 원예학자인 존 윌킨슨John Wilkinson이 커피의 가치를 알고 묘목을 구해 보키에게 재배를 권한 것으로 전해진다.

코나 커피의 기원은 오아후에서 자란 커피나무에서 비롯된다. 미국 코네티컷주 출신인 새뮤얼 러글스는 1825년 오아후의 커피나무 가지를 여러 개 꺾어다가 코나에서 성공적으로 키워냈다. 커피는 씨앗뿐만 아니라 꺾꽂이를 통해서도 번식할 수 있다. 품종은 에티오피아의 고산지대에서 유래한 것인데, 하와이 사람들은 '카나카 코페Kanaka Koppe'라고 불렀다. 카나카는 폴리네시아어로 '사람'을 뜻하는 것으로, 하와이 커피를 뜻한다. 지금도 코나에서는 티피카 원종과 함께 이 품종이 자라고 있다.

1830년대에는 하와이제도의 최북단인 카우아이에서도 커피가 재배되어 전체 섬에서 커피를 생산하게 된다. 코나에는 또 과테말라에서 들어온 품종이 있다. 이 품종은 하와이 왕국의 마지막 해인 1893년 독일 출신으로 왕국의 입법관을 지낸 헤르마나 와이드만Hermanna Widemann이 들여온 것으로 '코나티피카Kona-Typica'로 불린다.

하와이 코나에서 재배되는 티피카 원종은 병충해에 약해 키우기 힘들지만, 일단 재배에 성공하면 크고 선명한 색을 자랑하는 최고 등급의 엑스트라 팬시 생두를 얻을 수 있다.

향미가 뛰어난 하와이안 코나 커피

    하와이제도의 8개 큰 섬들 가운데 남쪽 끝에 있는 하와이섬, 크기가 가장 커서 '빅아일랜드'로 불리는 이 섬에 '코나Kona'로 불리는 작은 지역이 있다. 후알라라이Hualalai산과 마우나로아Mauna Loa산이 이루는 서쪽 해안 쪽 경사지를 따라 가로 3.2킬로미터, 세로 32킬로미터만 한 땅이 코나이고, 여기서 생산되는 커피만이 '하와이안 코나 커피Hawaiian Kona Coffee'로 불린다.

화산 토양은 커피나무에 풍성한 영양분을 공급하면서 코나 커피의 향미를 드높이게 하는 중요한 요소다. 킬라우에아 화산 경사면을 따라 화산 토양에 조성된 하와이 코나의 커피밭 전경.

이 지역에는 2헥타르(약 6,000평) 안팎의 작은 커피 농장이 600여 개 있으며, 연간 생산량이 500톤 정도에 불과하다. 코나 커피가 이처럼 귀하다 보니 하와이 주정부는 코나 커피가 10퍼센트만 섞여 있어도 상품명에 '코나'라고 표기할 수 있도록 허용하고 있다. 이 때문에 코나 커피를 구입할 때는 몇 퍼센트가 섞여 있는지를 확인해야 한다. 많은 커피 포장지 중에 '100퍼센트'라는 표기가 코나 커피에 유난히 많은 것이 바로 이런 사연 때문이다.

코나 커피가 특별한 대우를 받는 것은 토양과 기후가 커피를 재배하기에 최적이기 때문이다. 아울러 수확률을 높이거나 병충해에 강하도록 개량한 품종이 아니라 원종을 재배해 향미가 뛰어나다. 토양은 화산재가 넉넉하

하와이 코나에서는 하와이대학의 기술지원을 받아 품종개량이 왕성하게 이루어지고 있다. 병충해를 잘 극복하거나 수확량을 높이기 위해 장점을 지닌 품종을 접붙이기해서 새로운 품종을 만드는 것이다.

게 쌓인 화산 토양으로 미네랄이 풍부하고 물 빠짐이 좋아 커피나무가 자라는 데 최적이라는 평가를 받는다. 하와이에는 주기적으로 거대한 회오리인 토네이도가 발생하지만, 코나는 두 화산 사이의 완만한 경사에 걸쳐 있는 특이한 지형 덕분에 안전하다.

커피는 고산지대에서 수확한 것이 향미가 깨끗하고 좋은 것으로 평가받는데, 코나의 커피벨트는 사실 해발고도 250~900미터에 형성되어 있다. 그러나 코나는 햇볕이 강한 날에도 오후 1~2시가 되면 구름이 생겨 커피나무에 그늘을 드리우는 '프리셰이드Free Shade'라는 특별한 현상이 나타난다. 이 덕분에 평균기온이 낮아지고 고산지대에서 수확한 커피와 같은 면모를 갖춘다. 여기에 하와이대학과 미국 정부의 연구기관들이 지원하는 과학적 재배법과 신기술 등 덕분에 병충해에 약한 원종을 재배해왔지만, 세계 각지의 아라비카 원종 경작지 중에서 단위 면적당 최대의 수확량을 자랑한다.

마크 트웨인이 사랑한 하와이안 코나 커피

미국의 골드러시로 인해 1850년대 하와이에서 생산되는 사탕수수와 커피 등 농산물은 수요량을 댈 수 없을 정도로 팔려나갔다. 이로 인해 하와이 왕국은 1852년부터 중국인, 1868년부터는 일본인 이민을 받기 시작했다. 한국인은 하와이가 미국령이 된 이후인 1902년부터 이민 노동자들이 상륙했다. 사람들은 커피보다 노동이 덜 고된 사탕수수 농장으로 몰려들었다. 이에 따라 농장주들도 커피보다는 사탕수수를 선호했다. 여기에 1860년 가뭄과 병충해로 인해 하와이의 커피밭이 거의 사탕수수밭으로 바뀌었다.

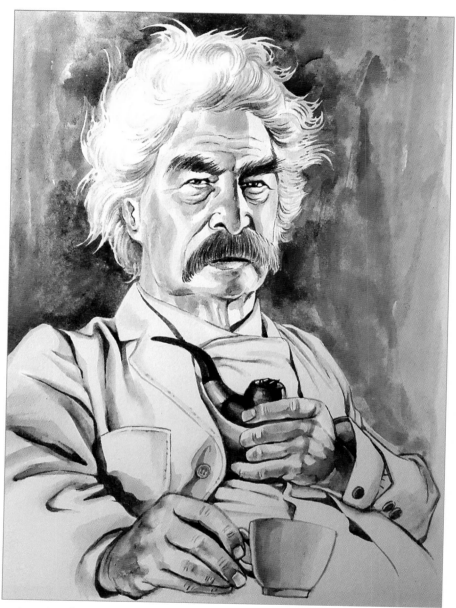

마크 트웨인은 "코나 커피는 그 어느 곳에서 재배되는 커피보다 향미가 풍성하다"고 했다.

그러나 코나 커피는 병충해를 입지 않았으며, 사탕수수 재배에는 적합하지 않는 바람에 커피 농장이 대를 이어갈 수 있었다.

1890년대에 사탕수수와 커피는 입장이 바뀐다. 추운 북유럽에서도 키울 수 있는 사탕무가 엄청난 설탕의 수요를 충당하면서 사탕수수의 매력이 급락했고, 카페인 효과는 더욱 사람들에게 파고들면서 유럽과 미국에 큰 커피 소비시장을 만들어나갔다. 하와이에서 유일하게 남다시피 한 코나의 커피 농장에 주문이 쇄도하면서 코나 커피의 몸값은 치솟게 되었다.

코나 커피는 특히 '미국 문학의 링컨'으로 불리는 『톰 소여의 모험』의 작가 마크 트웨인이 찬사를 보내면서 '마크 트웨인이 사랑한 커피'로 더욱 유명세를 탔다. 세계 곳곳을 여행했던 그는 1866년 하와이에서 4개월 동안 머물며 쓴 『하와이에서 보낸 편지Letters From Hawaii』에 "코나 커피는 그 어느 곳에서 재배되는 커피보다 향미가 풍성하다. 코나 커피는 최고의 커피가 자라야 할 곳에서 재배되고 있으며, 당신의 찬사를 받을 자격이 충분히 있다"고 적었다.

신이 빚어낸
콜롬비아 커피

콜롬비아 농업의 뿌리

'커피 대국'을 꼽으라면 단연 브라질이다. 그러나 품질로 치면, 마땅히 콜롬비아다. 콜롬비아가 품질이 좋은 아라비카종 커피를 브라질보다 많이 생산할 수 있는 것은 안데스산맥의 공이 크다. 남아메리카의 서쪽 해안을 따라 7,000킬로미터가량 남북으로 뻗어 있는 이 산맥의 절반가량인 3,219킬로미터가 콜롬비아를 지난다. 안데스산맥의 평균 고도가 4,000미터에 달하기 때문에 로부스타 품종보다 향미가 우수한 아라비카종이 자랄 수 있는 땅이 브라질보다 몇십 배나 많다. 브라질은 높은 곳이 900~1,000미터에 불과하다.

그러나 이런 자연 조건만이 콜롬비아 커피의 경쟁력을 키우는 요소는

콜롬비아의 커피 산지들은 거의 모두 해발고도가 평균 4,000미터에 달하는 안데스산맥에 걸쳐 있다. 콜롬비아 안티오키아주의 해발고도가 1,800미터를 넘는 커피밭 전경.

아니다. 오랜 역사와 자연을 존중하며 전통적인 재배법을 이어가는 농민들의 열정과 고품질 커피를 생산하려는 재배자들의 단합과 조직력 등이 콜롬비아를 진정한 '커피 대국'으로 키워내고 있다.

    콜롬비아 수도인 보고타에서는 1만 년 전 빙하기가 끝난 뒤 형성된 신석기 농경문화의 유적이 발견되었다. 보고타의 해발고도는 2,600미터다.

안데스산맥이 지금처럼 치솟기 전에는 농사를 짓기 좋은 평야가 펼쳐져 있었다. 이곳에서는 기원전 1000년쯤 무이스카Muisca문명이 꽃을 피웠는데, 그 중심지가 지금의 보고타다. 보고타는 무이스카어로 '농지'를 뜻하는 '바카타Bacata'에서 유래되었다. 신석기시대부터 수천 년간 축적된 농업기술이 콜롬비아 사람들의 유전자에 새겨져 오늘날 세계적으로 품질이 매우 훌륭한 커피를 생산해낼 수 있는 것이다.

콜롬비아 원주민은 치브차Chibcha족이었는데, 아메리카 대륙이 발견되기 이전에 마야문명이나 잉카문명에 필적할 만한 문명을 일구었다. 다른 대륙의 사람들이 콜롬비아에 들어간 것은 치브차족이 무이스카문명을 일군 지 2,500여 년이 지난 16세기 초였다. 1502년 콜럼버스가 콜롬비아의 북쪽에 접해 있는 카리브해를 처음 항해했지만, 콜롬비아 땅을 최초로 밟은 인물은 1508년 에스파냐에서 황금을 쫓아 남미로 간 바스코 누녜스 데 발보아 Vasco Núñez de Balboa였다. 발보아는 '태평양을 발견한 유럽인'이라는 타이틀도 갖고 있는데, 에스파냐는 이 항로 덕분에 페루와 칠레에 상륙하면서 본격적으로 남미 대륙을 정복하기 시작했다.

에스파냐가 1536년 본격적으로 콜롬비아에 정착민을 보낼 즈음 치브차족은 120만 명에 달했던 것으로 전해진다. 에스파냐는 1538년까지 치브차족을 정복하고 보고타에 요새를 구축하며 아메리카 대륙의 식민지 시대를 열었다. 그들은 식민 통치를 원활하게 통치하기 위해 부왕령Viceroyalty을 설치했다. 에스파냐의 부왕령은 16세기 카를로스 1세Carlos I 때부터 19세기 페르난도 7세Fernando VII 때까지 300여 년간 존속했는데, 식민지 영토는 미국 남서부, 멕시코, 중앙아메리카, 카리브해, 남아메리카와 아시아의 필리핀까지 확장되었다.

콜롬비아 원주민인 치브차족은 태양을 숭배한 민족으로 다채로운 원색의 면직물과 황금을 소재로 한 화려한 유물을 많이 남겼다. 지금도 커피밭이 형성되어 있는 고산지대의 옛 마을에는 원색의 아름다운 건축물이 즐비하다.

식민지 경제의 규모가 급속하게 커지는 반면 원주민들은 유럽인들이 퍼트린 전염병으로 죽거나 깊은 산속으로 숨어들어 노동력은 크게 부족해졌다. 에스파냐는 17세기에 들어서면서부터 아프리카에서 흑인 사냥을 시작한다. 인권유린과 노동 착취가 횡행하면서 원주민들의 불만이 격화되고 마침내 1780년부터 반란이 시작되었다. 이어 19세기 초에는 라틴아메리카 전역에서 에스파냐와 포르투갈의 식민 지배에서 벗어나려는 민족해방운동에 불이 붙는다.

시몬 볼리바르Simón Bolívar의 지도 아래 콜롬비아인들은 1819년 보고타 근교에서 에스파냐군을 격파하고, 콜롬비아 · 베네수엘라 · 에콰도르 · 파나마 등 4국을 아우르는 그란콜롬비아공화국Gran Colombia Republic을 출범시켰다. 1832년 베네수엘라와 에콰도르가 독립해 나가고 1886년 콜롬비아공화국이 출범한다. 그러나 1903년 파나마가 파나마운하 건설과 관련한 이해관계 속에서 미국의 지원을 받아 콜롬비아공화국에서 독립해 나갔다. 이 대목에서 짚고 넘어갈 것은, 파나마에서 꽃을 피운 에티오피아의 게이샤 품종이 19세기 콜롬비아에서 파나마로 전해졌다는 말은 엄격히 따지면 잘못된 것이다. 당시 두 나라는 같은 나라였기 때문이다.

고해성사를 통해 번져나간 커피나무 심기 운동

콜롬비아에 커피가 전해진 것은 에스파냐의 식민 지배를 받던 18세기 초반인 것으로 추측된다. 이와 관련해 명확한 기록은 없으나, 몇 가지의 이야기가 전해진다. 일각에서는 16세기 중반에 예수회 신부들의 선교 루트를 따라 콜롬비아에 커피가 전해졌다고 주장하지만, 라틴아메리카에서 커피가 재배되기 시작한 시기는 18세기 초반인 것으로 의견이 모아지고 있다. 프랑스의 가브리엘 드 클리외가 카리브해의 화산섬인 마르티니크섬으로 커피 묘목을 가져가 심은 것이 1723년이고, 이를 라틴아메리카 커피의 시작으로 본다.

따라서 여러 가지의 기원설 가운데 마르티니크섬에서 상인이나 선교사들에 의해 베네수엘라를 거쳐 콜롬비아에 전해졌다는 추측이 설득력을 얻는다. 그중에서 유력한 것은 1731년 콜롬비아의 대주교인 호세 구미야 Jose Gumilla와 1787년 총독 카바예로Caballero가 커피를 처음 들여왔다는 주장

콜롬비아 안티오키아에 있는 라 미나리카La Minarica 농장에서 현지 재배자들과 저자가 커피 열매를 수확한 뒤 포대를 옮기고 있다. 수확철이면 커피 열매에서 단맛이 나기 때문에 작업자들이 나무 근처에 가면 독한 산모기들이 모여든다.

이다. 진위 여부와 상관없이 콜롬비아인들이 말하기를 좋아하는 것은 '프란시스코 로메로Francisco Romero 신부의 유래설'이다.

커피는 씨앗을 심어 상업적으로 판매할 수 있을 정도로 재배하기까지 4년이 걸린다. 콜롬비아 원주민들은 커피나무를 키우기 시작해 첫 수확까지 4년을 기다릴 삶의 여유가 없었다. 커피 농사를 지었다가는 4년간 굶어 죽을 수 있다는 두려움이 앞서 선뜻 나서지 못했다. 또한 듣지도 보지도 못한 커피가 부를 안겨줄 것이라고 믿기지 않은 탓이다. 이를 해결한 인물이

로메로 신부는 죄를 고백하는 원주민들에게 커피 묘목을 심도록 했다. 결국 '가톨릭의 신앙심'이 콜롬비아를 커피 대국으로 만든 것이다.

예수회 소속의 로메로 신부다. 그는 유럽에서 커피가 엄청난 인기를 끌면서 물량 부족으로 커피 가격이 폭등한 현장을 직접 보았기 때문에 커피 농사가 고달픈 원주민들의 삶을 해결해줄 것이라고 확신했다.

로메로 신부는 묘안을 짜냈다. 그것은 가톨릭 성당만이 지닌 고해성사라는 절차를 활용하는 것이었다. 로메로 신부는 죄를 고백하는 원주민들에게 용서받기 위해 치르도록 하는 고행 대신 커피 묘목을 심도록 했다. 영세를 받은 원주민들을 중심으로 커피나무를 심기 시작하자, 대주교는 다른 지역의 신부들에게도 이를 권하면서 예수회 차원에서 커피나무 심기 운동을 활발히 전개해나갔다. 콜롬비아를 품질이 좋은 커피를 세계에서 가장 많이 생산해내는 진정한 커피 대국으로 성장하게 한 동력은 결국 '가톨릭의 신앙심'이었다. 그래서 콜롬비아 커피에는 '신이 빚어낸 커피'라는 수사가 붙는다.

안데스산맥이 셋으로 나뉘는 곳에서 커피가 자란다

콜롬비아에서 커피나무가 자라기 시작한 지 100여 년이 지난 1835년 북쪽 베네수엘라와 접한 '노르테 데 산탄데르Norte de Santander'에서 처음으로 커피나무가 대규모로 경작되었다. 이즈음 커피 생산량은 6만 포대였으며, 19세기가 끝나기 전 그 양은 60만 포대로 늘어났다. 커피 농장은 노르테 데 산탄데르와 남쪽으로 접한 산탄데르Santander와 쿤디나마르카Cundinamarca에 분포했다.

안데스산맥의 고도가 낮아지는 지역이어서 원주민들이 커피밭을 오가

기가 수월했다. 이들 지역에서 생산되는 커피가 콜롬비아 커피 총생산량의 80퍼센트를 차지했다. 이 시기에는 안데스산맥 때문에 고도가 높은 중서부와 남서부에서는 아직 커피나무 재배가 활발하지 않았던 것으로 추정된다. 콜롬비아는 1835년 처음으로 미국에 커피 2,500포대를 수출하면서 드디어 세계 무대에 등장한다.

20세기에 들어서면서 콜롬비아의 커피나무 재배는 불이 붙는다. 미국과 유럽에서는 커피를 달라고 아우성이었다. 커피가 비싸게 팔리면서 콜롬비아 고산지대까지 커피밭이 생겨나기 시작했다. 농민들은 재배의 경험이 쌓이면서 고도가 높을수록 품질이 좋은 커피가 생산된다는 사실을 깨우쳤다. 해발고도 1,300미터 이상의 고도에서 적절한 일교차, 일조량, 국지성 기후가 갖추어짐에 따라 망고나 바나나보다 커피나무 재배가 선호되었다. 해발고도가 높고 지형이 험해 접근하기조차 힘든 곳에서도 점차 커피밭이 생겨났다. 해발고도 1,300미터 이상에서는 향미가 좋은 커피를 길러내기 안성맞춤이었다.

안데스산맥은 페루와 에콰도르를 거쳐 콜롬비아 국경으로 들어서면서 세 갈래로 극명하게 나누어진다. 서쪽 태평양 연안으로 뻗은 서부산계 '코르디예라 옥시덴탈Cordillera Occidental', 수도 보고타가 접한 동부산계 '코르디예라 오리엔탈Cordillera Oriental', 중부산계 '코르디예라 센트랄Cordillera Central'이 고급 품종인 아라비카종이 잘 자랄 수 있는 고도와 평균기온, 석회암 토양 등 천혜의 환경을 제공한다. 아르메니아Armenia, 킨디오Quindío, 나리뇨Nariño, 우일라Huila, 카우카Cauca, 메데인Medellin, 안티오키아Antioquia, 톨리마Tolima, 바예데카우카Valle de Cauca, 칼다스Caldas, 마니살레스Manizales 등 유명 커피 산지들이 이들 산맥에 둥지를 틀고 있다. 이 중 콜롬비아에서 커피 생

안데스산맥은 아라비카종이 잘 자랄 수 있는 고도와 평균기온, 석회암 토양 등 천혜의 환경을 제공한다. 콜롬비아의 대표적인 커피 생산지.

산량이 가장 많은 지역은 안티오키아다.

고도가 높을수록 재배지가 가파르기 때문에 기계를 통한 재배나 수확이 힘들고 따라서 대규모 농장이 조성되기 어렵다. 이런 험한 재배환경은 콜롬비아 커피에 경쟁력을 안겨준 선물이 되었다. 콜롬비아가 남동쪽에 접해 있는 브라질처럼 평야로 이루어져 기계와 장비로 커피를 대량 생산했다면 영원히 브라질 커피의 아류로 남았을 것이다. 커피 물량 경쟁을 벌였다면, 콜롬비아가 국토 면적이 약 7.5배나 큰 브라질을 이길 수 없기 때문이다.

콜롬비아 커피의 상징, 후안 발데즈

콜롬비아도 커피 생산에서 물량 공세를 펴려다 위기에 빠진 적이 있었다. 하지만 이 경험이 콜롬비아 커피를 거듭나게 하는 약이 되었다. 20세기에 들어서면서 콜롬비아의 성공적인 커피 재배는 세계적 투자자들의 구미를 당기게 했다. 투자금이 몰리면서 콜롬비아 커피 농장은 규모가 커졌다. 쇄도하는 주문을 감당하고 급팽창하는 시장을 장악하기 위해 콜롬비아는 품질보다는 대량 생산에 매달렸다. 이 시기 브라질, 베네수엘라, 페루, 볼리비아, 온두라스 등 다른 커피 생산국들도 사정은 비슷했다. 이들 국가는 커피 소비의 팽창은 끝이 없을 줄 알았다.

콜롬비아도 마찬가지였다. 그러나 1929년 10월 24일 뉴욕주식거래소의 주가폭락으로 시작되어 1939년까지 이어진 세계 대공황은 이미 덩치가 커진 콜롬비아의 커피 농장들을 위협에 빠뜨렸다. 세계적으로 커피 가격이 폭락하면서 대규모 농장들이 연이어 파산하고 커피에 투자된 돈들이 빠져나갔다. 커피 산업이 끝없이 추락하는 듯하자 콜롬비아 정부가 개입했다. 대형 농장들의 파산이 국가경제를 위기로 몰아넣을 수 있다는 사실을 깨달은 콜롬비아 정부는 더는 대규모 재배를 허용하지 않았다. 그 대신 관리가 용이하고 만일의 경우 위험을 분담할 수 있도록 중소형 농장 운영 방식을 농가에 추천했다.

정부는 1927년에 발족한 비영리단체 콜롬비아커피생산자협회Federation Nacional de Cafeteros Columbia, FNC를 적극 지원하면서 커피에 대한 모든 정책을 관리하도록 했다. FNC는 '대폭락'을 교훈으로 삼아 소규모와 고급화 전략을 구사했다. 이에 따라 커피 재배지도 지대가 낮아 대량 생산이 용이했던 동부 지역에서 해발고도가 높은 안데스산맥의 중서부 지역으로 이동하면서 현재의 모습을 갖추게 되었다.

FNC의 조합원은 54만 명에 달한다. 하지만 이들 중 주민등록증이 있는 37만 5,000명이 지역별·도시별 대표를 투표를 통해 선출한다. 조합은 더 좋은 커피를 생산할 수 있도록 농작법에 관한 각종 연구결과와 새로운

후안 발데즈의 심벌은 콜롬비아 커피의 품질을 보증하는 징표로 단지 상표에 그치는 게 아니라 재배 연구, 기술지원, 차세대 농민 육성, 품질 관리와 판매 지원 등 콜롬비아 커피 재배자들에게는 든든한 버팀목이다. 후안 발데즈의 심벌이 그려진 콜롬비아 안티오키아 메데인의 한 커피 농장 입구.

기술을 제공하고 가르친다. FNC는 커피의 최소 가격을 정함으로써 생산자들의 생계를 보호한다. 이 덕분에 국제적으로 거래되는 커피 값의 95퍼센트 이상이 그대로 생산자들에게 돌아간다. 예를 들어 뉴욕시장에서 커피 생두가 1,000원에 팔렸다면 950원이 생산자에게 지불되는 것이다. 이는 FNC가 커피 생두를 보관하고 분류하며 포장해 수출하는 전 과정에 참여하기 때문에 가능하다. 이 제도는 콜롬비아에서만 볼 수 있는 특성으로, '마일드 커피'라고 하면 바로 콜롬비아를 떠올리도록 만든 힘이 FNC에서 나온다.

FNC는 정부를 대신해 콜롬비아 커피를 홍보하는데, '후안 발데즈Juan Valdez'는 이 활동을 상징적으로 보여주는 사례다. FNC는 1959년 콜롬비아 커피의 세계화를 위해 당나귀와 망토를 걸친 커피 재배자 캐릭터를 만들었다. 당나귀는 자동차가 닿지 않는 안데스산맥의 험한 산길을 다니며 지금도 수확한 커피를 나르고 있다. 콜롬비아 전통복장을 한 인물은 '후안 발데즈 아저씨'라고 불린다. 후안 발데즈는 FNC의 의뢰를 받아 뉴욕의 광고회사가 만들어낸 가공의 인물이다. 사실 초기 광고 모델도 콜롬비아 커피 재배자가 아니라 쿠바 출신의 배우 '호세 두발Jose Duval'이 맡았다.

1969년부터는 콜롬비아의 국민배우로 불리는 카를로스 산체스Carlos Sánchez가 후안 발데즈로 활동하다가 2006년부터는 실제 커피를 재배하는 카를로스 카스타네다Carlos Castaneda가 400대 1의 경쟁률을 뚫고 3대 후안 발데즈로 뽑혀 지구촌을 누비며 콜롬비아 커피를 홍보하고 있다. FNC의 손을 거치는 양질의 커피 생두 포대와 콜롬비아 원두를 사용한 제품에는 항상 후안 발데즈 마크가 새겨져 있다. 콜롬비아 커피 중에서도 품질이 검증된 커피임을 보장하는 확인서인 셈이다.

꽃처럼 달콤하고 살구처럼 달달한 콜롬비아 커피

콜롬비아 커피의 국제적 위상은 각종 지표로도 나타난다. 아라비카와 로부스타를 합해 2016년 한 해 동안 60여 개 커피 생산국에서 생산한 커피 생두는 총 909만 7,440톤에 달한다. 브라질이 전체의 36.3퍼센트인 330만 톤으로 가장 많았고, 나머지는 베트남(153만 톤), 콜롬비아(87만 톤), 인도네시아(60만 톤), 에티오피아(39만 6,000톤), 온두라스(35만 6,040톤), 인도(31만 9,980톤), 페루와 우간다(각 22만 8,000톤), 과테말라(21만 톤), 멕시코(18만 6,000톤) 등의 순이다.

브라질, 베트남, 콜롬비아 등 3개국이 생산하는 커피 생두가 전체의 63퍼센트를 차지한다. 이에 따라 국제커피협회는 커피 생두를 크게 4개 그룹으로 나누어 각종 지표를 집계한다. 세계의 커피는 일단 아라비카(62.8퍼센트)와 로부스타(37.2퍼센트)로 나뉜다. 아라비카는 다시 '콜롬비아 마일드 Colombian Milds'와 '그 외 지역 마일드Other Millds', '브라질 내추럴Brazilian Naturals' 등 3개로 갈린다. 3개 그룹 가운데 콜롬비아 마일드가 가장 비싼 값에 거래되고 아더 마일드, 브라질 내추럴의 순으로 뒤를 잇는다.

콜롬비아 커피의 경쟁력은 천혜의 조건을 갖춘 재배지에서 시작된다. 콜롬비아의 커피 재배 농가는 56만 3,000곳에 달한다. 재배지의 면적은 총 9,140제곱킬로미터로 서울의 15배를 넘는다. 콜롬비아는 30개 지역으로 나눌 수 있는데, 이 가운데 20개 지역에서 커피가 생산된다. 적도가 지나기 때문에 1년 내내 커피를 수확할 수 있다.

적도를 중심으로 콜롬비아의 북부 지역은 3~4월에 커피 꽃이 핀다. 커피는 개화한 뒤 8개월 뒤에 수확을 하기 때문에 북부 지역에서는 연말에 커피 생두가 생산된다. 반면 남부 지역은 9~10월에 꽃이 피고 이듬해 3~4월에 수확한다. 세계의 커피 애호가들은 1년 내내 콜롬비아에서 '당해연도에 수확한 신선한 커피(생두)New crop'를 즐길 수 있다.

콜롬비아 커피 재배 농가는 90퍼센트 이상이 재배지가 1헥타르(약 3,000평) 이하로 영세한 규모다. 이는 농부들이 직접 손으로 잘 익은 열매만을 가려 수확함으로써 품질을 높이고 있다는 것을 의미한다. 반면 브라질에

콜롬비아 커피에는 "꽃처럼 달콤한 향기, 깨끗하고 화사한 느낌, 장미와 커피 꽃의 향긋함, 톡 튀는 감귤류 산미가 느껴지는 꿀의 뉘앙스"가 있다.

서는 기계로 수확하기 때문에 덜 익은 열매들이 많이 섞임으로써 커피의 맛이 떨어지기 쉽다.

　콜롬비아 커피의 다양한 맛을 하나로 표현하기는 힘들다. 그러나 커피 테이스터들이 공감하는 표현은 "꽃처럼 달콤한 향기, 깨끗하고 화사한 느낌, 장미와 커피 꽃의 향긋함, 톡 튀는 감귤류 산미가 느껴지는 꿀의 뉘앙스가 있고 식으면서 패션푸르츠와 달달한 살구맛이 피어나는 듯하다" 등의 방식이다.

　콜롬비아는 길게는 300년에 달하는 커피의 역사에서 로부스타 품종을 상업적으로 재배한 적이 없다. 그것은 커피의 품질을 최우선으로 하는 콜롬비아 커피 재배자들의 자존심을 대변하는 대목이기도 했다. 그러나 2016년부터 콜롬비아는 로부스타를 재배하기로 결정했다. 브라질과 접해 있는 고도가 낮은 지역을 커피밭으로 바꿔 로부스타를 대량 생산하겠다고 선언한 것이다.

콜롬비아가 로부스타를 본격적으로 생산하려면 10년가량 걸린다. 커피의 세계적 소비량이 늘면서 특히 인스턴트커피를 만들어내는 산업체 쪽에서 로부스타에 대한 수요가 증가하고 있는 데 따른 대응책의 일환이다. 콜롬비아 커피 재배자들의 기술력이라면 우간다와 코트디부아르에서 생산되는 고급 로부스타의 면모를 남미 대륙에서 꽃피울 수 있을 것이다.

커피 재배는 자연이 허락하는 것이다

세계의 젊은이들이 물보다 커피를 많이 마신다는 말이 나돌 정도가 되었으니, 커피는 가히 인류를 정의하는 하나의 문화 코드가 될 만하다. 유네스코는 커피와 관련해 2곳을 세계문화유산으로 지정했다. 먼저 세계문화유산에 오른 곳은 2000년에 등재된 '쿠바 남동부 최초 커피 재배지 고고 경관 Archaeological Landscape of the First Coffee Plantations in the South-East of Cuba'이다. 시에라 마에스트라Sierra Maestra 지역 산악 계곡의 가파른 언덕에 171개의 커피 재배 농장이 펼쳐져 있다. 이곳은 커피를 말리는 계단식 건조마루와 아치형 송수로 등 19세기 전통 재배법을 보전하고 있어, 이곳을 찾는 사람들에게는 시간여행을 하는 듯한 경이로움을 선사한다.

2011년에는 콜롬비아의 칼다스, 킨디오, 리사랄다Risaralda, 바예데카우

커피 열매의 단맛이 어느 정도인지를 측정하는 모습이다. 단맛이 좋을수록 향미가 풍성하고 부드럽다.

카 등 4개 주에 걸쳐 있는 2만 4,000여 개의 소규모 커피 농장들이 세계문화유산에 올랐다. 그 명칭은 '콜롬비아 커피문화경관Coffee Cultural Landscape of Colombia'이다. 이들 지역은 '콜롬비아 커피의 고향'으로 불리는 대표적 재배지로 100여 년 동안 전해 내려온 고지대 커피 재배의 전통과 고지대 재배에 적응하기 위한 농부들의 노력이 담긴 문화경관을 간직하고 있다.

세계문화유산을 바라보는 관점이 커피를 소비하는 나라의 사람들과 현지인 사이에 차이가 있다는 점이 이채롭다. 한국의 적잖은 커피 애호가들이 세계문화유산을 보면서 자연을 개척한 인류의 노력을 높이 산다. 더불어 본래의 모습을 그대로 간직한 청정 지역을 떠올린다. 그러나 2017년 2월 커피문화경관 지역이 있는 콜롬비아 킨디오를 찾아 카를로스 에두아르도 오소리오 부리티카Carlos Eduardo Osorio Buritica 주지사와 이야기를 나누고 새로운 관점을 갖게 되었다. 그는 이렇게 말했다.

"유네스코 세계문화유산으로 등재된 킨디오의 커피밭을 둘러보세요. 사람이 잠시라도 서 있을 수 없을 것 같은 가파른 계곡에도 커피나무가 심겨져 있습니다. 커피가 도저히 살 수 없을 것 같은 낭떠러지 절벽에서도 새빨간 커피 열매가 열립니다. 개화기 때는 계곡 전체가 눈이 내린 듯 하얀 꽃으로 장관을 이룹니다. 에덴동산이 아마 이처럼 아름다웠을 것입니다. 인류가 자연을 개척한 것이 아니라 자연이 커피 재배를 허락한 것입니다. 우리는 자연이 이끄는 대로 살아갈 뿐입니다. 자연과 인간이 조화를 이루는 비결은 순리를 따르는 것입니다. 킨디오의 커피문화경관은 자연이 인간에게 전하는 메시지라고 생각합니다."

돌아보면, 국내에서도 커피와 관련해 의미 있는 시도들이 이어지고 있다. 제주와 전남 고흥의 비닐하우스에서는 커피나무가 자라고 있다. 겨울에 뿌리가 얼기 때문에, 커피나무는 열대와 아열대 지역에서만 자란다. 겨울이 있는 온대지방에서는 대규모 노지露地 재배를 할 수 없다. 그러나 온난화현상과 함께 제주에서도 커피를 대량 생산할 수 있지 않을까 하는 기대가 솔솔 나오고 있다. 특히 감귤나무를 비닐하우스에서 해방시킨 경험이 있는 제주 도민들로서는 더

콜롬비아 킨디오의 행정을 이끌고 있는 카를로스 에두아르도 오소리오 부리티카 주지사는 가톨릭 신부로 주민들의 절대적 지지를 받고 주지사가 되었다. 주민들은 그를 '파더father'라고 부르기도 한다.

욱 그렇다. 낮은 기온을 견뎌내는 품종개량의 노력도 함께 진행되고 있다. 그러나 이 모든 일은 자연이 허락을 해야 하는 일이다.

"신이 주신 축복"

라 모렐리아La Morelia 커피 농장은 100여 년 전통 재배법을 고집하는 킨디오의 주도州都 아르메니아의 외곽에 있다. 안데스산맥의 기슭에 형성된 커피밭은 평균 해발고도가 1,300미터를 넘는다. 적도의 뜨거운 태양에도 낮 기온이 21도 정도로 비교적 온화하다. 저녁에는 기온이 16도 정도여서 커피 생산에 매우 적합하다.

2017년 3월 라 모렐리아 커피 농장을 찾았을 때 재배자이자 농장주인 파비안 토레스Fabian Torres는 손수 커피를 수확하느라 여념이 없었다. 그는 "일교차와 평균기온이 낮은 데에서 아라비카가 더욱 좋은 향미를 지닐 수 있다"면서 "라 모렐리아 농장의 환경은 신이 주신 축복"이라고 자랑했다. 농장 곳곳에는 큰 바나나나무들이 자라면서 커피나무에 그늘을 드리워주고 있었다. 그늘은 평균기온을 떨어뜨려주고 토양의 미생물들이 잘 살아가면서 커피나무에 영양분을 제공하도록 만들어준다.

파비안이 좋은 커피를 만들기 위해 하는 첫 작업은 '씨 뿌리기'다. 커피의 품질은 품종에서 갈린다. 씨앗을 뿌리고 60일가량 지나면 2~3센티미터로 자란다. 파비안은 카투라 품종만을 고집한다. 버번종에서 개량된 이 품종은 단맛과 향미가 풍성하다. 다만 병충해에 약해 카스티요castillo 품종이나 콜롬비아colombia 품종보다 키우기가 힘들다. 그러나 잘 관리하면 우수한 맛

2017년 3월 라 모렐리아 커피 농장을 방문한 저자와 함께 파비안 토레스가 카투라 품종의 커피 열매를 수확하며 포즈를 취하고 있다.

으로 커피 애호가들의 입맛을 사로잡을 수 있다. 커피 묘목이 30센티미터 정도 자라면 밭으로 옮겨진다. 여기에서 꽃이 피기까지 11개월가량이 걸리고 열매를 맺기까지는 다시 8개월을 더 기다려야 한다.

"잘 익은 커피 열매는 사과처럼 빨간색을 띱니다. 앵두처럼 짙은 빛이 나면 너무 익어버린 것이지요. 우리는 모두 손으로 수확을 합니다. 눈으로 잘 익은 것만을 골라내지요."

파비안이 손으로 수확을 고집하는 이유는 물론 커피의 품질 때문이지만, 지역 사람들에게 일거리를 주기 위한 것이기도 하다. 그는 연간 생두 300톤을 생산하고 있지만, 디펙트빈을 골라내는 작업을 지역 주민들에게 주고 있다. 그 덕분에 라 모렐리아 커피 농장은 늘 사람들로 북적인다. 젊은

최근 콜롬비아에서는 커피의 소비가 늘고 있어 커피 추출에 대한 관심이 높다. 라 모렐리아 커피 농장의 바리스타 훈련생들이 한국이 개발해 세계에 퍼트리고 있는 가비Gabi 드립의 추출 과정을 희한하다는 듯 바라보고 있다.

이들은 파비안이 제공하는 시설에서 바리스타 기술을 연마한다. 이 농장에서 지역대회 우승자를 여러 번 배출했다. 파비안은 반드시 세계 챔피언을 배출하겠다고 각오를 다지고 있다.

　세계바리스타대회는 초기부터 유럽, 미국, 호주 등 소비국가의 젊은이들이 우승컵을 독점하다시피 했는데, 2010년대에 접어들면서 산지 출신의 바리스타들이 하나둘 정상을 밟고 있다. 이 대회에서 우승하려면 기술도 중요하지만 어떤 품질의 커피를 사용했느냐가 승패를 가른다. 장비의 발전과 보급으로 기술은 평준화하고 있기 때문이다. 명품 산지인 콜롬비아의 젊은

이들은 그 어떤 국가보다 바리스타 세계챔피언이 될 유리한 조건을 갖고 있는 셈이다.

수확된 커피는 곧바로 세척을 거쳐 건조에 들어간다. 세척은 두 차례 이루어진다. 첫 번째 작업은 과육과 두터운 점액질을 제거하는 것이고, 이어 18시간 정도 수조에 넣어 발효시켜 얇은 점액질도 모두 없애버린다. 깨끗하게 세척된 커피 씨앗은 24시간 정도 건조 과정을 거쳐 파치먼트 parchment가 된다. 파비안은 이 상태로 생두를 보관했다가 해외에서 판매 요청을 받으면 파치먼트를 벗기고 포대에 담아 수출한다.

후안 발데즈 그림이 그려진 무대에서 한 배우가 콜롬비아 킨디오에서 열린 '2016년 국제커피품평회'에서 콜롬비아 커피 재배자를 상징하는 후안 발데즈를 연기하고 있다. 노새를 이끄는 이 모습이 후안 발데즈의 상징적인 모습이다.

품질 관리에서 라 모렐리아 커피 농장은 모범 사례로 꼽힌다. 농장 자체적으로 로스팅과 커핑 시설을 갖추고 향미를 탐구한다. 파비안은 FNC의 멤버로 2016년부터 킨디오에서 국제커피품평회를 주관하고 있다. 30여 년 커피 농사에 종사하면서 쌓은 그의 노하우를 모두 쏟아부은 행사다. 세계 30여 개국의 커피 전문가들을 초청해 킨디오 커피의 품질을 평가하고 경매도 진행한다. 순위에 든 농장의 커피는 3~4배, 많게는 10배 비싼 값으로 판매된다. 이 행사를 통해 영세한 농장들이 더 많은 수익을 올리도록 돕는 동시에 좋은 커피를 생산하는 열정이 식지 않도록 격려하는 것이다.

2016년 첫 국제대회에서는 에스메랄다 농장이 우승을 차지했다. 한국의 커피비평가협회가 우승한 커피를 전량 구입했다. 대회 형식을 통해 재배자의 삶을 후원하는 공정무역 커피의 캠페인이 활성화하고 있다. 파비안은 "커피의 향미를 추구할수록 사람들을 산지로 몰려들게 한다"면서 "소비자와 재배자가 직접 만나 품질을 이야기하는 과정을 통해 재배자들은 힘든 농사를 계속 해나갈 용기를 얻고 소비자들은 더 좋은 커피로 큰 행복을 누리게 된다"고 말했다.

에스프레소
의
의미

콜드 브루나 드립 커피가 맹위를 떨친다고 해도 대세는 에스
프레소다. 세계적으로 커피 전문점에서 소비되는 메뉴의 90퍼
센트가 여전히 에스프레소를 기본으로 삼고 있다. 아메리카노
는 에스프레소에 물을 섞어 연하게 만든 것이고, 카페라떼와
카푸치노는 스티밍한 우유를 넣어 더 달면서도 부드럽게 한
것이다.

커피 전문점의 메뉴를 총칭해 일컫는 '카페 베리에이션'은 음
악 용어인 '변주곡variation'에서 따왔다. 하나의 주제가 되는 선
율을 바탕으로 리듬, 화성, 선율이 다양하게 변형되며 색다른
느낌을 준다. 카페의 메뉴 역시 에스프레소를 기본으로 우유,
시럽, 소스 등이 여러 가지 비율로 어우러지면서 다채로운 맛
을 내기 때문에 베리에이션이라는 이름이 붙었다.

커피의 역사에서 에스프레소의 등장은 혁명 이상의 충격적 변
화이자 진화였다. 인류가 커피를 음료로 즐기기 시작한 시점을
에티오피아 기원설에서 백보 양보해 기원후 7세기 아라비아반
도라고 해도, 커피의 역사를 24시간으로 환산해 에스프레소의
궤적을 계산해보면 겨우 새벽 1시 11분을 지나고 있을 뿐이다.
짧은 기간 커피 문화를 통째로 삼켜버린 에스프레소의 마력은
어디서 비롯된 것일까? 여기에는 3가지 관점이 있는데, 각각
스토리텔링이 제법 근사하다.

첫째, 에스프레소를 '빠르다'는 의미의 익스프레스express로 해
석하는 견해다. 18세기 유럽 전역에 커피가 붐을 이루면서 카
페마다 커피를 마시려는 사람들이 길게 줄지어 있는 풍경은 일
상이 되었다. 돈을 조금 더 내고 빠른 서비스를 받는 팁 문화
가 만들어진 것도 이 시기 영국의 커피하우스에서였다. 사람이
많이 몰린 탓이 컸지만, 커피 한 잔을 제공하는 데 시간이 너무

걸리는 게 문제였다. 당시 커피가루를 물에 넣고 끓인 뒤 천으로 거르는 방식이었기 때문에 적어도 4~5분이 소요되었다.

그 실마리를 푼 인물은 1901년 이탈리아의 루이지 베제라였다. 그는 물의 증기압을 이용해 25초 만에 커피 한 잔을 만들어내는 혁신적인 기계를 발명해 특허를 취득했다. 1906년 밀라노에서 열린 만국박람회에 그 기계가 처음으로 대중에게 선을 보였는데, 베제라는 빠른 추출을 부각시키기 위해 스포츠카를 탄 운전자가 머신 옆을 지나면서 커피를 낚아채가는 포스터를 그렸다. 그림 아래에 영어로 '빠른 커피CAFE EXPRESS'라는 글씨가 적혀 있었는데, 깊은 인상을 받는 사람들이 베제라의 커피를 이탈리아어로 에스프레소라고 부르기 시작했다.

둘째, 에스프레소를 '과하게 압착하다'로 보는 시각이다. 에스프레소를 '~에서 나오다Exit 또는 Out'를 뜻하는 'Ex'와 '압력을 가하다'는 뜻의 'Press'가 합친 것으로 보고 '압력을 가해 커피의 성분을 빼내다'는 의미로 풀이한다.

베제라의 커피는 빨리 제공되기는 했지만, 증기압을 이용한 탓에 물의 끓는점이 100도를 훌쩍 넘으면서 쓴맛과 탄맛이 너무

강했다. 1938년 아킬레 가치아가 압력을 가하는 방식을 피스톤으로 바꾸면서 물의 과도한 온도를 해결했다. 그런데, 이 과정에서 기막힌 일이 벌어진다. 증기압을 활용했을 때 1.2~1.5 기압에 그치던 압력이 9기압을 넘어서면서 추출된 커피에 크레마가 생겨났다. 향기를 품은 미세한 거품인 크레마 덕분에 향미의 풍성함은 차원이 달라졌다. 이 맛에 감동한 이탈리아 사람들은 크레마가 있는 커피만을 에스프레소라고 부르기로 했고, 이때부터 에스프레소 머신의 추출 압력이 최소 9기압을 넘게 되었다. 이 대목을 주목하는 사람들은 에스프레소의 핵심 가치는 추출 속도보다는 추출 압력에 있다고 강조한다.

셋째, 에스프레소의 어원적 의미를 '특별함'에 두는 것이다. 에스프레소 머신이 탄생하기 전에 만들어진 커피는 한 사람의 입맛에 맞춘 게 아니었다. 한번에 4~5인분을 넉넉히 만들어 나눠 마시는 문화였다. 반면 에스프레소는 주문한 사람을 위한 음료가 된다. 솜씨 있는 바리스타는 추출 조건을 달리하며 마시는 사람의 취향을 맞출 줄 안다. 이런 모습이 '지정한 사람의 손에 쥐어주는 속달우편Express'과 같다고 해서 에스프레소의 의미를 '오직 한 사람을 위한 특별한 서비스'에서 찾기도한다.

참고문헌

제 1장 커피, 역사를 만들다

Anne Vantal, 『Book Of Coffee』(Hachette Illustrated, 1999), pp.20~36.

Bennett Alan Weinberg & Bonnie K. Bealer, 『The World Of Caffeine: The Science and Culture of the World's Most Popular Drug』(Routledge, 2002), pp.3~26.

Betty Rosbottom, 『Coffee: Scrumptious Drinks and Treats』(Chronicle Books, 2006), pp.6~11.

Claudia Roden, 『Coffee: A Connoisseur's companion』(Random House, 1994), pp.10~39.

Claudia Roden, 『Coffee』(Penguin Books, 1977), pp.78~94.

Daniel Lorenzetti & Linda Rice Lorenzetti, 『The Birth Of Coffee』(Clarkson Potter Publishers, 2000), pp.16~59.

Dave Olsen, 『Starbucks Passion For Coffee: A Starbucks Coffee Cookbook』(Sunset Books, 1994), pp.7~13.

Elizabeth Ambrose, 『For The Lovers Of Coffee: Quick And Easy Delicious Coffee Beverages, Cocktails And Desserts Recipes』(CreateSpace Independent Publishing Platform, 2014), p.7.

Frankie Buckley, 『Meet Me For Coffee』(Harvest House, 1997).

Giovanni Mastronardi, 『Quality Of Coffee: Effects of Origin and Roasting Process on the Aromatic and Sensorial Composition of Coffee』(Edizioni Accademiche Italiane, 2014), pp.1~18.

Hattie Ellis, 『Coffee: Discovering, Exploring, Enjoying』(Ryland Peters & Small, Inc., 2002), pp.6~16.

Heinrich Eduard Jacob, 『Coffee: The Epic Of Commodity』(Burford Books, 1962), pp.3~36.

Jalal Al-Din Rumi, 『The Mystical Poems of Rumi; First Selection, Poems 1-200』(University of Chicago Press, 1974).

James Hoffmann, 『The World Atlas Of Coffee』(Firefly Books, 2014), pp.42~46.

Jean Nicolas Wintgens, 『Coffee: Growing, Processing, Sustainable Production』(WILEY-VCH, 2012), pp.425~477.

Jill Yates, 『Coffee Lover's Bible』(Clear Light, 1998), pp.2~12.

Jon Thorn, 『The Coffee Companion: The Connoisseur's Guide To The World's Best Brews』(Running Press, 1995), pp.8~23.

Kenneth Davids, 『Coffee』(Mattin's Griffin New York, 2001), pp.11~20.

Kenneth Davids, 『Home Coffee Roasting』(St. Martin's Griffin, 2003), pp.15~20.

Kevin Knox & Julie Sheldon Huffaker, 『Coffee Basics: A Quick And Easy Guide』(John Wiley & Sons, Inc., 1997), pp.15~18.

Kevin Sinnott, 『Great Coffee』(Bridge Logos, 2001), pp.19~24.

Mark Pendergrast, 『Uncommon Grounds: The History Of Coffee And How It Transformed Our World』(Basic Books, 1999), pp.63~75.

Mary Banks & Christine Mcfadden, 『The Complete Guide To Coffee』(Lorenz Books, 2000), pp.10~21.

Mary Banks, 『The World Encyclopedia Of Coffee』(Hermes House, 2010), pp.9~41.

Morton Satin, 『Coffee Talk: The Stimulating Story Of The World's Most Popular Brew』(Prometheus Books, 2011), pp.163~195.

Norman Kolpas, 『A Cup Of Coffee: From Plantation to Pot, A Coffee Lover's Guide To the Perfect Brew』(Grove Press, 1993), pp.12~27.

Philip Search & Lorrie Mahieu & Jeff Burgess, 『Seattle Barista Academy: Barista Training Manual』(GrayPoint, 2009), pp.24~26.

Regina Wagner, 『Historia Del Café De Guatemala』(Villegas Editores, 2001), pp.15~25.

Robert W. Thurston & Jonathan Morris & Shawn Steiman, 『Coffee: A Comprehensive Guide to the Bean, the Beverage, and the Industry』(Rowman & Littlefield, 2013), pp.35~40.

Rosanne Daryl Thomas, 『Coffee: The Bean Of My Existence』(An Owl Book, 1995).

Scott F. Parker & Michael W. Austin, 『Coffee: Philosophy For Everyone』(Wiley-Blackwell, 2011), pp.89~99.

Shawn Steiman, 『The Little Coffee Know-it-all: A Miscellany For Growing, Roasting, And Brewing, Uncompromising And Unapologetic』(Quarry Books, 2015), pp.32~33.

Tanja Dusy, 『Coffee And Espresso』(Silverback Books, 2004), pp.4~8.

Torz Jeremy, 『Real Fresh Coffee』(Pavilion, 2016), pp.148~153.

Tristan Stephenson, 『The Curious Barista's Guide To Coffee』(Ryland Peters & Small, 2015), pp.10~21.

William H. Ukers, 『All About Coffee』(Martino Pub, 2007).

구정은 · 장은교 · 남지원, 『카페에서 읽는 세계사』(인물과사상사, 2016), 11~22쪽.

권용립, 『미국의 정치 문명』(삼인, 2003).

김광수, 『에티오피아 악습 문명』(한국외국어대학교 아프리카연구소, 2016).

노대명, 「프랑스혁명사상이 민주주의 정치이론에 미친 영향에 관한 연구」, 인하대학교 대학원 석사
학위논문, 1989.

노명식, 『프랑스 혁명에서 파리 코뮌까지, 1789-1871』(책과함께, 2011).

매트 로빈슨, 커피비평가협회 옮김, 『Coffee Lover's Handbook』(커피비평가협회, 2015), 6~11쪽.

미국사연구회, 『미국 역사의 기본 사료』(소나무, 1992).

민석홍, 「프랑스 혁명을 어떻게 이해할 것인가?」, 『서양사론』, 33권(한국서양사학회, 1989), 37~43쪽.

박선영, 「수피 회전무, 구르지예프 신성무, 가브리엘로스 5Rhythms 춤 명상의 수행구조 분석연구」,
창원대학교 박사학위논문, 2008, 42~49쪽.

신은희, 『수피즘 신의 유혹』(경희대학교출판문화원, 2016), 8~32쪽.

앨런 브링클리, 황혜성 외 옮김, 『미국의 역사 1』(비봉출판사, 2002).

윌리엄 H. 우커스, 박보경 옮김, 『올 어바웃 커피』(세상의아침, 2013), 14~35쪽.

윤오순, 『커피와 인류의 요람 에티오피아의 초대』(눌민, 2016). 84~104쪽.

이용재 외, 『프랑스의 열정: 공화국과 공화주의』(아카넷, 2011).

이정희, 「인간의 불완전함과 하나님의 은혜: 열왕기 왕들을 중심으로」, 계약신학대학원대학교 석사학
위논문, 2015.

이주영, 『미국사』(대한교과서, 1993).

이지연, 「'시바의 여왕'에 관한 연구」, 세종대학교 공연예술대학원 석사학위논문, 2005.

이희성, 「생명나무의 신학적 의미와 적용: 창세기와 잠언을 중심으로」, 『개혁논총』, 20권(개혁신학회,
2011), 129~162쪽.

정경희, 『미국을 만든 사상들』(살림, 2004).

정보해, 「이슬람 수피즘과 커피의 종교 · 문화적 관계 연구」, 조선대학교 대학원 국제지역문화학과
석사학위논문, 2010.

제라르 드 네르발, 『칼리프 하켐 이야기/시바의 여왕과 정령들의 왕자 솔로몬 이야기』(커뮤니케이션
북스, 2015).

최갑수 외, 『프랑스 구체제의 권력구조와 사회』(한성대학교출판부, 2009).

케네스 데이비스, 이순호 옮김, 『미국에 대해 알아야 할 모든 것, 미국사』(책과함께, 2004).

한승호, 「혁명 발생 요인에 대한 사회학적 접근: 프랑스혁명과 갑오농민혁명의 비교」, 경북대학교 대
학원 석사학위논문, 1990.

Carles William Richard, 『Life in Corea』(Macmillan, 1888).

Frederica A. Walcott, 『Letters from the Far East』(The Elm Tree Press, 1917).

Percival Lowell, 『Chosön, The Land of The Morning Calm』(Ticknor and Company, 1885).

Underwood Lillias Horton, 『Fifteen Years Among The Top-Knot』(American Tract Society, 1904).

강준만, 「한국 자동판매기 문화의 역사: '자판기 엔터테인먼트' 시대의 명암」, 『월간인물과사상』, 2008년 2월호, 170~205쪽.

강준만 · 오두진, 『고종 스타벅스에 가다』(인물과사상사, 2012), 23~29쪽.

강찬호, 「문헌을 통해 본 우리나라 커피의 역사: 개화기와 일제시대를 중심으로」, 『관광연구』, 제28권 제3호(대한관광경영학회, 2013), 205~229쪽.

강훈, 『스타벅스를 이긴 토종카페 카페베네 이야기』(다산북스, 2011), 13~19쪽.

구한국외교문서 제20권(프랑스 간 외교문서) 법안 2050호, 1905.

김석수, 「한국 다방문화의 변천에 관한 연구」, 『실내디자인』, 1997년 12월호, 43~42쪽.

김순하, 「일본 커피시장의 발전 과정에 관한 문헌적 연구: 커피 전문점 시장을 중심으로」, 『한국조리학회지』, 제16권 제2호(한국조리학회, 2010), 155~169쪽.

김순하, 「한국 커피시장의 발전 과정에 관한 문헌적 연구: 커피 전문점을 중심으로」, 『한국호텔리조트연구』, 12권 3호(한국호텔리조트학회, 2013), 329~348쪽.

김영한 외, 『스타벅스 감성 마케팅』(넥서스, 2003), 32~38쪽.

김은신, 「이것이 한국 최초: 호텔 커피숍」, 『경향신문』, 1996년 12월 21일, 28면.

김춘동, 「음식의 이미지와 권력: 커피를 중심으로」, 『비교문화연구』, 제18집 제1호(서울대학교 비교문화연구소, 2012), 5~34쪽.

노형석, 『모던의 유혹, 모던의 눈물: 근대 한국을 거닐다』(생각의나무, 2004), 122~130쪽.

니나 루팅거 · 그레고리 디컴, 이재경 옮김, 『커피 북: 커피 한 잔에 담긴 거의 모든 것에 대한 이야기』(사랑플러스, 2011).

대니얼 재피, 박진희 옮김, 『커피의 정치학: 공정무역 커피와 그 너머의 이야기』(수북, 2010).

동서식품, 『동서식품 20년사』(동서식품주식회사, 1990), 210~216쪽.

릴리어스 호턴 언더우드, 김철 옮김, 『언더우드 부인의 조선 견문록』(이숲, 2006), 173~191쪽.

박순천, 「커피시장의 발전 과정에 관한 연구」, 경기대학교 외식조리관리학과 석사학위논문, 2008.

샤를 바라 · 샤이에 롱, 성귀수 옮김, 『조선 기행』(눈빛, 2001).

서울특별시편찬위원회, 『서울 육백년사 제4권』(서울특별시, 1981), 1250~1256쪽.

유길준전서편찬위원회, 『유길준 전서 1: 서유견문』(일조각, 1971).

이강수, 「사라져 가는 다방」, 『문예운동』, 2010년 겨울호.

이경재, 『한양 이야기』(가람기획, 2003).

이규태, 「역사 에세이, 광고 이야기」, 『조선일보』, 1999년 5월 28일, 23면.

이만열, 「한국 초대교회 선교사 아펜젤러」, 『기독교사상』, 1985년 4월호.

이봉구, 「한국 최초의 다방: 카카듀에서 에리자까지」, 『세대』, 1964년 4월호, 336~340쪽.

이봉구, 『명동, 그리운 사람들』(일빛, 1992), 80~92쪽.

임종국, 『밤의 일제 침략사』(한빛문화사, 2004).

정혜경, 「한국의 사회 · 경제적 변동에 따른 식생활 변천: 조선 말기부터 1980년대까지」, 이화여자대
        학교 식품영양학과 박사학위논문, 1988.

정홍식, 『커피의 세계』(민문사, 1995), 137~144쪽.

조영남 · 이나리, 『쎄시봉 시대』(민음인, 2011).

조영래, 『전태일 평전』(돌베개, 2001).

최여진, 「근대 한국 커피문화 공간 연구」, 원광대학교 동양학대학원 석사학위논문, 2014.

한승환, 『커피 좋아하세요?』(자유지성사, 2003), 32~40쪽.

히로세 유키오 외, 박이추 · 서정근 옮김, 『커피학 입문』(광문각, 2014).

제3장 커피, 문화를 만들다

Bennett Alan Weinberg & Bonnie K. Bealer, 『The World Of Caffeine: The Science and
        Culture of the World's Most Popular Drug』(Routledge, 2002), pp.215~234.

Cal Orey, 『The Healing Powers Of Coffee』(Kensington Books, 2012), pp.197~207.

Claudia Roden, 『Coffee: A Connoisseur's Companion』(Penguin Books, 1977), pp.22~35.

Claudia Roden, 『Coffee: A Connoisseur's companion』(Random House, 1994), pp.78~91.

Corby Kummer, 『The Joy Of Coffee: The Essential Guide To Buying, Brewing And
        Enjoying』(Houghton Mifflin Company, 1997), pp.151~169.

David C. Schomer, 『Espresso Coffee 2013: Tools, Techniques And Theory』(Peanut
        Butter Publishing, 2013), pp.1~14.

David Richardson, 「The Slave Trade, Sugar, and British Economic Growth, 1748-1776」,
        Patrick Manning(ed), 『Slave Trades, 1500-1800: Globalization of Forced Labour』
        (Variorum, 1996).

Elisabetta Illy, 『Aroma Of The World: A Journey Into The Mysteries And Delights Of
        Coffee』(White Star Publishers, 2012), pp.71~80.

Francesco Illy & Riccardo Illy, 『The Book Of Coffee: A Gourmet's Guide』(Abbeville
        Press, 1992), pp.129~157.

Ian Bradford Smith, 『Kopi Luwak Coffee: World's Most Expensive Coffee Beans From
        Civet Poop Or An Urban Myth?: A Complete Guide On Kopi Luwak Coffee』(IBS
        Publishing Limited, 2014), pp.1~104.

Jon Thorn, 『The Coffee Companion: The Connoisseur's Guide To The World's Best Brews』(Running Press, 1995), pp.51~63.

Jonathan Rubinstein & Gabrielle Rubinstein & Judith Choate, 『Joe: The Coffee Book』(Lyons Press, 2012), pp.2~21.

Jose Antonio & Carla Sanchez, 『Javalution: Fitness and Weight Loss Through Functional Coffee』(Basic Health Publications, Inc., 2005), pp.3~8.

Kenneth Davids, 『Coffee』(Mattin's Griffin New York, 2001), pp.225~234.

Kevin Knox & Julie Sheldon Huffaker, 『Coffee Basics: A Quick And Easy Guide』(John Wiley & Sons, Inc., 1997), pp.148~152.

Kevin Sinnott, 『Great Coffee』(Bridge Logos, 2001), pp.151~158.

Mark Pendergrast, 『Uncommon Grounds: The History Of Coffee And How It Transformed Our World』(Basic Books, 1999), pp.337~343.

Michaele Weissman, 『God In A Cup: The Obsessive Quest For The Perfect Coffee』(Wiley, 2008), pp.35~43.

Morton Satin, 『Coffee Talk: The Stimulating Story Of The World's Most Popular Brew』(Prometheus Books, 2011), pp.251~293.

R. J. Clarke and R. Macrae, 『Coffee: Volume 1 Chemistry』(Elsevier Applied Science, 1985), pp.1~39.

Sally Ann & Dara Diane, 『The Espresso Bartenders Guide To Espresso Bartending』(Hooked On Espresso, 1994). pp.1~3.

Scott F. Parker & Michael W. Austin, 『Coffee: Philosophy For Everyone』(Wiley-Blackwell, 2011), pp.166~182.

Sidney W. Mintz, 「Slavery and the rise of the peasantry」, 『Historical Reflections』, 6(1), 1979.

Stephen Cherniske, M. S., 『Caffeine Blues: Wake Up To The Hidden Dangers Of America's #1 Drug』(Warner Books, 1998), pp.48~59.

Stewart Lee Allen, 『The Devil's Cup: A History Of The World According To Coffee』(Ballantine Books, 2003), pp.115~121, 153~172.

Timothy James Castle, 『The Perfect Cup: A Coffee-Lover's Guide To Buying, Brewing, And Tasting』(Aris Books, 1991), pp.29~32.

Torz Jeremy, 『Real Fresh Coffee』(Pavilion, 2016), pp.158~162.

Victoria Cuffel, 「희랍 노예제의 개념」, 조남진 옮김, 『서양 고전 고대 경제와 노예제』(범문사, 1981), 207~229쪽.

Wandel Margareta, Bugge Annechen, 「Environmental concern in consumer evaluation of food quality」, 『Food Quality and Preference』, 8(1), 1997, pp.19~26.

가와기타 미노루, 장미화 옮김, 『설탕의 세계사』(좋은책만들기, 2003).

고영수, 「시판 Instant coffee 중의 향기 성분에 관한 연구」, 『Family and Environment Research』, 제25권 제1호(대한가정학회, 1987), 59~67쪽.

김명섭, 『대서양문명사』(한길사, 2001).

김상용·김상현·우원석, 「인스턴트커피 '맥심'의 마케팅 전략 사례 연구」, 『마케팅관리연구』, 제11권 제2호(한국마케팅관리학회, 2006), 193~208쪽.

김승, 「커피산업: 음료가 아닌 문화를 마신다」, 『SK증권 리서치』(2015).

김윤진, 『동아프리카사』(대한교과서, 1994).

나종일, 『세계사를 보는 시각과 방법』(창작과비평사, 1992).

롤랜드 올리버, 배기동·유종현 옮김, 『아프리카』(여강출판사, 2001).

리하르트 반 뒬멘, 최용찬 옮김, 『역사인류학이란 무엇인가』(푸른역사, 2001).

마귈론 투생 사마, 이덕환 옮김, 『먹거리의 역사: 상』(까치, 2002).

매트 로빈슨, 커피비평협회 옮김, 『Coffee Lover's Handbook』(커피비평협회, 2015), 113~115쪽.

브래들리, 차전환 옮김, 『로마제국의 노예와 주인』(신서원, 2001).

사이먼 C. 스미스, 이태숙 옮김, 『영국 제국주의 1750-1970』(동문선, 2001).

송구영 외, 『스페셜티커피 오브 브라질』(서울꼬뮨, 2010).

시드니 민츠, 김문호 옮김, 『설탕과 권력』(지호, 1998).

신선영 외, 「커피의 소비 유형별 품질 속성에 대한 고객 인식 분석」, 『한국식생활문화학회지』, 제22권 제6호(한국식생활문화학회, 2007년), 748~756쪽.

유원기, 『아리스토텔레스의 정치학, 행복의 조건을 묻다』(사계절, 2009).

이윤선, 『테라로사 커피로드』(북하우스엔, 2011).

이윤섭, 『커피, 설탕, 차의 세계사』(필맥, 2013).

장 마이어, 지현 옮김, 『흑인 노예와 노예상인』(시공사, 1998).

장범수, 「소비자 인식하의 스페셜티커피 주요 속성이 태도 및 구매 의도에 미치는 영향」, 중앙대학교 석사학위논문, 2016.

조남진, 「초기 그리스도교와 스토아사상의 노예관: 신·구약과 스토아철학을 중심으로」(한국학술정보, 2005).

존 호러스 패리, 김주식·김성준 옮김, 『약탈의 역사: 유럽의 헤게모니 확립』(신서원, 1998).

차전길, 「로마 노예제의 발전과 실제」, 지동식 엮음, 『서양 고대와 중세의 사회』(신양사, 1993), 263~290쪽.

찰스 B. 헤이저, 장동현 옮김, 『문명의 씨앗, 음식의 역사』(가람기획, 2000).

채선주, 「라이프스타일에 따른 커피 소비 행동에 관한 연구」, 경희대학교 석사학위논문, 2011.

최영희, 『1%의 카페를 찾아서: 미국의 스페셜티커피 CEO를 만나다』(아이비라인, 2014).

홍준표, 「국내 유통되는 인스턴트커피에 함유된 휘발성 향기 성분 분석」, 충남대학교 석사학위논문, 2013.

Anette Moldvaer, 『Coffee Obsession』(DK Publishing, 2014), pp.64~70, 92~95, 111, 117, 120.

Corby Kummer, 『The Joy Of Coffee: The Essential Guide To Buying, Brewing And Enjoying』(Houghton Mifflin Company, 1997), pp.131~149.

Daniel Lorenzetti & Linda Rice Lorenzetti, 『The Birth Of Coffee』(Clarkson Potter Publishers, 2000), pp.106~127.

Dave Olsen, 『Starbucks Passion For Coffee: A Starbucks Coffee Cookbook』(Sunset Books, 1994), pp.16~21.

David C. Schomer, 『Espresso Coffee 2013: Tools, Techniques And Theory』(Peanut Butter Publishing, 2013), pp.21~33.

Elisabetta Illy, 『Aroma Of The World: A Journey Into The Mysteries And Delights Of Coffee』(White Star Publishers, 2012), pp.107~124.

Francesco Illy & Riccardo Illy, 『The Book Of Coffee: A Gourmet's Guide』(Abbeville Press, 1992), pp.10~47.

Hanna Neuschwander, 『Left Coast Roast: A Guide To The Best Coffee And Roasters From San Francisco To Seattle』(Timber Press, 2012), pp.29~37.

Isabel Nelson Young, 『The Story Of Coffee: History, Growing, Preparation For Market, Characteristics, Vacuum Packing, Brewing』(Literary Licensing, 1931), pp.3~13.

James Hoffmann, 『The World Atlas Of Coffee』(Firefly Atlas, 2014), pp.126~131, 188~193, 230~231.

Jean Nicolas Wintgens, 『Coffee: Growing, Processing, Sustainable Production』(WILEY-VCH, 2012), pp.4~23.

Kevin Sinnott, 『The Art and Craft of Coffee: An Enthusiast's Guide to Selecting, Roasting, and Brewing Exquisite Coffee』(Quarry Books, 2010), pp.35~43.

Mary Banks & Christine Mcfadden, 『The Complete Guide To Coffee』(Lorenz Books, 2000), pp.24~27.

Mary Banks, 『The World Encyclopedia Of Coffee』(Hermes House, 2010), pp.55~65.

Michaele Weissman, 『God In A Cup: The Obsessive Quest For The Perfect Coffee』(Wiley, 2008), pp.131~169.

Norman Kolpas, 『A Cup Of Coffee: From Plantation to Pot, A Coffee Lover's Guide To the Perfect Brew』(Grove Press, 1993), pp.28~32.

Regina Wagner, 『Historia Del Café De Guatemala』(Villegas Editores, 2001), pp.163~174.

Robert W. Thurston & Jonathan Morris & Shawn Steiman, 『Coffee: A Comprehensive Guide to the Bean, the Beverage, and the Industry』(Rowman & Littlefield, 2013), pp.133~136, 162~165.

Shawn Steiman, 『The Little Coffee Know-it-all: A Miscellany For Growing, Roasting, And Brewing, Uncompromising And Unapologetic』(Quarry Books, 2015), pp.94~98.

Stewart Lee Allen, 『The Devil's Cup: A History Of The World According To Coffee』(Ballantine Books, 2003), pp.37~44.

Timothy James Castle & Joan Nielsen, 『The Great Coffee Book』(Ten Speed Press, 1999), pp.29~55.

Timothy James Castle, 『The Perfect Cup: A Coffee-Lover's Guide To Buying, Brewing, And Tasting』(Aris Books, 1991), pp.158~166.

Torz Jeremy, 『Real Fresh Coffee』(Pavilion, 2016), pp.52~55.

Tristan Stephenson, 『The Curious Barista's Guide To Coffee』(Ryland Peters & Small, 2015), pp.24~35.

강란기, 「수프리모 커피의 가공처리조건에 따른 이화학적 특성」, 호서대학교 박사학위논문, 2011.

김기동·허중욱, 「소비자 커피 맛 선호 요인 Q분석」, 『관광연구저널』, 제25권 제3호(한국관광연구학회, 2011), 145~161쪽.

매트 로빈슨, 커피비평가협회 옮김, 『Coffee Lover's Handbook』(커피비평가협회, 2015), 83~111쪽.

서울코뮨편집부, 「자연을 담은 하와이안 코나」, 『Coffee & Tea』, 제179호, 2016년 12월호.

이병규, 「'바루(Baru)'산의 영혼, 게이샤 커피를 찾아서 에스메랄다 농장(Hacienda La Esmeralda)」, 『차와문화』, 통권 제18호, 2010년 5/6월호, 170~177쪽.

이병규, 「하트만 농장 Finca Hartmann: 자연이 준 선물로 커피 키워내는 하트만 농장」, 『차와문화』, 통권 제19호, 2010년 7/8월호, 174~181쪽.

이윤선, 「테라로사 커피로드』(북하우스엔, 2011).

지은정·유경미·황인경, 「아라비카 원두의 산지 및 수확 방법에 따른 이화학적 특성 및 항산화성」, 『Korean Journal of Food and Cookery Science』, 제25권 제4호(한국식품조리과학회, 2009), 421~426쪽.

프레드 캐플런, 정지현 옮김, 『마크 트웨인과 마시는 한 잔의 커피』(라이프맵, 2008).

피인문학

박영순 · 유사랑, 2017

판 1쇄 2017년 9월 22일 펴냄
판 14쇄 2023년 10월 30일 펴냄

은이 | 박영순
림 | 유사랑
낸이 | 강준우
획 · 편집 | 박상문, 김슬기
자인 | 최진영
케팅 | 이태준
리 | 최수향
쇄 · 제본 | ㈜삼신문화

낸곳 | 인물과사상사
판등록 | 제17-204호 1998년 3월 11일

소 | 04037 서울시 마포구 양화로7길 6-16 서교제일빌딩 3층
화 | 02-325-6364
스 | 02-474-1413

ww.inmul.co.kr | insa@inmul.co.kr

BN 978-89-5906-457-1 03300

19,000원

도서의 국립중앙도서관 출판예정도서목록(CIP)은 서지정보유통지원시스템 홈페이지
http://seoji.nl.go.kr)와 국가자료공동목록시스템(http://www.nl.go.kr/kolisnet)에서
용하실 수 있습니다. (CIP제어번호: CIP2017023499)